가짜마음 진짜마음

유제민 저

서현사

머리말

이 책은 2009년에 출간했던 『마음을 묻다』(서현사)의 후속작이다. 그 책이 출간 된 이후에도 1년 이상 FM라디오 국군방송(96.7 Mhz)의 심리카페 코너가 진행되었고, 이 책은 그 시기의 방송분을 정리한 것이다. 당시 방송 프로그램이 나름 인기가 있었고, 전작에서도 독자들이 좋은 평가를 해 주어서 후속작을 출간할 용기가 생겼다.

2010년 출판계의 화두는 단연 심리학이었다. 한 때 유행했던 죽기 전에 해야 할 시리즈처럼 너나 할 것 없이 심리학이라는 타이틀을 달고 책을 쏟아 내고 있다. 먹고 살 만하니까 심리적인 안녕이나 웰빙에 관심이 생긴 것이거나, 속도가 화두가 되어버린 불확실한 시대에 무엇인가 해석의 지침이나 공식이 절실해서 그런 것 일 수도 있다. 그러나 예민한 독자들은 그런 책들 중에서도 심리학적 검증을 거치지 않은 사변적인 자기주장이 많다는 것도 눈치 챘을 것이다. 정신과 의사들이나 심지어 종교인들까지도 심리학자임을 자처하는 것을 보면 심리학의 시대인지 재앙인지 모르겠다.

이 책에는 전작인 『마음을 묻다』에서 많이 다루지 않았던 진화심리학적인 내용이 다수 포함되어 있다. 심리학 분야의 국제학술지에서도 몇 년째 이 분야의 인용지수가 가장 높고, 빈번한 것을 보면 대세라고는 단언할 수 없지만 앞으로도 한동안 인기 있는 주제가 될 것 같다. 지금 이 책이 유행처럼 흘러가는 또 다른 심리학 서적이 아니었으면 좋겠다.

학문의 과학적인 기여나 교수로서의 사회적 책무 등을 그럴싸하게 역설할 수도 있겠지만 심리학을 공부하면서 가장 도움을 많이 받은 사람은 사실 나 자신이었다. 임상장면에 있었을 때도 내담자의 입장에서 거의 모든 심리평가들을 미리 경험해 보았고, 평가자에게 나에 대한 해석 결과를 모두 받았다. 지금까지 나에 대한 객관적이고 표준화된 보고서는 A4용지로 수십 페이지에 달한다. 분량은 점점 늘어나지만 나에 대한 실체는 점점 분명해지고 일관되며 단순해지는 것을 느끼고 있다. 나에 대한 이해를 증가시키고 통찰력을 제공하는 심리학이 정말 고맙다. 독자들도 심리학에서 자기이해의 단서를 얻게 된다면 더 바랄 나위가 없겠다.

마지막으로 감사함을 전할 분들이 있다. 이 책은 연극무대까지 영역을 넓힌 남복희 피디, 여전히 예쁘고 똑똑한 하경민 아나운서, 누나의 대학동창이자 일목요연하고 노련한 강영희 아나운서의 도움과 노력으로 이루어진 결과이다. 그들은 방송의 긴장과 즐거움을 경험하게 해 주었던 고마운 사람들이다. 서현사의 조재성 사장님은 성실하고 일관되게 비전을 펼치시는 분이라 항상 믿음이 간다. 나는 사람 복이 많은 것 같다. 모두에게 정말 감사한다.

2011년 5월
연구실에서 유제민

차 례

제1부

가면과 그림자

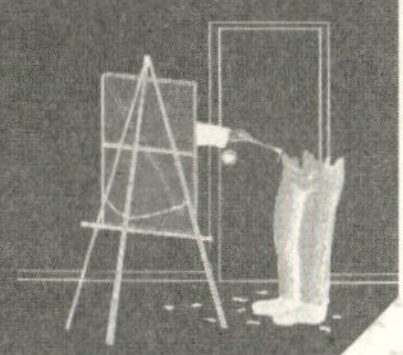

일그러진 사랑의 시작
스토킹

Part I

1. 스토킹은 무엇인가요?

스토킹(stalking)의 사전적인 의미는 '살금살금 접근하다', '몰래 뒤를 밟다'로 원래 동물을 몰래 추적하는 사냥 행위에 쓰이는 말이었습니다. 그러다가 비틀즈의 존 레논 살해사건과 영화배우 조디 포스터에 대한 스토킹 사건 이후로 스토킹은 심리학 분야에서 대단히 흥미로운 연구주제가 되었습니다. 스토킹은 가해자가 피해자도 자신을 좋아할 것이라는 환상을 갖고 일방적인 행동을 고의적이고 계획적으로 반복하는 것입니다. 피해자와 그 가족에게 심각한 정신적 · 육체적 · 경제적 피해를 입히는 병적인 행동이지요. 피해자는 접근을 원하지 않기 때문에 분명하게 거부의사를 밝히지만 가해자는 이를 무시하거나 오해하면서 지속적으로 피해자에게 접근을 시도합니다.

2. 싫다는데 왜 그렇게 끈질기게 접근할까요. 스토킹을 하는 이유가 뭘까요?

여러 가지 원인이 제시되고 있습니다. 일단 스토커들은 심각한 성격적인 결함이 있습니다. 일단 그들은 자기애적 성격장애

(narcistic personality disorder)가 있는 경우가 많습니다. 이러한 성격특성을 가진 사람들은 다른 사람들에게 자신에 대한 애정이나 관심을 극단적으로 갈구합니다. 그들은 주변 사람들에게 자신의 독특성이나 특출함을 주목해주기를 바라는 마음을 끊임없이 드러냅니다. 그러면서 자기를 인정해주지 않는 사람들에겐 공격성이나 적대감을 드러내는 경우가 아주 많지요. 자기애적인 성격특성을 가진 사람들은 폐쇄적인 가족 환경에서 과잉보호를 받으면서 자랍니다. 그래서 그들은 자신의 약점에 대해서는 인정하지 않고 장점만을 두드러지게 강조하는 분위기에서 자랍니다. 성인이 되어서도 이런 성격은 사회생활에 그대로 반영됩니다. 그들은 주목받는 화려하고 좋은 일은 늘 자신의 것이어야 한다고 생각하기 때문에 누군가가 반드시 하기는 해야 하지만 해봐야 본전인 일은 절대로 하지 않습니다. 자기는 늘 주인공만 하려고 하지요. 주변 사람에게 악역을 떠넘기고 그들을 이용하는 경우가 많기 때문에 결국 알 만한 사람들은 모두 그에게 등을 돌립니다. 그가 소속된 집단에서는 그를 이기적이고 약아빠진 사람으로 인식합니다. 주변 사람들이 자기에게 이용당하지 않고 자신을 인정해주지 않는 상태가 되면 그들을 비난하고 적대시합니다. 그래서 자기를 잘 모르는 새로운 사람을 만나서 한동안 또 그를 이용하다가 그가 질려서 등을 돌리면 섭섭함을 느끼면서 용서하지 않겠다는 각오를 다집니다.

스토커들이 바로 그런 특징이 있습니다. 심지어 자신이 마음을 주고 집착한 사람이 자기를 거부하면 절대 용서하지 않습니다. 거절당하는 것에 대한 모욕감이 매우 강하기 때문에 자신의 호의와 애정이 받아들여지지 않으면 곧 증오의 감정을 노골적으로 드러냅니다. 그 대상이 용서를 받으려면 무조건 자기를 인정하고 좋아해야만 합니다. 아니면 감히 자기를 무시한 대가를 치루는 것이 옳다고 확신합니다. 그것만이 스스로의 가치를 확인하는 정당한 권리라고 믿습니다.

두번째는 성격적인 원인으로, 경계선 성격장애(borderline personality disorder)가 확인되고 있습니다. 이 성격특성을 가진 사람들은 인격 발달 과정에서 자신과 타인을 잘 구별하지 못하는 특징이 있습니다. 대상관계 이론(object relation theory)에서는 어머니와의 분리과정에서 그 원인을 찾고 있습니다. 일반적으로 아기들은 18개월 이전까지는 자신과 어머니를 분리된 실체로 잘 느끼지 못합니다. 자기가 울면 엄마도 슬퍼하고 자기가 기뻐하면 엄마도 웃습니다. 자기 옆에는 항상 엄마가 있습니다. 신체활동이나 감정이 소위 밀착(bond)되어서 같이 진행되기 때문에 이렇게 생각하는 것이 어쩌면 당연하겠지요. 그러다가 결국 엄마와 자신은 동일한 실체가 아니라고 느끼면서 서서히 엄마와는 다른 자신만의 정체성을 발달시키는 과정이 이어집니다. 이것이 정상적인 인격의 발달입니다. 그러나 경계선 성격장애자들은 우선 엄마가 아기를 떼어놓지 않습니다. 아기가 자기에게 집착하고 매달리는 것이 엄마 자신의 가정 내 위상이나 심리적인 안정에 더 유리하거든요. 남편을 조종하기 위해 자식을 인질화하기도 합니다. 아기의 입장에서도 엄마만 있으면 모든 것이 충족되기 때문에 굳이 독자적으로 행동할 필요가 없습니다. 결국 엄마와 아이의 자아(self)가 중첩 혹은 융해(fusion)되는 상태가 계속됩니다. 성격구조가 확립되는 청소년기에는 엄마는 곧 자기이며 자신을 위해 모든 것을 희생할 사람이라는 생각이 들지만 한편으로는 자신의 독립성을 방해하고 발목을 잡는 화가 나는 방해물로 생각합니다. 그 시기에는 자율성과 독립성을 확보하는 것이 인생의 중요한 과제거든요. 이렇게 동일한 대상에게 양가적인(ambivalent) 감정을 계속 가지기 때문에 좋아하면서도 그의 의도를 지속적으로 의심하는 성향이 생깁니다. 미안해하다가도 이내 분통을 터뜨리는 일을 반복합니다. 감정 변화가 극심하고 주변 사람을 극도로 피곤하게 만들기 때문에 모두가 그를 멀리하게 됩니다. 그러면 혼자 있게 될 것이고 분리되고 고립된 자아에 익숙하지 않기 때문에 미친 듯이 또 누군가에게 매달립니다.

스토커들은 매달리는 그 대상과 자신이 한 몸이라고 생각하며 떨어질 수 없는 관계라고 믿고 있습니다. 그래서 그와 자신이 밀접한 관계를 맺지 않으면 자신이 버림받은 것이라고 생각합니다. 자기의 중요한 일부가 상실되었다고 느끼기 때문에 일단 자기의 자아에 포함시켜 놓는 것이 급선무입니다. 그 대상이 자기에게 떨어져 나가면 불안해하고 관계가 유지되면 그때는 애증을 가지며 괴롭힙니다. 그가 도망가면 배신감을 느끼면서도 돌아와 달라고 울고 매달리는 지긋지긋한 패턴을 반복합니다. 자신도 고통스럽지만 그런 관계라도 유지하는 것이 그나마 더 낫다고 믿기 때문이지요. 그러나 스토커들은 인간관계가 미숙한 사람들입니다. 어쩌다 피해자와 진지하고 깊이 있는 진짜 '관계'가 형성되면 겁을 먹고 도망가는 어처구니없는 양상을 보이기도 합니다.

3. 가정환경으로 인한 성격 형성이 중요한 원인이군요. 스토커도 참 불쌍한 사람이라는 생각이 드네요.

스토커들은 자아가 건강하지 않으며 정체성에 혼란이 있는 사람입니다. 하지만 그들을 불쌍한 사람으로 보기에 앞서 피해자의 입장을 먼저 생각해야 합니다. 그 대상이 되는 사람들의 고통은 당해보지 않은 사람은 정말 모를 정도입니다. 스토커의 사랑은 병적으로 변질된 비정상적인 감정입니다.

일반적으로 스토킹도 스토커와 피해자의 관계를 중심으로 몇 가지 유형으로 구분될 수 있습니다. 첫번째 유형은 선(先)관계 스토킹입니다. 스토커와 피해자가 이전에는 친밀한 관계였으나 지금에 와서는 관계가 끝난 상태입니다. 가장 흔한 경우는 한쪽이 이별을 선언하고 다른 한쪽은 이를 받아들이지 못하는 상태입니다.

두번째는 관계지향적 스토킹입니다. 스토커와 피해자 사이에는 아무런 관계가 없다가 스토킹함으로써 관계가 생겨납니다. 스토커는 피해자가 자신을 인식해 주기를 바라는 마음에서 시작하기 때문에 그 대상이 자기를 상대하고 반응하며 화내고 또 용서하는 과정을 통해 자신과 아주 밀접한 관계가 되었다고 믿습니다. 대표적인 예가 연예인에 대한 스토킹입니다. 연예인 중에서도 부드럽고 인자하며 따뜻한 이미지의 연예인이 그 대상이 되는 경우가 많습니다. 화려하고 멋있어도 날카롭고 차가운 이미지의 연예인은 일차적인 고려대상이 아닙니다. 그는 잘 받아줄 것 같지 않거든요. 연예인들의 입장에서는 자기에게 집착하는 것이 열성 팬의 호감 때문인지 스토킹하는 것인지 구별을 하기 힘듭니다. 그래서 그들에게 전화도 걸어주고 집에 초대해서 차를 대접하는 경우가 있습니다. 그 상황에 이르면 스토킹하는 사람은 중요한 목적을 우선 달성한 것입니다. 그러나 이들은 호감을 느끼는 상대에게 사랑을 얻고 싶어 하지만 그 방법이 너무 서툴기 때문에 거절당하는 경우가 대부분입니다. 연예인들도 팬이라고 하기에는 지나친 그들의 행동에 부담을 느껴 결국 그를 멀리할 수밖에 없거든요. 그러면 배신감을 느끼면서 끔찍한 방법으로 자신의 분노를 표출하게 됩니다. 사람들은 팬을 자처하는 사람이 어떻게 그 연예인을 폭행할까라고 의아해하지만 스토커는 상대에게 화를 내며 자신의 감정을 나타내는 것이지요.

세번째는 무관계 스토킹입니다. 이 경우는 스토커가 자신이 상처입고 모욕당했다고 생각하기 때문에 그 대상을 집요하게 처벌하려고 합니다. 일단 이런 상황이 되면 복수하겠다는 생각만 합니다. 이 경우에는 사랑이라는 감정과는 무관합니다.

스토킹도 성별에 따라 양상이 조금 다릅니다. 남성 스토커들은 통제, 지배, 억압, 영속성의 특징을 띄는 경향이 있습니다. 이에 비해 여성 스토커들은 성적인 행동을 주로 합니다. 유혹해서 남자의 반응을 이끌어내고 그 사건을 빌미로 관계를 유지하려고 합니다. 상대를 안 해주면 책임을 지라고 하거나 자기가 고통 받고 있음을 상기시켜 죄의식을 유발하게 하는 방법을 주로 사용합니다. 일반적으로 스토킹은 성욕과 공격성이 긴밀하게 결합되어 있기 때문에 강간, 의처(의부)증, 망상 등의 증상과도 연결되는 경우가 많습니다. 모든 살인사건의 25%는 이혼당한 남편이 아내를 죽이거나 버림받은 남자가 옛 애인을 살인한 경우라고 알려져 있습니다. 스토커들은 지적 능력이 높은 경우가 많아 법망을 피해서 상대에게 교묘하게 접근하는 방법들을 연구하기도 합니다. 많은 사람들은 피해자가 무슨 원인 제공을 한 것이 아닌가하고 의심하지만 누구를 만나든 스토커들은 원래 그런 사람입니다.

4. 스토커를 식별할 수 있는 기준 같은 것이 있을까요?

사실 임상장면에서는 절대적인 기준이라는 것이 없습니다. 그러나 아래와 같이 어느 정도 단서가 있습니다.

1) 첫 대면한 상대방에게 '자기얘기'를 자세하게 설명하려 든다

스토커는 첫 대면한 상대방에게 묻지도 않는 자신의 얘기를 장황하게 늘어놓는 경향이 있습니다. 오직 자기 얘기만을 하고 상대방의 말은 전혀 들으려하지 않기 때문에 대화는 일방적입니다. 예컨대 "다음 주 월요일에 시간 있습니까?" 라고 물으면 "선약이 있다"고 간단히 답하는 것이 아니라, "월요일에는 회의, 화요일에는 동창회, 그리고 수요일은 영어 학원, 목요일에는 등등"식으로 자신의 스케줄을 자세하게 얘기하는 식입니다.

2) 얼굴을 직접 대면하는 것보다 매체에 집착한다

편지를 즐겨 쓰는 것도 스토커의 특징입니다. 워드나 볼펜으로 자기소개를 상세하게 써서 상대방에게 보냅니다. 사진을 보여주고 싶어 해서 사진을 동봉하는 경우도 많습니다. 상대방의 사정은 전혀 고려하지 않고 마구잡이로 전화를 걸어대는 경우도 있습니다. 상대방으로부터 따돌림받는 것을 불안해하는 스토커로서는 상대방과 항상 이어져 있다는 심리상태를 유지하고 싶기 때문이지요.

3) 상대방을 테스트한다

스토커는 사람들을 믿지 못한 나머지 상대방을 테스트하고 싶어 합니다. 갑자기 울음을 터뜨리거나 방금 했던 질문을 반복하여 상대방의 반응을 관찰하곤 하지요. 스토커는 불안이 높고 사람들을 불신하기 때문에 기회가 있을 때마다 상대를 테스트합니다.

4) 친한 사이도 아닌데 비싼 선물공세를 한다

스토커는 한 번밖에 만나지 않은 사람에게도 갑자기 프러포즈를 하거나 반지를 보내기도 합니다. 반지를 보내는 이유는 쉽게 눈에 띄어 자신의 '소유물' 임을 확인할 수 있기 때문입니다.

눈에 보이지 않는 향수 같은 물건은 스토커에겐 선물로서의 의미가 별로 없습니다. 그들에게는 눈으로 확인할 수 있는 증거가 절실하게 필요합니다.

5) 타인에 대한 평가가 불안정하다

스토커는 감정기복이 대단히 커서 다른 사람에 대한 평가가 자주 바뀝니다. 높이 평가하는가 하면 갑자기 비난하기도 합니다. 충동적이고 정서가 불안정하여 인간관계가 오래 지속되지 않으며 당연히 친구가 거의 없습니다.

6) 적과 아군을 구별하려 한다

스토커는 'YES or NO', 'all or nothing'의 흑백논리를 주로 사용하고, 모든 현상을 이분법적으로 단정하는 경향이 있습니다. 대인관계도 이러한 사고를 기준으로 사람을 판단하기 때문에 내 편이라고 생각되는 사람은 지극히 편애하면서 몸과 마음을 주지만 일단 적이라고 판단되는 사람에게는 냉혹한 태도를 취합니다.

7) 일단 화를 내면 자제심을 잃는다

스토커는 뜻대로 일이 되지 않으면 무섭게 화를 냅니다. 그리고 일단 자제심을 잃으면 거의 통제가 되지 않습니다. 자신의 요구가 받아들여지지 않으면 폭력을 휘두르거나 주위에 있는 물건을 파괴해서 해소하려는 경향도 있습니다.

8) 정보에 대단히 민감하다

스토커는 끊임없이 안테나를 세워서 정보를 수집합니다. 교묘하게 주위사람으로부터 정보를 입수하고, 정보 수집을 위해서는 도청을 하거나 쓰레기를 뒤지는 일마저도 서슴지 않습니다. 상대방이 전화번호를 바꾸거나 이사를 해도 수단과 방법을 가리지 않고 찾아내고야 맙니다. 옷차림에 대해 신경을 쓰기 때문에 최신 유행에도 민감합니다. 그래서 전혀 이상한 사람처럼 보이지 않습니다.

9) 의외로 능력을 갖추고 있다

스토커는 일반적으로 착실하고 섬세하며 머리도 나쁘지 않습니다. 그래서 몇 가지 일을 동시에 처리하는 능력이 있으며, 집념이 강하여 아무리 어려운 일이라도 끈기 있게 해내는 우수한 인재로 평가받기도 합니다. 그리고 상대방에 따라 의식적으로 대응하기 때문에 마음에 드는 부하나 후배의 일을 잘 도와줍니다. 그래서 믿음직하고 든든한 사람라고 평가받는 경우도 많지요. 정보를 조작해서 사람을 조종하는 것이 능숙해서 윗사람에게 연락도 잘하며, 교묘하게 자기주장도 잘합니다. 그래서 윗사람에게 인정받고 출세하는 경우도 적지 않습니다. 조직의 핵심을 차지하는 엘리트 중에서 스토커적인 특성을 가진 사람이 의외로 많습니다.

5. 영화에서 보았던 끔찍한 장면들이 생각나는군요. 스토킹의 피해자는 어떻게 대처해야 할까요?

상황과 정도에 따라 조금 다르지만 아래의 대처 방법들을 사용하는 것이 좋습니다.

1) "NO"라고 분명하게 거절하고 무시한다

먼저 "NO"라고 분명하게 거절하고 그것이 통하지 않을 때에는 상대방의 존재 자체를 무시하면서 상대하지 않는 것이 중요합니다. 스토커에게는 말귀가 통하지 않으며 화를 내면 낼수록 상대방은 그 반응을 즐기거든요. 전화를 걸어와도 "도대체 너 누구야? 경찰에 신고할 거야!"라는 과잉반응을 보여서는 안 됩니다. 스토커가 어떤 말을 걸어와도 일일이 대답해서는 안 됩니다. 침착하게 말없이 끊는 것이 상책입니다.

2) 스토킹과 관련된 증거는 아무리 사소한 것이라도 보존한다

계속 스토커 행동이 이어진다고 판단될 경우, 스토커가 보낸 편지나 선물, 그리고 자동녹음전화에 녹음된 테이프 등은 아무리 기분이 나쁘더라도 보존해야 합니다. 스토킹을 당한 날짜와 장소 등 피해상황도 일일이 기록해 두는 것이 좋습니다. 증거를 확보하는 것은 스토킹 피해를 입고 있다는 사실을 주위사람이나 경찰로 믿게 하는 것이며, 나중에 소송을 제기할 경우에도 유리합니다.

3) 주위사람을 내 편으로 만든다

우리사회에는 안타깝게도 스토킹 피해를 잘 이해해주지 않는 풍토가 있습니다. 성적 폭력이나 스토킹을 당한 피해자에게 뭔가 책임이 있을 거라는 편견이 있지요. 그래서 스토킹 피해를 호소하더라도 "네가 상대방을 꼬였겠지"라고 보는 사람도 있습니다. 특히 스토커가 소문을 퍼뜨리는 경우도 많기 때문에 문제해결이 더욱 어려워지는 경우가 많습니다. 이러한 경우에는 사진 등의 증거를 공개해서 자신이 입은 피해를 가족, 친구, 동료들에게 알려 주위사람에게 주지시킬 필요가 있습니다. 경우에 따라서는 피해자 대신에 주위사람들이 항의를 해주는 경우가 있기 때문에 효과적인 대응방법입니다.

4) 문단속을 철저히 한다

스토커는 집에 몰래 들어와 자신이 왔다갔다는 증거를 남기는 등, 주거침입도 불사합니다. 몰래 침입하여 일기장을 훔쳐보고 도청기까지 장치하는 경우도 있습니다. 집에 있을 때 침입하면 폭행은 물론 살인까지도 저지르는 경우가 있기 때문에 조심해야 합니다. 그래서 일부러 전등이나 TV를 켜두는 것도 하나의 방법입니다. 스토커도 불이 켜져 있는 방에는 부담을 느끼고 침입하기 어렵거든요. 그들은 아주 집요하다는 것을 기억해야 합니다. 혼자 사는 여성의 경우에는 거처를 옮기고 극단적인 경우에는 경보장치를 설치하는 것도 좋습니다.

5) 개인정보는 스스로 관리한다

자신의 개인정보가 기록되어 있는 신용카드 영수증이나 읽고 난 편지 등을 함부로 버리지 말고 완전히 태워버리는 것이 좋습니다. 컴퓨터에 자신의 정보를 입력하지 말아야 하며, 홈페이지에 자신의 프라이버시 정보를 필요 이상으로 공개하다가는 '사이버 스토커(cyber stalker)'의 표적이 될 수가 있습니다. 미국에서는 50대 남자가 자신이 따라다닌 여인이 자신을 거부하자 인터넷을 이용하여 그 여인이 강간을 원하는 색정적인 여자인 것처럼 묘사한 사건이 있었습니다. 그래서 결국 다른 남자가 그녀를 성폭행하도록 유도하였습니다. 그 사람은 캘리포니아 법에 따라 사이버 스토킹 위반 혐의로 구속된 최초의 사례가 되었습니다.

6) 반드시 경찰에 신고한다

스토킹 피해를 입으면 혼자서 대처하려 하지 말고 안심하고 상담할 수 있는 친구나 변호사, 그리고 시설을 발견하는 것이 중요합니다. 혼자서 고민해봐야 불안감만 증폭될 뿐입니다. 그리고 스토킹 피해는 반드시 경찰에 신고해야 합니다. 경찰에 신고하면 긴급한 경우에 신속히 출동해줄 것이며 순찰을 해주기도 합니다. 신고는 파출소가 아니라 경찰서에 가서 직접 신고를 하는 것이 좋습니다. 가급적 높은 직위의 경찰관을 만나서 호소해야 빠른 조치를 기대할 수 있습니다.

7) 주소를 옮긴다

스토커를 피하는 최후방법으로 전화번호를 변경하고 사서함을 개설하여 개인정보가 유출되지 않도록 하며, 이사를 하거나 직장을 옮기는 것도 생각해볼 수 있습니다. 이사를 하는 경우에는 스토커도 모르도록 비밀리에 이사를 해야 한다는 점이 중요합니다. 전화번호를 바꾼 경우에는 전화번호부에 전화번호나 주소를 싣지 않아야 하며, 특별한 경우가 아니고서는 회원명부 등에 주소나 전화번호를 기재하지 않는 것이 좋습니다. 통신판매회사로부터 주소를 알아내어 피해를 입은 사례가 있으므로 당분간은 우편물을 집으로 발송하지 않는 사전 조치를 취해야 합니다.

이유 있는 반항
안티팬의 심리

Part I

1. 안티팬들 때문에 마음에 큰 상처를 입는 유명인이나 연예인들이 있잖아요. 싫으면 그만이지 그들은 왜 그렇게 적극적인 안티팬이 되었을까요?

활동력은 넘치지만 현실적인 자원은 부족한 청소년들이 연예인에 대한 동일시와 열광으로 힘과 권력에 대한 욕구를 충족시키는 경우가 있습니다. 감히 가까이 가기도 어려웠던 스타를 한순간에 몰락시키고 다시 재기시키는 드라마틱한 과정에 앞장서면서 힘 있는 자의 본때를 보여주는 것이지요. 청소년들은 그런 방식으로라도 자신의 존재감을 확인하고 싶어 합니다. 그 시기에는 그런 힘에 대한 느낌이 필요합니다. 그런 마음은 청소년들의 불안한 위상을 극복하게 하는 일종의 동인이 될 수 있습니다. 유명인이나 연예인들은 그 시기에 그 대상으로 선택되고 이용되는 사람들일 뿐입니다.

유명인이나 연예인들을 향한 동경이나 열광은 그들을 좋아하기 때문만은 아닙니다. 그들에게 동경과 부러움도 느끼지만 시기심과 질투의 마음도 있습니다. 사실 주목받고 싶고 박수받고 싶은 사람은 바로 자기 자신이거든요. 동일시하기도 하지만 나와 별반 다르지 않는 그들이 누리는 혜택을 보면서 상대적 박탈감을 느끼기도 합니다. 이러한 양가감정 때문에 사람들은 자신이 좋아했던 연예인에 대한 애정도 싸늘하게 식곤 합니다. 그들의 몰락을 즐기기도 하고 또 그런 속마음을 가진 자신을 보면서 죄책감을 느끼기도 합니다.

안티팬도 동일한 맥락에서 설명할 수 있습니다. 한 연예인의 골수팬은 다른 연예인의 안티팬이 되는 경우가 아주 흔합니다. 소녀시대의 팬이 원더걸스의 안티팬이 되는 경우가 많거든요. 사실 무슨 차이가 있겠습니까? (사실 저는 지금도 그들을 잘 구별하지 못합니다). 이러한 현상은 자기가 좋아하는 연예인에 대한 자부심과 동일시를 촉진시키는 동시에 또래 연예인에 대한 질투심과 상대적 박탈감을 드러내는 좋은 기회입니다. 자기가 좋아하는 연예인과 경쟁관계에 있는 라이벌에게 적대감을 노골화하면서 자기가 좋아하는 스타에 더 몰입하는 효과가 있습니다. 자신들의 행위로 그 싫어하는 스타가 상처를 입는다면 그런 대단한 상대를 무너뜨렸다는 권력감까지 느낄 수 있습니다. 자기가 좋아하는 스타를 도와주고 돌보아준다는 마음과 함께 그들에 대한 양가감정을 숨기면서 자신은 질투와 시기심은 없고 충성심만 있는 좋은 사람이라는 인식을 갖게 하는 것 등 숨겨진 장점이 너무나 많습니다.

2. 힘과 권력에 대한 느낌을 필요로 하는 청소년기에 골수팬이나 안티팬이 될 수 있다는 설명이신데요. 이런 관점이라면 골수팬이나 안티팬의 심리상태는 본질상 동일한 것이군요.

그렇습니다. 안티팬클럽 등에서 적극적으로 활동하는 청소년들에게 왜 그렇게 그 연예인이 싫으냐고 물어보면 구체적인 이유를 잘 대지 못합니다. 그냥 재수 없다고 말하거나 자신도 잘 모르겠다고 대답합니다. 별 이유도 없이 그렇게 적대적인 행동을 할 리가 있냐고 반문하시는 분들이 있는데 그건 청소년들의 심리상태를 잘 몰라서 하시는 말씀입니다. 놀랍게도 안티팬 행동을 적극적으로 하는 청소년들은 사실 그 연예인에 대해 별 관심이 없습니다. 그들이 정말 노리는 것은 그 연예인의 골수팬들을 화나게 하는 것입니다. 그들의 심기를 건드려서 자신들을 집단적으로 공격하게 합니다. 또 이에 맞서고 대응하는 과정에서 그 스타를 조롱하고 또 그 팬들의 더욱 격렬한 반응을 이끌어 냅니다. 이것은 거대한 힘에 맞서는 자신들의 존재감을 드러내는 효과가 있습니다. 이런 공수의 과정 속에서 그들은 스스로를 선봉장 혹은 대변인 격으로 인식합니다. 그래서 마치 싸움을 즐기는 것처럼 보이기도 합니다. 자신들은 주목받는 존재이며 일거수일투족이 반응을 유발하는 의미 있는 존재로 느끼거든요.

청소년들의 가장 중요한 심리적 특징은 자기중심성과 개인적 우화입니다. 무리해서라도 자기에 대한 정체성을 확보하려하고 또 자신의 감정과 느낌을 가장 중시하기 때문에 다른 사람이 상처를 입는 것까지 잘 신경을 쓰지 못합니다. 아마 그럴 여유가 없다고 보는 것이 맞겠지요. 그리고 그들은 개인적인 우화라는 특징이 있습니다. 자기가 주목받는 존재이며 특별하고 독특한 사람이라고 끊임없이 상상하는 것입니다. 그 많은 골수팬들이 자기 때문에 전전긍긍하고 밤을 새워 반박한다는 것 자체가 자신이 대단한 존재라는 느낌을 줍니다. 또 그 연예인에게 자신의 존재를 각인시킬 수 있는 부가적인 효과도 있습니다. 그 대단한 존재가 자기 때문에 괴로워하고 고민한다는 것처럼 통쾌하고 재미있는 일이 또 어디 있겠습니까? 인간관계론으로 유명한 미국의 데일 카네기(Dale Carnegie)는 인간이 가장 원하는 것은 인정받는 인물이 되고자 하는 욕망(the desire to be important)이라고 말했습니다. 그 욕망을 채우기 위한 가장 쉬운 방법은 바로 상대를 비난하고 비판하는 것입니다. 별로 가진 자원이 없는 청소년들이 잘 나가는 연예인을 상대로 이 방법을 적용한 것입니다.

3. 우리나라의 안티팬 문화가 다른 나라에 비해 더 공격적이고 집단적이라는 평가에 대해서는 어떻게 생각하시나요?

아주 중요한 지적입니다. 외국에도 스타 안티팬들이 있지만, 우리나라만큼 공격적이고 조직적이지는 않습니다. 우리나라의 경우 1970년대에도 나훈아나 조용필에 대한 안티팬의 테러가 있었지만 요즈음과 같이 별 이유도 없는 단순한 반감 때문이 아니었습니다. 연예계의 돈과 세력권 다툼에서 촉발된 경우가 대부분이었거든요. 이러한 현상에 대해 최근의 안티팬 문화는 왕따 문화의 연장선이라는 설명이 있습니다. 자신들이 좋아하는 스타를 중심으로 굳건한 자신들만의 내집단(in-group)을 형성하고, 이에 동조하지 않는 대상은 배제하고 통제하는 방식은 사회적 계층을 중심으로 타 집단 구성원들을 멀리하는 어른들의 방식과 사실 별반 다르지 않습니다. 청소년들은 성적에 의해 진로와 이후의 사회적인 계층이 상당 부분 결정된다고 뼈저리게 느끼고 있습니다. 그들은 이미 등급화 되어 있고, 서열화 되어 있습니다. 안티팬이 연기자보다는 가수에게 유독 많이 나타나는 것은 그 분야에는 순위가 있기 때문입니다. 2등 가수를 좋아하는 팬들은 1등 가수를 싫어할 수 있습니다. 1등만 없으면 2등이 1등이 될 수도 있으니까요. 이것은 청소년들의 끔찍한 현실과 너무나 닮았습니다. 그들이 느끼는 좌절과 무기력감, 시기심을 주목받고 앞서가는 대상을 향해 분출한 것입니다. 같은 생각을 가진 집단이 모이고 단결하면서 불안감을 해소하고, 또 특별한 사람들을 공격하고 통제하면서 힘에 대한 느낌을 만끽합니다. 그 시기에 있을 수 있는 그들만의 해결 방식인 셈이지요.

4. 특히 요즘은 연예인에 대한 안티팬들의 행동뿐만 아니라 특정인에 대한 악플이 문제가 되기도 하잖아요. 일반인들에 대해서도 그런 과격하고 공격적인 반응을 보이는 경우는 어떻게 설명하나요?

기본적으로 인간에게는 공격성이라는 본능이 있습니다. 그런 관점에서 본다면 악플도 자신을 드러내지 않은 채 상대방에게 해를 끼치는 다소 비겁하고 소심한 공격행동입니다. 그렇지만 상습적으로 악플을 다는 사람들은 임상적으로 조금 주목할 필요가 있습니다. 이들은 직접적인 대면 상황에서는 결코 그런 행동을 하지 않는 경우가 많거든요. 두 얼굴의 사나이처럼 얌전하고 소심한 사람이 자판기만 두드리면 소름이 끼치는 적대적인 말들을 쏟아 내는 경우에는 개인적인 특성들을 살펴 볼 필요가 있습니다. 우선 그들은 내면의 상처가 있는 경우가 많습니다. 자기와 별 상관이 없는데도 남의 불행한 일을 찾아다니며 악플을 다는 사람들은 내면에 상처(심리적 외상)가 있는 경우가 많습니다. 사람은 상처받은 만큼 누군가에게 상처를 주게끔 되어 있습니다. 사람들로부터 받았던 상처들, 즉 부모 혹은 세상으로부터 제대로 된 사랑과 관심을 받지 못함으로 인해 받았던 상처들은 사회를 향한 원망과 증오로 이어질 수 있습니다. 인간이 강인한 정신의 소유자 같지만 너무 좌절하거나 상처를 입으면서 성장하면 그의 품성에 모두 흔적으로 남습니다. 그들의 좌절은 편향된 사고방식으로 나타날 수 있고 누군가에게 무자비한 언어적 폭력으로 드러날 수 있습니다. 충분한 사랑을 받아왔던 사람들의 공통된 특징 중에 하나는 공감능력입니다. 고통을 당하는 사람에게 연민을 느끼고 그들과 같이 아파할 줄 아는 능력을 가진 사람들은 과거에 그들 자신이 아파할 때 같이 아파하고 안아주었던 누군가가 있었던 사람들입니다. 그런 사랑을 경험하지 못해 본 사람은 결코 남의 아픔을 자기 아픔으로 느낄 만큼의 여유를 가질 수가 없습니다. 그래서 그들은 남의 불행 앞에서 태연스럽게 저주에 가까운 말과 글을 뱉어 낼 수 있는 것입니다. 기본적으로 그들은 미숙합니다. 사람들은 자신과 다른 생각을 가진 사람들을 만나거나 또는 예상하지 못한 사회적 현상들을 직면할 때 불안해합니다. 그러나 그런 부정적 감정들을 포용하거나 적절히 처리할 수 있는 능력을 갖추는 것은 우리가 사회생활을 하면서 당연히 키워가야 하는 자질입니다. 이런 능력이 부족한 사람일수록 미성숙한 심리적 기제로 해결하려고 합니다. 익명성이라는 커튼 뒤에 숨어서 큰소리를 내는 과장된 용기의 이면에는 상황을 적절히 다뤄 나갈 수 없을 것이라는 두려움과 열등감이 숨어 있다고 말할 수 있습니다.

5. 사회적인 영향도 있을 것 같은데요.

그렇습니다. 지금 우리의 교육 환경은 유치원과 초등학교 시절부터 서로에 대한 배려와 양보보다는 상대를 밟아야지만 내가 설 수 있다는 경쟁심을 부추기고 있습니다. 획일적인 목표를 향해 이뤄지는 과열 경쟁으로 인한 폐해가 그대로 우리 아이들과 젊은이들에게 돌아가고 있습니다. 우리 사회는 극단적이면서도 서로 대립하는 가치체계들이 공존하고 있는 다원화된 사회가 되었지만, 서로간의 차이와 다양성에 대한 이해와 포용력은 점점 부족해지는 듯합니다. 건강한 공동체 의식도 결여되고 있는 것 같고요. 이와 같은 사회적 분위기는 인터넷 상에서도 그대로 반영이 될 뿐만 아니라 사실 그러한 문제를 더 강화시키고 있는 실정입니다. 과거에는 정치적 · 이념적인 담론 등 거시적인 영역에서 부딪히던 갈등들이 최근에는 프라이버시의 영역까지도 확대되면서 안티문화로 자리 잡게 되었습니다. 또한 사회가 다수의 관점이나 경제논리에 맞춰 돌아가다 보니 소수의 의견이나 비경제적인 것들은 악(惡)으로 취급받는 사회적 분위기도 있는 것 같습니다. 악플의 잔인성이나 비정함은 이러한 사회현상을 반영하는 것이 아닐까라는 생각도 듭니다. 기본적으로 인터넷 상에서 보내는 시간이 절대적으로 많아지고 있다는 것이 가장 큰 원인이라고 생각합니다. 컴퓨터 앞에 앉아 있는 시간이 많아진다는 것은 그만큼 대면적인 의사소통의 기회가 적어진다는 의미입니다. 표정과 말투 같은 비언어적 피드백을 받지 못하기 때문에 섬세하지 못한 일방적인 의사전달에만 점점 더 익숙해졌습니다. 자기 행동이 상대에게 주는 영향에 대해 숙고할 수 있는 기회가 적어졌기 때문에 악플이 횡행하는 것입니다. 앞으로 이런 현상은 점점 더 심해지지 않을까 생각합니다.

양복 입은 뱀
사이코패스

1. 인터넷에 연쇄 살인범의 팬카페가 생기는 어처구니없는 일을 보며, 문득 이런 행동을 하는 사람들의 심리가 궁금해집니다. 사이코패스 심리검사도 유행하던데요?

먼저 용어를 정리할 필요가 있습니다. 학자의 관점에 따라 정신병질(psychopathy, 사이코패스), 사회병질(sociopath) 또는 반사회성 성격장애(Antisocial Personality Disorder, APD)라는 용어를 씁니다. 정신병질은 로버트 헤어가 발표한 정신병질 평가표-개정판(Psychopathy Checklist-Revised, PCL-R)에 근거한 개념이고, 사회병질 또는 반사회성 성격장애는 정신장애 진단편람(1993)(Diagnostic and Statistical Manual for mental disorder; DSM)의 진단기준에 의한 것입니다. 정신병질 개념은 유전적 요인을 중요시하고, 사회병질 개념은 사회적 요인을 더 중요시한다고 보는 견해도 있지만 그냥 두 용어를 동의어로 보는 학자들도 있습니다. 일반인들이 말하는 사이코(psycho)라는 말은 정신병질자(psychopathy)와 미친 사람(insane)을 의미하는 정신병자(psychosis)의 개념을 모두 포괄한 용어입니다.

이 개념에 의하면 현재 인터넷 등에서 돌아다니는 검사들은 대부분 국적불명의 믿을 수 없는 검사입니다. PCL이나 DSM 같은 공식적인 기준도 아닐 뿐 아니라 오해의 소지가 많습니다. 제가 확인해보니 사회성이 다소 부족하거나 괴팍하고 심지어는 개성이 강한 사람도 사이코패스로 진단하더군요. 심리검사는 오랜 통계적인 검증과 과학적인 분석이 갖추어져야 하는 고도의 전문 분야입니다. 진단은 전문가들도 신중한 분야이니 이상한 검사들을 믿거나 남용하지 마시기 바랍니다.

2. 사이코패스는 어떤 사람들인가요? 임상가의 관점에서 공식적인 기준은 무엇인가요?

정신병질자의 가장 핵심적 특징은 공감능력(sympathy)의 결여입니다. 물론 이 경우도 정신지체 때문에 도덕적 판단 능력이 없는 경우나 정신병 때문에 제정신이 아닌 경우, 그리고 명백한 뇌 손상(예컨대 뇌종양이나 뇌졸중)이나 약물 중독이 원인인 경우에는 이 기준을 적용할 수 없습니다. 정신병질자는 다른 면에서는 멀쩡해 보이는데 도덕적인 측면에서는 보통 사람들과 전혀 다릅니다. 잘못을 저지르고도 후회하지 않기 때문에 당연히 죄책감이나 동정심 등을 전혀 또는 거의 느끼지 못합니다. 그들이 머리가 좋고 용의주도한 것 같지만 반드시 그런 것은 아닙니다. 그들은 나쁜 짓을 하거나 잘못을 해도 당황하거나 흥분하지 않습니다. 그래서 증거를 잘 남기지 않는 것뿐입니다. 우리 같은 사람이 얼떨결에 그런 일을 하면 너무나 당황한 나머지 현장에

핸드폰을 두고 올지도 모릅니다. 금방 잡히겠지요. 그들은 나쁜 짓을 해도 침착합니다. 차갑고 냉정하며 뻔뻔스러운 것이 특징입니다. 그래서 양복 입은 뱀이라고 표현하기도 합니다.

3. 사이코패스를 우리 주변에서 보긴 힘든데요. 연구는 어떻게 이루어지나요?

정신병질자들이 흔한 것 같지만 실제로는 발견하기가 어렵고 또 연구하기도 쉽지 않습니다. 기본적으로 정신병질자들은 자신의 진짜 성격을 숨길 강력한 동기가 있습니다. 정신병질자들을 대수롭지 않게 여기고 반기는 나라는 세계 어디에도 없습니다. 이들이 사기적인 성향을 계속 발휘하기 위해서는 자신의 성향을 감추는 것이 핵심입니다. 따라서 임상가나 연구자들에게도 자신의 본모습을 기를 쓰고 숨기고자 합니다. 지금까지 많은 연구자들은 이미 감옥에 갇힌 기결수들을 주로 연구했습니다. 그들은 이미 낙인이 찍힌 상태이기 때문에 자신의 성격을 숨길 이유가 없습니다. 그러나 그들에게도 가석방 등의 문제가 있기 때문에 완전히 솔직할 것이라고 기대할 수는 없습니다. 상습적으로 남을 속이는 것이 정신병질자의 습성이라는 점도 연구에 방해가 됩니다. 그들은 일반 정신과 환자에 비해 10분의 1도 진실을 말하지 않습니다. 그래서 임상장면에서는 반사회적 성격장애와 다양한 정신과적 증상이 어떻게 연관되는지를 통해 이 실체를 확인하곤 합니다.

4. 연쇄 살인마를 사이코패스라고 추정하는 경우가 많지요? 왜 이들은 연쇄 살인마가 되었을까요?

'살인자의 마음' 을 저술한 조지타운 대학의 조나단 핀커스 박사는 살인자들의 가장 두드러진 특징으로 뇌 전두엽 손상과 아동기의 학대경험을 꼽았습니다. 대개의 살인자들에게서는 이 두 가지 특징이 공통적으로 발견됩니다.

전두엽은 감정을 통제하는 뇌 영역입니다. 그들은 살인이나 아동 성 착취 같은 행위가 나쁘다는 것을 이성으로는 알지만 감정으로는 수긍하지 못하는 특징이 있습니다. 예를 들어, 교통사고로 전두엽이 손상됐던 어떤 사람의 경우, 겉으로는 완쾌되었지만 이후 몇 차례나 거듭 교통사고를 일으켰습니다. 그는 도로 중앙분리대를 들이받으면 안 된다는 것을 알면서도 피하지 않았다고 답변했습니다. 살인자들의 경우도 그와 비슷하다고 합니다. 이성으로는 나쁘다는 것을 알지만 그들의 감정은 살인을 지지하는 것입니다.

특히, 아동기의 학대경험은 모든 살인자에게 공통적으로 나타나는 부분입니다. 무엇보다도 아버지의 부재가 두드러진 특징입니다. 아버지는 육신의 아버지라는 점보다도 기성사회의 질서와 가치관을 대변하는 인물입니다. 아이의 사회화 과정에서 중요한 준거가 됩니다. 아이는 아버지를 모방하고 기준으로 삼으면서 사회질서를 체득하고, 법과 질서를 내면화합니다. 아버지가 불성실하며 사회에 반하는 가치관과 행동을 보일 때, 자녀도 사회의 규칙을 무시하거나 이에 저항할 가능성이 높습니다. 당연히 아버지에게 받는 갈등과 좌절은 정신건강에 위험요인입니다. 히틀러도 아동기에 계부에게서 죽을 지경의 모진 매를 당하면서 성장했습니다. 또 마피아단의 경우에도, 살인범죄에 가담한 이들은 거의 다 아동학대를 겪은 사람들이었음이 확인되었습니다. 아동에 대한 학대 특히 성적 학대는 심리적으로나 신체적으로 치명적인 손상을 끼칩니다. 그리고 그 후유증은 잠재되어 있다가 성인기에 이르러 비로소 튀어나오는 경우도 많습니다.

5. 사이코패스가 오랜 세월에 걸쳐 형성되는 것이라면 무슨 구체적인 전조증상이 있을 것도 같은데요.

사이코패스는 진단 규준 상 반사회적 성격으로 알려져 있으며 이 증상은 품행장애(Conduct disorder)의 전조증상들을 보입니다. 동물학대, 거짓말, 사기나 절도, 잦은 이직, 성적 문란, 가정에서의 무책임, 방화 등이 이에 해당합니다. 강호순의 경우도 하사관 시절 소를 훔치다 경찰에 붙잡힌 것을 시작으로 특수절도 2회 등 총 9범의 전과를 기록했습니다. 덤프트럭 운전·양봉·양계·스포츠마사지 등 여러 직업을 전전하기도 했습니다. 네 차례의 결혼 생활도 순탄치 않아 전처들은 '폭력적인 남편'으로 그를 기억했습니다. 특히 1995년 트럭 화재, 2000년 1월 점포 화재, 2005년 장모 집 화재 등 보험금을 노려 방화했을 가능성도 추정되고 있습니다. 한때 개를 키웠던 그가 직접

개들을 도살해 팔았던 것도 동물학대의 한 측면으로 보입니다.

6. 사이코패스의 증상들이 뚜렷했군요. 이러한 해석 이외에 혹시 다른 진단의 가능성은 없나요?

일단 강호순도 사이코패스의 가능성이 가장 높지만 이러한 증상만으로는 진단을 단정해서는 안 됩니다. 많은 전문가들은 강호순과 마찬가지로 유영철의 경우도 사이코패스라고 확신하는 것 같습니다. 그러나 저는 임상가의 관점에서 지난 번 유영철의 경우는 분열형 성격(schizoid personality)일 가능성도 있다고 생각합니다. 이 성격은 정신장애 진단 및 통계편람(DSM)에서 반사회성 성격장애와는 다르게 진단하는 성격장애입니다. 분열형 성격장애는 사회로부터 고립되어 사고체계가 서서히 괴이하게 변하는 것이 그 특징입니다. 그는 오랫동안 사회 교류가 없으면서 자신의 특이한 생각을 교정할 기회가 없었던 것 같습니다. 유영철은 외톨이였습니다. 그는 시체가 잘 절단되지 않자 개를 잘라가며 연습을 했고, 자기의 전신을 사진찍어 가며 접합 부위의 특징을 연구했습니다. 이러한 행동은 그가 사회적 고립으로 인한 소위 '마술적사고(magical thinking)'에 몰입되어 있었던 것이 아닌가하는 추측을 하게 됩니다. 이에 비해 강호순은 깊이 있고 진지하게 교류한 사람은 거의 없었지만 사회적인 관계가 나름대로 활발했었기 때문에 여러모로 판단할 때 분열성 성격보다는 반사회성 성격장애인 사이코패스에 가깝습니다.

7. 사이코패스라는 성격 특징이 전두엽 손상이나 아동기 학대 때문이라고 말씀하셨는데 이러한 설명 이외에 또 다른 이론은 없나요?

최근에 심리학 분야에서 대단히 인기가 있는 진화 심리학적인 관점으로 설명할 수도 있습니다. 현재 진화 심리학자들은 정신병질을 일부 악질적 인간에게는 대단히 적응(adaptation)적인 전략일 수 있다는 점에 주목합니다. 즉, 정신병질자가 남을 등쳐먹는 전략으로 진화되었다는 생물학적 관점입니다. 정신병질자들도 생존과 번식이라는 진화적 대전제를 따르지만 대다수의 평범한 인간들과는 다소 다른 짝짓기 전략을 취합니다.

기본적으로 남자와 여자가 짝을 찾는 성 선택 과정에서는 비율의존선택(frequency dependent selection)이라는 개념을 이해할 필요가 있습니다. 남자와 여자의 성 책략 중 어느 것이 더 유리할지는 전적으로 남녀의 비율에 달려 있습니다. 만약 여자가 많다면 남자로 태어나는 것이 번식에 유리하고, 남자가 많다면 여자로 태어나는 것이 유리합니다. 이것을 비율의존선택이라고 합니다. 남녀의 비율에 따라 성 선택 전략이 달라질 가능성이 높습니다.

비율의존선택은 암수 결정에만 적용되지 않습니다. 여러 동물들 중에는 이를 악용하면서 양심 없는 전략을 취하는 동물들이 있습니다. 어떤 곤충은 자식을 키우기 위해 굴을 팝니다. 그런데 그 종의 동물들 중에는 남이 파 놓은 굴을 빼앗는 전략을 취하는 것들도 있습니다. 이때에도 비율의존선택이 작동합니다. 자신이 굴을 파는 개체들이 아주 많고 남의 굴을 빼앗는 개체가 매우 적다고 가정해 보십시오. 그러면 빼앗는 전략이 유리합니다. 빼앗을 수 있는 굴이 많기 때문이지요. 반면 그 반대로 굴을 파는 개체들은 거의 없고 빼앗는 전략을 쓰는 개체는 아주 많다고 가정해 보십시오. 빼앗을 수 있는 굴을 발견하기가 힘들기 때문에 그 경우에는 빼앗는 전략이 불리합니다. 빼앗을 수 있는 굴을 찾기 위해 엄청난 시간을 헤매는 동안 차라리 자신이 굴을 파는 것이 나을 것입니다. 또한 빼앗는 전략을 쓰는 개체가 많아지면 굴을 두고 서로 싸울 가능성도 커집니다.

어떤 곤충의 경우 수컷들이 암컷에게 주기 위해 일종의 선물을 마련합니다. 암컷은 이 선물을 먹고 그 대가로 수컷에게 짝짓기 기회를 제공합니다. 수컷들은 이 선물을 마련하기 위해 애를 씁니다. 그런데 어떤 수컷들은 암컷 흉내를 내서 다른 수컷들로부터 그 선물을 훔칩니다. 이 경우에도 비율이 중요합니다. 도둑 전략을 쓰는 개체가 너무 많다면 도둑질을 하기가 힘들어집니다. 훔칠 수 있는 선물은 적은데 도둑들은 많기 때문이지요.

정신병질의 적응가설은 남의 굴을 빼앗거나 남의 선물을 훔치는 비열한 전략과 비슷합니다. 선량한 사람들이 다수라면 소수의 정신병질자가 성공할 수 있는 유리한 환경이 됩니다. 소수의 정신병질자가 다수의 선량한 사람들을 성적으로 사기치면서 짝짓기 행동을 하고 이러한 수단에 의지하면서 진화했다는 관점입니다. 정신병질자의 적응가설은 성적인 사기 행동을 성공시키려는 명백한 목적이 있습니다.

8. 사이코패스가 성적인 사기 행동(sexual cheating behavior)때문에 진화했다는 해석은 참 새로운 관점인데요? 구체적으로 설명해 주시지요.

에드워드 윌슨의 R/K 선택이론(R/K selection theory)을 적용할 수 있습니다. 여기서 R은 번식(reproduction)이고 K는 생존(survival)을 지칭하는 함수용어입니다. 번식을 한다는 것은 자기는 죽을 지라도 자신의 유전 정보가 모두 담긴 자식을 남긴다는 점에서 내가 사는 것이며 자식을 낳는 한 영원히 사는 것이라고 말할 수 있습니다. 진화가 영원히 진행되는 것이지요. 극단적인 R전략은 수많은 자식을 낳아 놓고 전혀 돌보지 않는 것을 말합니다. 어류의 여러 종이 이런 전략을 취합니다. 엄청난 수의 알을 낳아 놓고 그중에 소수라도 번식할 때까지 살아남기를 '바라는' 것입니다. 반면 극단적인 K전략은 극히 적은 수의 자식을 낳아서 지극 정성으로 돌보는 것을 말합니다. 자식을 생존시켜야 하기 때문에 이 방법을 취하는 것입니다. 인간은 극단적인 K전략에 가깝습니다. 동물계에는 극단적인 R전략에서 극단적인 K전략에 이르기까지 온갖 중간 전략들로 가득 차 있습니다. R전략과 K전략은 이분법적으로 구분되는 것이 아니라 스펙트럼 상에서의 정도 차이입니다.

침팬지의 경우 전체적으로 보면 K(생존)전략에 가깝고 암컷의 경우에는 영락없는 K전략입니다. 암컷은 태아를 자궁 속에서 키우다가 태어난 이후에는 젖을 먹이면서 몇 년간 더 키웁니다. 젖을 뗀 이후에도 암컷은 몇 년간 더 자식을 돌봅니다. 반면 수컷의 경우에는 R(번식)전략에 가깝습니다. 침팬지 수컷이 하는 일이라고는 정자를 제공하는 것이 사실상 전부이고 게다가 영장류 중에서도 가장 난잡한 성생활을 합니다.

과거 사냥-채집 사회에서는 남자도 이런 R전략을 취했을 것입니다. 남자의 진화적 관점에서는 최대한 여러 명의 여자와 성교해서 많은 자식을 보는 번식 전략이 유리했을 것입니다. 그들에게는 자식 돌보기보다 다른 여자를 유혹하거나 강간하는 방법이 더 효율적인 진화 방법이었습니다. 그러나 현대에는 결혼을 할 뿐만 아니라 남자도 자식 돌보기에 엄청난 투자를 합니다. 인간 남자의 자식 돌보기는 여자에 비하면 상대적으로는 미약하지만 침팬지 수컷에 비하면 엄청납니다. 바람을 피면서 R전략을 취하는 남자도 있지만 일반적으로 남자도 번식(R)보다는 생존(K)전략을 취하는 경향이 뚜렷합니다.

진화 심리학자들은 정신병질자들이 대다수의 남자들이 취하는 K전략 대신 R전략에 전문화되어 있다고 설명합니다. 정신병질자의 카사노바 전략이 성공하기 위해서는 일반 남자들보다 더 많은 성적 교섭을 시도해야 합니다. 문제는 여자들이 쉽게 성교에 응하지 않는다는 것입니다. 따라서 쉽게 성교에 응하지 않는 여자와 성교를 하기 위해서는 두 가지 방법이 있습니다. 첫째, 자신이 여자를 매우 사랑한다고 여자가 믿도록 만드는 것입니다. 따라서 매너로 무장하고 좋은 차를 타며 그 여자에게 집중하는 행동을 합니다. 물론 다 성행위를 위한 사기적인 목적이 있습니다. 두번째 방법은 여자를 강간하는 방법을 취할 수 있습니다. 사이코패스가 성적으로 난잡하거나 이 관계에 병적으로 집착하는 것은 그 이유 때문일 수 있습니다.

9. 남자 사이코패스가 번식에 초점을 두는 건 이해가 되는데, 여자도 사이코패스가 있잖아요. 생산의 주체인 여자는 무한히 번식할 수 없기 때문에 이 전략을 취할 수 없을 것 같은데요.

아주 좋은 지적입니다. 원시사회에서 어머니마저도 번식 위주의 전략을 취했다면 아이의 생존은 불가능했을 것입니다. 남자의 경우 번식전략에 치중함으로써 유전자를 남기는 방법이 있었지만, 생산의 주체인 여자는 아이를 많이 낳을 수 없기 때문에 번식(R)전략보다는 생존(K)전략이 더 유리합니다. 여자의 입장에서는 어쩔 수 없는 진화적인 선택이었지요. 즉, 소수의 자녀를 더 집중적으로 돌보면서 생존시키는 것이 자신(여성)의 유전자를 전달하려는 진화적인 목적을 더 충족시킬 수 있습니다. 따라서 정신병질이 R전략에 치우치면서 진화한 관점이라면 여자의 경우에는 정신병질이 없거나 적을 것입니다. 실제로 모든 문화권에서 정신병질자는 남자가 압도적으로 많습니다.

10. 사이코패스가 극단적인 번식(R)위주 전략으로 진화한 것이라는 설명도 타당한 근거가 있군요. 강호순의 경우도 이러한 관점으로 설명할 수 있나요?

연쇄 살인범 강호순은 사이코패스라고 추정됩니다. 그러나 현재로서 그의 경우, 전두엽 손상의 증후가 확인되지 않았습니다다. 그리고 다른 연쇄 살인범들과는 달리 아동학대의 경험등도 뚜렷하게 발견되지 않았습니다. 그래서 정신병질자가 기본적으로 속임수에 능하다는 진화적인 전제에서 살인으로 이어지는 그의 성적인 행동을 해석한 것입니다. 극단적인 R전략의 경우에는 여자가 성교를 허락하여 임신을 할 때까지만 사랑하면 충분합니다. 그리고 그 이상 사랑하는 것은 이들의 관점에서는 부적응입니다. 여자를 임신시켰다면 다른 여자를 임신시키기 위해 또 다른 여자를 찾는 것이 이들에게 더 유리합니다. 그래서 그는 네 번이나 결혼했고 끊임없이 여성들을 찾아다녔습니다. 자식도 여러 명 낳았고 부인을 불태워 죽이면서 자식은 구했으며 보험사를 상대로 사기행각을 벌였습니다. 어머니 없는 자신의 자식들에게 돈을 남겨줄 수 있다는 생각으로 자서전을 쓸 생각도 했습니다. 죽은 사람의 아픔에는 무관심한 공감 결여도 뚜렷하게 나타났습니다. 이런 관점에서 그의 행동은 사이코패스의 진화방식과 유사합니다.

저는 사이코패스가 어렸을 때 가정 폭력의 경험이 있었거나 아니면 범죄적 유전인자 때문에 생긴 것이라는 해석 이외의 설명도 가능하다는 점을 말씀드린 것입니다. 수도권의 특정지역에서 살인 사건이 많이 발생하는 현상을 도로망이 잘 연결되어 있고 도주가 용이하기 때문이라는 해석도 있더군요. 그러나 조금 다른 관점에서 생각해 볼 수도 있습니다. 현대 도시는 익명사회입니다. 게다가 다른 도시로 이사가기도 쉽습니다. 매우 비양심적으로 행동하다가도 다른 도시로 이사가면 나쁜 평판이 무효화됩니다. 우리 조상들이 진화한 사냥-채집 사회는 투명 사회였습니다. 모든 사람들이 그 사회 구성원들의 악행에 대해 훤히 알고 있었습니다. 사냥-채집 사회는 도시 사회보다 사이코패스에게 매우 불리한 환경이었습니다. 따라서 정신병질이라는 특성은 도시화가 진행되면서 진화한 부산물일 가능성이 있습니다. 수도권은 거대하며 급속히 도시화가 진행되고 있고 공동체적 특성이 약화된 지역일 수 있습니다. 이질적이고 무관심한 이웃들이 보다 많이 모여 있는 지역이기도 합니다. 사기적인 사이코패스의 평판이 가려지고 이에 무관심할 수 있다는 점이 그들이 선호하는 지역이 된 것이지요.

Part I

죽음의 역설
자살

1. 2006년 통계청 자료에 의하면 한 해 동안 한국의 자살자 수는 1만 688명이었습니다. 하루 평균 29명이 스스로 목숨을 끊은 셈인데요. 이 비율은 OECD 국가 내에서 가장 높은 수치라면서요?

네, 놀랍게도 우리나라는 자살 빈도가 최다인 나라입니다. 자살은 워낙 중요한 사회적인 문제이기 때문에 다음과 같은 새로운 관점에서 설명을 할까 합니다. 바로 진화적인 관점인데요. 여기서는 자살이 진화의 산물이기 때문에 오히려 적응적인 선택행동일 수 있다는 가정에서 출발합니다.

2. 스스로 목숨을 끊으면 생존이 안 되고, 더 이상 번식할 수 없으니 유전자를 전달할 수 없잖아요? 진화적으로 볼 때도 효율적이지 않은 것 같은데요.

그렇게 볼 수도 있습니다. 바로 그런 이유 때문에 자살 문제는 진화생물학자들이나 진화심리학자들에게 골치 아픈 주제였습니다. 또 그만큼 관심을 끌었지요. 일단 자살을 정확하게 정의할 필요가 있습니다. 우선 자살하려는 의도와 자살하는 행동은 다릅니다. 자살은 죽으려는 의도가 자신의 목숨을 단절시키려는 행동으로 이어져야 합니다. 이런 전제라면 동물은 자살을 할 수 없습니다. 동물들은 의식적으로 자살을 생각하지 못하기 때문입니다. 기본적으로 다른 사람을 공격하려는 의도보다 자신을 죽이는 것이 일차적인 목적이어야만 자살로 인정할 수 있습니다. 예를 들어, 꿀벌은 침입자에게 침을 꽂아 넣으면서 복부가 파열되고 자신도 죽습니다. 자폭하는 셈이지요. 이 행동은 얼핏 보기에 자살하는 것처럼 보입니다. 그러나 이 행동의 기본적인 목적은 자신이 죽으려는 것이 아니라 적을 공격하는 것이기 때문에 자살이 아닙니다. 이 개념을 적용한다면 가미가제 공격이나 자살 폭파범도 자살로 보기 어렵습니다. 이것은 적에게 자신과 자신이 속한 집단도 공격을 가할 수 있다는 의도를 분명히 드러내는 행위입니다. 약자가 강자에게 대항하는 최후의 수단이라고 말하는 사람도 있습니다. 그들은 순교나 애국심을 확인하는 등 특정 목적을 달성하기 위해서 죽은 것입니다. 정말 죽고 싶어서 죽은 것이 아닐 수 있기 때문에 과연 자살로 보아야 할 것인지 곰곰이 따져보아야 합니다.

3. 그렇다면 자신을 해치는 것 이외에 더 강력한 다른 이유가 있을 경우 자살이 아닐 수도 있다는 뜻인가요?

네, 진화적인 관점에서는 그렇게 설명할 수 있습니다. 결론부터 말하면 자살이 오히려 적응적인 행동일 수 있다는 것입니다. 이것을 적응가설(adaptation hypothesis)이라고 합니다. 내가 죽음으로써 내 가족이나 친족이 더 생존할 수 있고 더 번식할 수 있다면 내가 죽는 것은 정말 죽는 것이 아닙니다. 그들은 내 유전자를 공유한 바로 나의 분신이자 또 일부입니다. 진화과정은 유전자를 전달하는 것이 기본적인 목적이기 때문에 내가 그런 역할을 하기가 어렵다면 이 과정을 가장 효과적으로 수행할 수 있는 또 다른 나의 분신에게 이 일을 맡기는 것이 더 효과적인 선택일 수 있습니다. 내가 살아있어도 이 일을 잘 못하는 상태이고, 자신이 살아있다는 것 자체가 오히려 유전자를 공유한 다른 가족들의 유전자 전달 역할도 방해하는 상황이면 죽는 행동을 선택할 가능성이 있습니다. 다분히 전략적이고 경제적인 행동일 수 있다는 것이지요. 혈족도태(kinship natural selection)라는 개념으로 설명하기도 합니다. 포괄적인 적응(inclusive fitness)이라는 관점에서 보면 결과적으로는 그리 이상한 행동이 아닌 셈입니다.

동물들도 자신이 더 이상 번식가능성이 없을 때 인간이 보기에 자살처럼 보이는 행동을 합니다. 인간도 심하게 아프거나 매우 늙은 경우에 자살률이 높습니다. 스스로 생존과 번식 가능성이 더 이상 없다고 생각할 때 자살은 여러모로 현실적인 대안 중의 하나가 될 수 있습니다.

이 관점을 따른다면 자신을 돕는 친족이나 가족이 얼마나 자신과 가까운지에 따라 자살 가능성이 다를 것이라고 예측합니다. 사람들은 가까운 가족이 옆에서 관심을 가지고 돌보아 주면 힘을 얻고 위안을 받기 때문에 자살할 가능성이 줄어들 것이라고 생각합니다. 그러나 자신을 아끼고 사랑하는 가족이 있다면 오히려 자살할 가능성이 더 높을 수 있습니다. 가까운 친족이 자기를 돌보아주고 도와주는 행위를 하다가 자원을 손실한다면 장기적으로는 그들을 통해서 자신의 유전자를 전달하려는 목적도 달성하지 못할 수 있습니다. 그 경우에는 근친도(degree of relatedness)가 높을수록 친족에게 의존하는 행위가 자신의 포괄적인 적응도에 더 큰 손실을 끼칠 가능성이 높기 때문입니다. 자살 의도가 있는 사람들을 대상으로 한 실제 연구에서도 이런 심리상태가 드러났습니다.

4. 그렇다면 자신이 죽음으로써 남겨진 자식이 오히려 더 열악한 상황에 처하게 되면 자살을 망설이겠군요.

네, 맞습니다. 가족 특히 자식은 복제된 자신입니다. 자기가 죽어서 자식이 더 가난해지고, 경쟁력이 없어진다면 결국 자식도 생존하기 어려울 것입니다. 자식마저도 유전자를 전달하는 역할을 못한다면 이것이야말로 치명적인 상황입니다. 어쩌면 자살을 생각하는 사람들의 고민은 좌절이라기보다는 내가 죽는 행동이 과연 내 유전자를 공유한 다른 구성원들에게 도움이 되고 정말 유리한 것일까를 확신하지 못해서 생긴 불안 때문일 수 있습니다. 자살을 생각하는 사람에게 이 사실을 고민하도록 유도하면 자살이 다른 가족에게 끼치는 영향을 매우 현실적으로 계산합니다. 그 사람이 생각을 잘하지 못한다면 냉정하게 알려

줄 필요도 있습니다.

악성 댓글에 시달린 우리나라의 어떤 여배우가 자살한 사건이 있었습니다. 워낙 유명한 배우여서 나라가 술렁거렸고 다른 나라의 뉴스에서도 크게 보도될 정도였지요. 그 후 재산과 자식들의 친권 문제로 이혼한 전남편과 그녀의 가족은 갈등을 일으켰습니다. 이런 사실을 그녀가 미리 예상했고 또 남겨진 자식의 인생에 끼칠 영향을 냉정하게 계산했다면 아무리 괴로웠다고 해도 자살을 실행에 옮기기 주저했을 것이라고 생각합니다. 사실 얼마나 힘들었으면 자살을 생각했겠습니까? 그러나 막상 자살을 할 때는 충동적인 기분에 사로잡혀서 실행하는 경우가 대부분입니다. 그 순간에 이런 냉정한 판단이 필요합니다. 그 여배우에게는 그런 생각을 강력하게 주지시키면서 확신을 줄 사람이 없었던 것 같습니다.

진짜 자살은 유전자를 전달하는 행동을 포기하는 것이고 유전자로 표현되는 자신의 흔적을 이 세상에서 완전히 지우는 선택입니다. 개체가 자연에서 흔적도 없이 사라지는 것이지요. 개체가 제대로 발달하기 위해서 일부 세포 등이 스스로 죽는 것은 당연히 자살이 아닙니다. 세포의 죽음이 곧 개체의 죽음이 아니거든요. 이와 마찬가지로 유전자를 전달하려는 효율적인 행동의 일환으로써 자살을 선택한 것이라면 진짜 자살이 아닐 수도 있습니다.

5. 그런 관점이라면 중절 수술을 하거나 결혼을 해서 자식을 낳지 않기로 결심하는 것도 비슷하게 설명할 수 있겠군요?

네, 아주 정확하게 보셨습니다. 만약 어떤 자식이 심각한 결함이 있어서 아무리 정성들여 키워도 번식에 성공할 가능성이 적고 생존이 어렵다고 판단했다면 일찍 그 자식을 포기하고, 경쟁력이 있어 보이는 다른 자식에게 자원과 관심을 집중하는 것이 효과적일 수 있습니다. 이런 관점에서 특정한 자녀를 차별하거나 아동학대가 발생한다고 설명하는 학자들도 있습니다. 숭고한 부모 자녀 관계를 이렇게 해석하는 것에 대해 불쾌해할 분도 계실 것입니다. 일단 그렇게 설명할 수도 있다는 것이고 하나의 가설입니다. 중절 수술을 하는 것은 지금 아이를 낳지 않고 본인의 생존에 집중하는 것이 장기적으로는 더 유리하다고 판단했기 때문입니다. 현재 자원도 부족한 상태에서 경쟁력이 없는 자식을 키우는데 모든 노력을 기울인다면 자식뿐 아니라 자기의 생존도 보장할 수 없습니다. 그리고 앞으로 있을지도 모르는 또 다른 자식에게 기회를 주지 못하는 것입니다. 다른 배우자를 만날 가능성을 고려한 것일 수도 있습니다. 이 상태에서 아이를 낳는다면 대단히 모험적인 선택일 가능성이 있습니다. 결국 일종의 기회비용으로 판단한다면 지금 아이를 낳지 않는 것이 반드시 진화에 역행하는 것이 아닙니다.

6. 진화의 관점에서 보면 참 냉정하군요. 혹시 자살을 진화적인 관점에서 다르게 설명하는 경우는 없나요?

네, 자살에 관해 또 다른 진화적 관점이 있습니다. 이것을 부산물 가설(by-product hypothesis)이라고 합니다. 즉, 어떤 행동이 처음에는 진화에 도움이 되었지만 예기치 않은 부산물이 생겼고 그 중 하나가 자살이라는 것입니다. 즉, 냉정하게 계산된 적응행동이 아니라 적응에 도움이 되는 어떤 행동을 발달시키는 과정에서 우연히 그리고 예상하지 않게 수반된 후유증으로 보는 것입니다.

예를 들어, 우울이라는 감정은 자연선택 과정에서 유용한 정서였습니다. 우울증적 현실주의라는 개념이 있습니다. 우울증자들이 세상을 더 현실적으로 판단한다는 것입니다. 그들은 현실을 있는 그대로 보는 경우가 더 많습니다. 우리가 사는 세상에서는 착한 사람이 항상 잘되지는 않으며 나쁜 사람이 늘 벌을 받지도 않습니다. 이것이 우리가 발붙이고 사는 진짜 현실입니다. 사실 정신적으로 멀쩡하게 보이는 우리들이 보고 싶은 것만 보고, 있는 그대로의 현실을 왜곡합니다. 그래서 마음 편하게 사는 것인지도 모릅니다. 오히려 우울증자들은 현실을 있는 그대로 직시하는 사람일 수 있습니다. 결국 이런 관점이라면 우울은 현실을 냉정하게 재평가하고 가장 실현 가능성이 있는 대응 방안을 모색하는데 도움이 되는 정서였습니다.

게다가 우울한 사람은 주변 사람들에게 도움을 받기 쉽습니다. 사람들은 죽을 것 같고 약해 보이는 사람을 더 이상 공격하지 않습니다. 동정하면서 관심을 기울여주고 과도한 스트레스를 주지 않으려고 조심하거든요. 결국 우울한 정서는 강화를 받을 가능성이 있고 별로 불리할 것이 없었습니다. 적응에 도움이 된 정서로서 진화한 것이지요.

그런데 우울정서에 너무 몰두하여 지나칠 정도가 되면 적응적인 관점에서 예상하지 못한 감정이 생깁니다. 바로 절망감(hopelessness)입니다. 우울은 자신이 처한 상황을 반추하고 적당한 현실적인 전략을 찾는데 유리했지만 절망감은 현실을 너무나 비관적으로 평가해서 대응방안을 찾는 것도 포기할 만큼 스스로 무기력해진 상태입니다. 우울감과 절망감은 연속선상에 있습니다. 특정한 행동이 적응에 도움이 되었지만 도가 지나쳐서 적응에 불리해진 것입니다. 한발 더 나아갔더니 예상하지 못한 후유증이 생긴 것이지요. 그래서 우울의 부산물이 절망감이고 그 결과가 자살이라는 것입니다. 자연선택의 진화과정에 잘 부합하기 위해서는 적당한 균형 감각도 필요합니다. 위태위태하고 어려운 줄타기 과정이지요.

원치 않았던 부적응
부산물 가설

1. 부산물(byproduct)이라면 원래 목적이 아니었는데 부수적으로 따라왔다는 뜻일텐데요. 심리적인 측면에서도 그런 현상이 있다는 말씀이신가요?

그렇습니다. 많은 심리적인 증상(symptoms)이 원래는 적응하는 어떤 행동과 관련이 있었습니다. 처음에는 이런 행동을 하는 것이 생존에 도움이 되었기 때문에 개발하고 점차 세련되게 발전시켰습니다만 시간이 지나면서 너무 몰두하고 지나치게 의존하면서 처음 의도와는 달리 오히려 부적응적인 행동으로 전락해버렸습니다. 오히려 생존에 불리한 증상이 되어버린 것이지요.

2. 처음에 좋았기 때문에 계속 몰두하였고 집착했는데 그러다보니 너무 엇나간 셈이군요. 어떤 예를 들 수 있을까요?

알코올 중독을 예로 들 수 있습니다. 영장류들은 240만 년 동안 과일을 먹어왔습니다. 지금도 영장류 동물들은 과일이 주식입니다. 과일에는 당분과 소량의 에탄올이 함유되어 있습니다. 인간의 생존에는 당분이 절대적으로 필요한데, 잘 익은 과일에는 특히 당분이 많아 섭취 시 효율적으로 에너지를 보충할 수 있었습니다. 또한 에탄올은 과실의 숙성상태를 파악하는 신호였습니다. 잘 숙성되면 시큼한 냄새가 나거든요. 게다가 발효가 잘된 시큼한 과실은 독성도 적다는 것을 알게 되었습니다. 맛을 느끼는 미각은 생존에 직결되는 감각이었기 때문에 안전하다고 느끼게 되었고 당연히 발효된 음식에 대한 선호가 발달했습니다. 원래 목적은 당분 섭취였고, 에탄올은 숙성과 발효상태를 아는 결정적인 지표였지만, 안전한 음식을 먹어야 한다는 생각 때문에 발효 음식에 대한 선호도가 확실히 진화된 것이지요.

그러나 현대인들은 발효된 음식인 술을 너무 좋아하며 많이 마시고 있습니다. 위스키에 함유된 에탄올은 과일에 함유된 에탄올과는 비교도 안 될 정도로 높은 수준이고 또 인간의 생존에 필수적이지도 않습니다. 술을 지나치게 선호하면 간이 손상되기 때문에 오히려 독성이 있는 물질에 대한 해독기능이 저하됩니다. 원래의 의도와는 정반대의 증상이 생긴 것이지요.

3. 알코올 중독은 진화의 부산물이로군요. 자살도 부산물일 가능성이 있다고 하셨는데 소위 '미쳤다'라고 말하는 정신분열증의 경우도 이에 해당될 수 있나요?

자살의 심리상태는 적응에 도움이 되는 어떤 행동을 발달시키는 과정에서 우연히 그리고 예상하지 않게 수반된 후유증으로 볼 수 있습니다. 우울이라는 감정을 발달시키는 과정에서 생긴 부산물이지요. 마찬가지로 대표적인 정신질환인 정신분열증도 부산물일 가능성이 있습니다. 지금도 정신분열증을 가진 사람들이 보이는 특이한 생각과 이해할 수 없는 행동은 비범한 사람들의 기발한 아이디어나 괴팍한 행동과 구별하기가 힘들 때가 있습니다. 그래서 천재와 광인의 유사성은 호사가들의 오랜 관심거리였습니다. 진화는 평균적이고 평범한 것을 지향하게 되어 있습니다. 대다수의 사람들이 자연스럽고 평범하게 수행하는 행동이야말로 가장 검증이 된 안전한 적응방식일 수 있습니다. 그런 행동을 잘하는 사람은 잘 적응한 사람입니다. 그런 관점에서 보면 가장 평범한 행동을 하고 가장 평균적인 특성을 개발한 사람이 가장 생존능력이 높은 사람일 수 있습니다. 예를 들어 미혼 여성 중에 배우자의 기준으로 너무 잘생기거나 못생기면 절대 안 되고, 너무 부자인 것도 싫지만 가난하면 물론 안 되고, 너무 똑똑한 남자도 부담되고 그렇다고 바보 같아도 안 된다고 말하는 여자가 있습니다. 그러고는 자긴 욕심이 별로 없고 배우자를 고르는 기준도 너무 평범한데 왜 그런 남자가 없는지 모르겠다고 푸념합니다. 그러나 사실 그 여자는 진화적으로 볼 때 가장 경쟁력이 있고 우수한 남자를 원하는 것입니다. 오히려 기준이 까다롭고 높은 셈이지요. 생존능력이 높은 우수한 남자에게 지나치게 집착하는 여자의 관점에서 보면 웬만한 남자는 눈에 차지 않을 것입니다.

그러나 진화에는 돌연변이가 있습니다. 진화는 평범하고 평균적인 것으로 변화합니다. 그러나 결정적인 도약은 극히 이례적인 몇몇 사건에서 일어납니다. 예상하지 못한 생각과 우연한 행동은 큰 모험입니다. 대다수의 평범한 사람들에게 수용되지 않기 때문에 아예 도태되면서 현실에서 사라질 위험성이 있습니다. 역사상의 많은 천재들이 너무 앞서고 뛰어난 나머지 그 당시 사람들에게 배척받았습니다. 안정되고 평범한 상태는 변화가 힘들고 더 이상 뒤집을 수 없습니다. 이에 불만을 품고 상대적으로 불리하다고 느낀 일부 모험가가 늘 있게 마련입니다. 이들은 도박적인 행동을 함으로써 아예 판을 바꿀 생각을 합니다. 그들은 많은 경우 쪽박을 차지만 일부는 정말 대박을 터뜨립니다. 자연에서 완전히 사라지거나 경쟁관계에서 결정적인 우위를 점하는 사람이 되는 것이지요. 특정한 공간 내에서 개체가 많아지면 경쟁이 심해지면서 자연스럽게 돌연변이도 등장합니다. 이것은 동물의 세계에서는 너무나 당연한 일이며 심지어는 식물의 세계에서도 흔히 일어나는 현상입니다.

결국 평범함을 거부하는 독창성, 기이한 행동, 특이한 접근, 있지도 않은 일을 생각해 내는 상상력, 현실을 무시하는 도발적인 태도 등은 인간 사회를 한 단계 업그레이드시키는 동인이었기 때문에 심리적인 특성으로 자리잡게 된 것입니다. 장기적인 진화과정에는 부합하였기 때문에 인간에게는 필요한 심리 상태였습니다. 그러나 가장 적은 노력으로 가장 효율적인 적응을 하도록 진화한 대부분의 사람들에게 당장 급격한 변화를 요구하거나 위협하는 이단자는 달가울 리 없고, 또 의심스러울 것입니다. 분명 압박하고 처벌할 가능성이 있습니다. 그러나 이단자는 포기하지 않습니다. 그들이 내세우는 카드는 기발한 생각과 변칙입니다. 기회는 언젠가 올 것입니다. 흡사 상대의 강펀치를 의식한 권투선수가 잽을 던지면서 반응을 떠보는 상황과 유사합니다. 챔피언은 안정을 원하고 지금 그대로이길 바라지만 도전자는 판을 뒤집고 전세를 역전하기 위해서는 기존의 방식과는 다른 방식을 사용해야 합니다. 두 가지 특성 모두 진화에는 필요했기 때문에 앞으로도 없어지지 않을 것입니다. 도발적이고 특이한 행동은 진화적인 가치가 있었지만 지나치게 과장되어 있고, 긴장을 불러일으키는 정신분열증자들의 괴이한 행동은 도를 넘어선 것입니다. 대다수의 사람들에게 불편한 감정을 불러일으키고 필요 이상으로 견제받는다는 점에서 적절하지 않은 행동입니다. 처음에는 나쁘지 않고 필요했으나 남발함으로써 결과적으로는 부적응적인 상태까지 간 증상이 된 것입니다.

4. 청소년 비행은 어떤가요? 일반적으로는 가족기능이나 학교 적응 등과 관련지어서 많이 설명하곤 하잖아요.

저는 조금 다른 관점에서 생각합니다. 젊은 사람들은 자원이 없습니다. 사회적 지위도 없고 돈도 없지요. 트리버스(Trivers, 1985)는 남자들이 여자들에 비해 번식의 변동율이 더 크다는 점에 주목했습니다. 출산의 주체인 여자는 자기의 유전자를 가진 아이를 많이 낳을 수 없는데 비해 남자는 번식 능력이 무한합니다. 게다가 능력 있는 일부 남성이 여성들을 독점할 가능성이 항상 있었습니다. 그래서 남자들은 경쟁자와 목숨을 걸고 싸우거나 투자가치가 높은 이성에게 매력을 일으키기 위해서 보다 과감하고 위험한 전략을 선택하곤 합니다. 이것을 젊은 수컷 신드롬이라고 합니다.

특히 남자 청소년들은 더 조급합니다. 그들은 자기 또래의 경쟁자들도 물리쳐야 하고, 자기보다 높은 지위를 이미 확보한 남자 어른들도 견제해야 합니다. 남자들이 공격성이라는 특성이 더 두드러지는 것도 바로 이러한 이유 때문입니다. 특히, 아무것도 가진 것이 없이 생존 경쟁에 막 뛰어 들어간 젊은 남자들은 더 이상 잃을 것도 없기 때문에 도박에 가까운 모험행동도 불사합니다. 그들이 이성에게 어필하고 결과적으로 번식에 성공하기 위해서는 그래야만 합니다. 신체적인 용맹성과 공격성의 과시는 강하고 유능한 남성에게 주목하는 여성뿐만 아니라 다른 남성들에게 강한 인상을 남길 수 있습니다. 경쟁자들을 단념시키는 부가적인 효과도 있었습니다. 공격적이고 과감하며 위험한 행동을 하는 수컷은 암컷에게 강한 남자로 주목받았고 짝짓기에 유리했습니다. 진화적으로 설계된 특성인 셈이지요.

그러나 이 기제에 지나치게 집착하면 대가 역시 만만치 않습니다. 과감한 행동, 일탈적인 도발, 전쟁, 도전, 반항 등은 자원이 부족한 젊은 사람이 생존하는 중요한 기제였기 때문에 필요했지만 지나칠 경우, 법과 질서에 의해 처벌받고, 사회에서 배제될 수 있습니다. 사회의 안정된 구성원으로 도약하려고 발버둥치는 젊은 사람들은 오히려 이런 행동 때문에 발목이 잡힐 수 있습니다. 정신건강을 유지하기 위해서 정말 필요한 것은 잘 나갈 때 극단적으로 나아가지 않는 절묘한 균형 감각입니다.

5. 젊은 수컷 신드롬은 다소 생각해볼 여지가 있습니다. 다는 아니겠지만 여자들은 오히려 이타적인 남자를 좋아합니다. 여자에게 어필하기 위해 그런 특성이 생겼다는 것인데 여자들이 거부감을 갖는다면 오히려 이 증후는 적응적이 아닐 수 있을텐데요.

아주 좋은 지적입니다. 신체화 장애만 하더라도 약한 사람이라는 인식 때문에 얻을 것이 없다는 평가를 받게 되고 결과적으로 오히려 기피대상이 됩니다. 오히려 적응적이 아닐 수 있지요. 이 문제는 지금도 진화가 진행되고 있는가라는 생물학의 고전적인 논쟁과도 관련이 있습니다. 우리나라에도 번역출판되어 있는 클루지의 저자 게리 마커스(Gary Markus, 2008)는 진화가 이미 끝났다고 단언합니다. 문자로서의 역사시대가 되면서 문명의 발달로 세상은 너무 빨리 변했고, 사람들은 어떤 행동이 진화와 적응에 도움이 되는지 알 수 없게 되었다는 것입니다. 사바나 지역에서 안정된 자연환경에서 살던 때와 달라진 것입니다. 그래서 그때그때마다 임시방편적인 대응방식을 적용해 왔고 그 때문에 비합리적이고 이해할 수 없는 사고방식이 자리잡았다는 것입니다. 그러나 저는 이 견해에 동의하지 않습니다. 진화는 행동수준이 아니라 유전과 세포 같은 발생학적 수준에서 먼저 일어납니다. 지금도 끊임없는 돌연변이가 나타나고 새로운 유전특성이 생기고 사라집니다. 진화가 진행되고 있는 것이지요. 이것은 인자형이 표현형으로 드러나는데 시간이 걸리기 때문이지 진화가 끝났기 때문이 아닙니다. 과거는 적응적이었지만 지금은 적응적이 아니듯이 시간이 조금 지나면 바로 이 증상도 적응이 될 수 있습니다.

진화의 감독과 연출은 자연과 시간입니다. 우리는 그 시나리오에 맞추어 움직이는 것뿐입니다. 제대로 연기하지 못하면 그 극이 끝나고 연출자에게 해고될지 모릅니다. 잘했는지 못했는지에 대한 판단은 내가 하는 것이 아닙니다. 그래서 증상에 대한 최종평가는 조금 더 신중해질 필요가 있습니다.

감춰진 보상
이차적 이득

1. 겉으로 드러나지 않는 부수적인 이득이 있다는 뜻인가요?

행동주의 심리학에서는 유기체가 행하는 모든 행동은 강화(reinforcement)를 얻으려는 방식으로 조직화되며 또 조절된다고 전제합니다. 여기서는 강화를 얻기 위해 행동한다는 것은 그 행동을 함으로써 좋은 것을 받거나 혹은 나쁜 것을 피하는 효과가 있기 때문입니다. 사람들이 어떤 행동을 하는 것은 그 행동을 함으로써 무엇인가 얻는 이익이 있기 때문입니다. 이 관점에 의하면 임상적인 증상들에도 동일하게 적용됩니다. 즉, 사람들이 임상 증상들을 드러내고 또 이를 호소하는 것도 강화를 얻으려는 나름대로의 필사적인 노력입니다. 이런 행동을 함으로써 그 자신도 잘 인식하지 못했던 부수적인 이득이 있을 수 있습니다.

2. 그렇다면 증상(symptom)이라는 것이 부적응한 결과가 아니라 오히려 적응적인(adaptive) 가치가 있다는 의미이겠군요?

맞습니다. 예를 들어 설명해 보겠습니다. 감기에 걸렸을 때

몸에서 열이 나고 추워서 떨었던 경험이 있으실 것입니다. 감기는 몸에 감기 바이러스가 침투하기 때문에 생기는 일종의 반응입니다. 침투한 바이러스를 잡기 위해서는 식균 작용을 하는 백혈구의 임파구들이 침범 부위로 이동해야 합니다. 그런 활동을 위해서는 체내에서 혈액 순환이 왕성하게 증가해야 하고 이 과정에서 몸 전체의 체온이 올라가는 것입니다. 그래서 감기에 걸리면 우선 고열에 시달리게 됩니다. 체온의 원인은 혈액이기 때문이지요. 혈액의 이동에 의해 피부표면에서 열의 발산이 많아집니다. 그러면 우리 몸에서는 잃어버리는 체온을 보완하기 위해 혈관을 수축시켜 더 이상 열이 발산되지 않게 하고 동시에 몸을 떨면서 열을 생산해냅니다. 기계적 떨림으로 열을 생산해내는 과정을 연상하시면 쉽게 이해가 되실 겁니다. 이것은 소변을 보면 몸이 부르르 떨리는 것과 비슷한 과정입니다. 소변을 본 후엔 열의 손실이 있는데, 부르르 떠는 동작을 통해 그 손실된 만큼의 열을 생산해서 보완하는 것입니다. 열이 났다 추웠다 하는 과정의 반복은 체온을 일정하게 유지하는 효과가 있습니다. 만약 체온조절에 실패하면 신체의 내부기관이 손상되기 때문에 감기에서 나타나는 이러한 증상들은 대단히 적응적인 의미가 있는 셈이지요.

3. 치료는 겉으로 나타난 증상을 없애는 과정이잖아요. 그런데 증상이라는 것이 이런 가치가 있다면 무작정 없애기만 해서는 안 될 것 같은데요.

그렇습니다. 이것은 아주 본질적이고 중요한 지적입니다. 조금만 열이 올라도 습관적으로 해열제를 사용하면 결국 체온조절이라는 신체의 자동적인 대처기제를 약화시키는 부작용이 생길 수 있습니다. 그래서 약을 남용하는 사람들은 결국 인위적인 약물이 없이는 신체의 기능이 잘 조절되지 않습니다. 결국 시시각각으로 변하는 환경에 즉각적이고 자동적으로 대처하는 몸의 적응력이 손상되기 쉽지요.

이런 과정은 신체적 현상뿐만 아니라 심리적인 증상에도 그대로 적용할 수 있습니다. 어떤 특이하고 비정상적인 문제행동이 반복적으로 나타날 때 '증상(symptoms)'이라고 규정하고 치료자들은 이에 주목합니다. 많은 경우 임상가들은 이 증상의 제거에 초점을 맞추는 경우가 많습니다. 환자들은 자신의 문제에 집착하면서 임상가가 빨리 이 증상을 없애주기를 호소합니다. 그리고 임상가들도 자신들의 치료 조치로 인해 겉으로 드러난 이상한 행동들이 재빨리 사라질 경우 한숨을 돌립니다. 아쉽게도 이런 일은 초보적인 임상가들에게 자주 발견되는 현상입니다. 분명히 말씀 드리지만 특히, 심리적인 증상은 없애는 것만이 능사가 아닙니다. 증상은 일종의 신호이고 살기 위한 몸부림입니다. 그 나름의 가치와 적응적인 의미가 있는 것입니다.

4. 심리적인 문제가 생기면 우선 특이한 정서상태가 되잖아요. 이런 정서상태도 어떤 적응적인 가치가 있나요?

정서(emotion)라는 것은 오랜 진화과정에서 발생한 적응적인 감정 상태입니다. 대부분의 언어에서 발견되는 공통적인 특징은 긍정적인 감정을 나타내는 단어보다 부정적인 감정을 나타내는 단어가 두 배 이상 많다는 사실입니다. 혐오적 상황을 구체적으로 명시하고 규정하는 것은 그 상황을 피하거나 어쩔 수 없을 경우 구체적인 대응전략을 마련하는데 분명히 도움이 됩니다. 공포증(phobia)은 이러한 정서가 다소 과하고 비합리적인 심리상태로 표현된 것입니다. 혐오나 불쾌한 자극 또는 환경을 두려워하는 마음은 분명 적응에 도움이 됩니다. 원시인들이 만약 어둠을 무서워하지 않았다면 밤에 돌아다니다가 야수에게 공격을 받을 수도 있었습니다. 높은 곳을 두려워하지 않는다면 높은 절벽에서 떨어져 다칠 가능성이 상대적으로 더 많습니다. 폐쇄공포증은 엘리베이터 같은 폐쇄된 공간을 두려워하는 것입니다. 이것은 도망갈 곳이 막혀 있다는 생각 때문에 생기는 증상입니다. 광장공포증은 넓고 개방된 공간을 두려워하는 것인데 이것은 숨을 곳이 없다는 이유 때문에 생긴 증상입니다. 어찌 보면 그런 감정 상태를 발달시키는 것이 생존에 더 유리한 것입니다. 따라서 공포증을 치료할 때는 그 자극이나 환경에서 공포 감정을 느끼지 않게 하는 것이 아니라 별로 위험하지 않기 때문에 지나치게 무서워하는 것이 합리적이지 않다는 현실을 납득시키고, 적절한 수준의 공포를 갖게 하는 것이 중요합니다.

날씨가 흐리고 우중충하면 우울한 기분이 든다는 사람이 많이 있습니다. 임상적으로도 이것은 사실입니다. 실제로 겨울에 우울증의 발병비율이 높을 뿐만 아니라 흐린 날씨가 많은 북유럽 국가에 우울증자가 더 많습니다. 많은 연구자들은 우울증이 일조량의 감소와 밀접한 관계가 있다는 점에 주목하고 있습니다. 원시인들에게 있어서 겨울은 식량이 떨어지고 사냥을 할 수 없는 배고픈 시기였습니다. 아마 할 수 있는 일이라고는 동굴에서 움직이지 않고 목숨만 부지하기를 바라는 정도였을 것입니다. 아무것도 할 수 없는 무기력한 상태에서 내일은 어떻게 될지 알 수 없다는 불확실한 느낌을 가졌을 것입니다. 흐린 날 사람들이 우울해지는 것은 생존이 위협받았던 절박한 원시인들의 정서상태가 진화적으로 자리잡았기 때문입니다. 현대인들이 느끼는 우울증도 자신의 현재 상태로 보아 미래에 생존할 수 있을 것이라는 확신이 없기 때문입니다. 자신이 살아남을 만큼의 경쟁력이 없다고 느낄 때 사람들은 우울해집니다.

5. 증상은 정서가 지나치고 비합리적인 심리상태로 나타난 거잖아요. 그렇다면 이러한 증상을 가진 사람들의 특이한 행동들은 어떤 의미로 해석해야 하나요?

기본적으로 심리적인 증상이나 그로 인해 발생하는 행동들은 어떤 의미가 있고 나름의 적응적인 시도일 수 있습니다. 어떤 사람이 특정상황에서 보이는 공포증은 경계하고 대비하는 효과가 있었기 때문에 지금까지 유지된 것입니다. 그래서 임상가들은 이차적 이득이란 개념을 늘 염두에 두어야 합니다. 그 특이한 행동을 통해서 그가 받게 되는 이득이 무엇인지 정확하게 확인해야 합니다.

밤낮으로 울어대는 아이가 있습니다. 부모 특히 엄마는 아기의 울음을 그치게 하기 위해 무슨 일이든지 다 해봅니다. 아이를 달래고 기쁘게 하기 위해 온갖 행동을 다하는 부모의 모습은 코믹하게 보일 정도로 안타까운 장면입니다. 아기가 울지 않으면 안 될 필연적인 이유가 있다면 아기나 엄마에게 다 좋은 일입니다. 그러나 엄마들은 도대체 이 아기가 왜 이렇게 막무가내로 우는지 모르겠다고 발을 동동 구릅니다. 소아과 의사들은 이것을 '배앓이'라고 진단하기도 합니다. 그러나 진화의학자인 로널드 바(Ronald Barr)는 아기의 빈번한 울음이 어머니의 관심을 유도하고 유대감을 강화함으로써 자주 젖을 받아먹는 상호작용효과가 있다고 주장합니다. 이런 행동은 결과적으로 수유기간을 계속 유지하여 어머니가 또 임신하지 못하게끔 막는 효과도 있습니다. 동생이 생기면 자신에게 돌아오는 관심과 보살핌을 나누어 가져야 하기 때문에 아직 어린 자신에게는 별로 이득이 없다는 것이지요. 따라서 빈번하게 우는 것은 아기의 생존에 유리한 행동특성으로 볼 수 있습니다.

신체화 장애(somatization)는 심리적인 문제가 원인이 되지만 신체적인 문제로 나타나는 증상입니다. 즉, 사실은 마음이 아픈데 몸이 아파지는 증상이지요. 중추신경계(뇌)의 통제를 받는 수의적 신체기관이 아니라 자율신경계통에 의해 지배를 받는 불수의근이 아픈 증상입니다. 대표적으로 뼈가 없는 부분이니 장(腸)기관입니다. 심장, 위장, 대장, 방광 등이지요. 그래서 호흡이 가빠지고, 소화가 안 되고, 혈액순환이 문제가 되어 손발이 차고, 머리도 아픕니다. 당연히 잠도 잘 안 오겠지요. 그러나 신체화 증상을 호소하는 많은 사람들은 분명히 이차적 이득이 있습니다. 실제 제가 경험한 예를 소개해 드리지요. 호흡곤란 때문에 습관적으로 응급실에 입원했었던 여자 환자였는데요. 거짓으로 꾸민 것이 아니라 진짜로 숨이 넘어갈 정도였습니다. 하지만 특별한 신체적인 손상이 없었기 때문에 곧 안정이 되어 정신과에서 상담을 받았습니다. 그런데 그분이 상담 도중 자꾸 상담실 문을 열고 밖을 쳐다보는 행동을 반복했습니다. 제가 나가서 보니 복도에 남편이 안절부절못하면서 기다리고 있었습니다. 부인은 혹시 남편이 집에 간 것이 아닐까 초조해 하는 것 같았습니다. 계속 상담이 진행되면서 알게 된 것은 이 부부관계가 그리 친밀하지 않고 다소 특이한 아내의 행동으로 유지되고 있다는 사실이었습니다. 무덤덤하고 정이 없는 남편의 애정을 확인해보려는 절박한 마음이 들 때마다 아내는 정말 숨이 가빠지면서 호흡이 곤란해졌습니다. 놀란 남편이 월차를 내고 응급실로 업고 와서 걱정하면 증상은 거짓말처럼 사라졌습니다. 증상을 통해 남편의 사랑을 확인하는 효과가 있었던 것입니다. 물론 이 환자분은 이 증상을 의식하고 계획적으로 드러낸 것이 아니었습니다. 자기도 잘 의식하지 못했고 또 인정하기도 싫었지만 분명히 숨겨진 이차적인 이득이 있었던 것이지요.

정신분열증(schizophrenia)은 우리가 흔히 '미쳤다'라고 말하는 증상입니다. 가장 대표적인 증상은 환청(auditory hallucination)입니다. 귀에서 무슨 소리가 들리는 것입니다. 기본적으로 환청에는 사람 말소리가 들려야 합니다. 초기에는 주로 아는 사람의 목소리가 들리고 만성화되면 모르는 사람의 목소리가 들립니다. 만성화되면 괴로운 것은 분명한데 누구 때문인지 모를 만큼 불특정 다수에게 피해의식을 느끼기 때문입니다. 초기에는 싸우는 소리가 들리지만 만성화되면 주로 명령하는 목소리가 들립니다. 대응하고 반항하지 못할 만큼 무기력하게 변한 것입니다. 그런데 이 환청의 주인공들은 바로 자기와 갈등관계에 있는 사람일 가능성이 많습니다. 자기를 괴롭히는 대상자를 환청을 통해 드러냄으로써 자기가 얼마나 고통스러운지를 여러 사람에게 공표하는 효과가 있습니다. 그 대상자에게 양심의 가책을 받게 할 수도 있고, 그 대상자의 행동을 보다 호의적으로 변화시킬 가능성도 있습니다. 자기 때문에 한 사람이 미쳤다는 생각을 하면 누구라도 조심스러워질 것입니다. 환청은 주변사람들에게 그가 힘들었던 이유에 대해 정보를 제공하는 기능이 있습니다. 자기를 힘들게 했던 대상에게 경고하는 효과도 있지요.

우울증(depression)에 걸리면 약해보이기 때문에 주변 사람들이 더 스트레스를 주기 어렵습니다. 더 압박을 주면 내가 정말 힘들어질 수 있다는 메시지를 주기 때문에 아마 그에게 주어졌던 혹은 주어질 수도 있는 여러 가지 의무와 부담이 면제될지도 모릅니다. 물론 이런 증상들을 습관적으로 사용하면 장기적으로는 약하고 무능한 사람이라는 평가를 받기 때문에 결국 부적응하고, 험난한 세상에서 도태될 가능성이 있습니다. 그러나 힘들어서 미래를 고려할 여유도 없는 사람에겐 그나마 이런 이득이라도 즉각적으로 필요했을 것입니다.

기억 너머의 공포
외상 후 스트레스 장애

1. 외상 후 스트레스 장애가 무슨 증상인가요?

PTSD(post traumatic stress disorder; PTSD)는 정신적 충격(외상外傷, trauma)을 받은 이후에 나타나는 여러 가지 정신적 · 신체적 증상들을 총체적으로 일컫는 증상입니다. 전쟁, 자동차, 기차, 비행기 등의 교통수단으로 인한 사고, 산업 장에서의 사고, 개인적 피해를 끼치는 폭행, 강간, 테러 및 폭동, 때로는 홍수, 폭풍, 지진 등 생명을 위협하는 재난을 겪으면 이 정신장애가 발생할 수 있습니다. 이 장애는 외상으로 경험될 만큼 심한 감정적 스트레스를 경험했을 때 나타나는 불안 장애입니다. 단 한 번의 스트레스 경험으로 사람이 무너지는 것이지요. 증상들은 사고 직후에 급성으로 나타나기도 하고, 만성화된 방식으로 반복적으로 재현되는 경우가 있습니다. 때로는 사고를 경험하고 오랜 시간이 지난 다음에 지연된 발병형태로 나타나기도 합니다.

2 그런 압도적인 스트레스라면 사람이 살아가면서 한두 번쯤은 겪을 수 있을 것 같은데요.

그렇습니다. 일반 인구에서 평생 유병률은 1~14%이므로 일생을 기준으로 한다면 100명 중에 최대 14명까지 이 증상을 경험할 수 있습니다. 참전 군인이나 범죄의 피해자를 대상으로 할 때는 3~58%까지 확인되고 있습니다. 남자의 경우는 전쟁 경험, 여자의 경우는 물리적 폭행이나 강간을 당한 경우에 나타나곤 합니다. 어느 연령층에서나 발생할 수 있으나 청년기가 가장 흔합니다. 성격이 완성되지 않았고 방어기제가 능숙하게 작동하기 바로 직전에 경험하는 충격은 개인에게 더 영향을 줄 수 있기 때문에 그 연령대가 특히 취약합니다. 사건을 경험할 당시에 너무 어리거나 고령이어도 잘 치료되지 않습니다. 그리고 원래 성격에 문제가 있었거나 적응을 잘 못했던 사람들의 경우 증상이 더 오래 지속됩니다. 정상적인 스트레스 반응은 수주 혹은 수개월 이후에 사라지지만 6개월 이상 지속될 경우 외상 후 스트레스 장애를 의심해야 합니다. 만성화되면 인격의 변화가 있을 수 있고, 이로 인해 대인 관계 등의 적응에 심각한 문제가 생길 수 있다는 점에서 간과해서는 안 되는 증상입니다.

3. 구체적으로 어떤 증상들이 나타나나요?

기본적으로 '침투적' 생각에 반복적으로 사로잡힙니다. 침투적인 생각이란 떠올리기도 싫은 충격적인 사건의 이미지나 느낌이 의식 속에 불쑥 들어온다는 뜻입니다. 그 사건이 포함된 악몽을 반복해서 경험하기도 합니다. 이런 강렬한 공황 상태에서는 호흡곤란, 혈압상승, 심계항진 등의 증상이 있을 수 있고, 이에 대처하기 위해 약물을 남용하거나 폭행사건을 저지르기도 합니다.

외상 후 스트레스 장애 환자들은 마치 예전의 외상적 사건이 현재 재발하고 있는 것처럼 느끼고 또 이에 따라 반응합니다. 이를 해리적 반응(dissociative response)이라고 하는데 이 현상은 침투적 회상이 더 적극적으로 나타나는 것이라고 말할 수 있습니다. 이때는 아무것도 하지 못할 만큼 통제력을 상실하고 멍한 상태에 빠집니다.

외상 후 스트레스 장애 증상이 현저한 환자들의 대부분은 자신이 해왔던 활동에 대해 흥미를 상실합니다. 어린아이의 경우에는 최근에 배웠던 언어기술이나 배변훈련 같은 발달상의 기술들도 잘 수행하지 못합니다. 그래서 환자는 외상과 관련되는 고통스러운 자극을 피하기 위해 점점 더 자극을 회피하고 고립됩니다. 이것을 '학습된 억압(learned repression)' 이라고 하는데 이는 외상과 직접 관련된 생각이나 이미지 그리고 느낌을 부정한 후(1차적 연합), 1차적 연합을 상기시키는 다른 생각이나 느낌(2차적 연합)도 회피하는 것입니다. 이들은 아무것도 안하고 또 누구도 만나지 않는 것이 상책이라고 생각합니다.

외상적 사건을 경험한 사람들은 감정의 범위가 제한되는 경우가 많습니다. 그래서 친밀함이나 부드러움 그리고 성적인 관심과 같은 감정이 무뎌집니다. 극단적인 경우엔 어떠한 정서도 표현하지 못하게 됩니다. 정서적 반응을 회복하고 활성화시키는 것은 극심한 외상적 기억을 다시 떠올리는 것이나 다름없기 때문에 마음속에 소위 '정서적으로 죽은 공간'을 유지하는 것이지요. 친밀한 인간관계를 맺길 두려워하기 때문에 주변 사람들로부터 점점 더 고립됩니다. 도움을 바라면서도 그 사람에게 거리를 두고 도망가는 심리상태를 보이게 됩니다.

수면패턴도 변합니다. 현저하게 수면 기간이 길어지고, 수면의 효율성은 떨어지는 특징이 있습니다. 잠들기 어렵고, 수면 중에 근육의 불수의적 경련이 있습니다. 그 외상의 이미지를 꿈으로 꾸는 경우도 있기 때문에 깊이 잠들지 못합니다. 푹 자지 못하기 때문에 늘 피곤합니다.

과민성이 증가합니다. 과민성이란 외부 세계에 대해 항상 경계를 늦추지 않는 민감한 상태를 말합니다. 환자는 타인과 상호작용하면서도 항상 경계심을 느끼고, 적대적이라고 느껴지면 무조건 과격하게 반응합니다. 일단 언쟁이 벌어지면 싸움이 일어날 것이라고 믿기 때문에 먼저 때리는 것이 최선이라고 생각합니다.

죄의식은 외상 후 스트레스 장애의 일반적인 특징 중 하나입니다. 재난 이후 다른 사람들은 살아남지 못했는데 자기만 살았을 경우에 자신도 그 재난을 일으킨 원인 중 하나라고 되뇌이곤 합니다. 다른 사람의 죽음에 대해서도 책임감을 느끼면서 자책합니다.

4. 외상 후 스트레스 장애를 설명하는 이론이 있나요?

정보처리적인 관점에서 설명할 수 있습니다. 평소에 낮은 비율의 정보 흐름을 갖고 있는 정상인들은 스트레스를 받으면 이를 억제하는 부교감신경이 우세해집니다. 이들은 적당한 긴장과 스트레스의 순간을 오히려 '정보가 풍부한' 상황으로 여깁니다. 그러나 외상 후 스트레스 장애자들은 평소보다 급격하게 높고 압도적인 정보를 경험해 보았기 때문에 조금만 환경이 낯설면 정보 흐름을 그때처럼 늘리려고 시도합니다. 용량의 범위를 이미 늘려놓은 상태이기 때문에 각성수준이 더 높아지고 지나치게 예민해지는 것입니다. 불안과 긴장이 고조되면 압도적인 정보가 순차적으로 입력되지 않기 때문에 혼란스러운 심리가 되는 것이지요. 그들의 가장 큰 특징은 입력 정보의 용량을 부적응적으로 확대하는 것입니다.

기억을 담당하는 해마가 손상되었을 수도 있습니다. 예일 대학교의 정신과 의사인 더그 브렘너는 많은 PTSD 환자들이 기억 장애를 겪고 있다는 사실을 확인한 바 있습니다. 그는 감정적 스트레스가 새로운 기억을 저장하는데 관여하는 해마를 손상시킨다는 사실을 발표한 바 있습니다. 이런 현상은 동물에게서도 발생하는 것으로 알려져 있지만 PTSD 환자들의 해마도 10~12% 가량 더 작다는 사실이 확인되었습니다. 기억에 관여하는 해마는 새로운 정보를 학습하는 데 관여할 뿐만 아니라 환경 자극에 의미를 부여하고 적절한 방식으로 저장하는 역할을 합니다. 이 환자들은 감각을 취사 선별하는 능력에 손상이 있기 때문에 중요한 자극은 주목하지 못하고, 잊거나 버려야 할 자극에 대해서는 민감해지는 생리적인 특성이 있습니다.

정신분석적으로 설명하기도 합니다. 정신분석이론에서는 스트레스나 외상이 소아기의 미해결된 무의식적 갈등을 다시 불러일으킨다고 가정합니다. 건강한 성인은 자신의 욕구를 적절하게 충족시키고 조절하여 건전한 자아를 형성합니다. 그런데 외상적 경험의 충격은 이러한 발달과정의 시계를 거꾸로 돌려놓는 것과 같습니다. 그 결과 자아가 있던 곳에 원초아가 자리 잡는 것입니다. 이 때문에 퇴행이 일어나고 억압과 부인 같은 방어기제가 작동합니다. 이 환자들은 현실적인 판단을 제대로 하지 못한다든가, 현실과 환상 또는 공상을 혼동합니다. 비현실감을 느낀다든가, 충동이나 감정을 적절히 조절하고 통제하기 어려운 상태가 되지요. 걸핏하면 분노를 터뜨리는 것은 바로 현실을 토대로 한 자아 기능이 손상되었기 때문입니다.

5. 어떻게 치료하나요?

환자들은 심리적으로 매우 예민해져 있으므로 치료에 있어서 제일 중요한 것은 정신적 위기 상황을 극복하는 다양한 대처 기술을 가르치는 것입니다. 가족 등 주변 사람들에게 이 장애를 이해시키는 교육도 필요합니다. 스트레스를 받으면 이러한 반응을 보일 수 있다는 것을 알려줌으로써 환자들이 안심할 수 있게끔 해줘야 합니다. 또한 자신의 상태를 의논할 수 있게 해주어야 합니다. 무서운 경험을 자꾸 이야기하면 더 흥분이 될 것 같아 이야기하는 것을 피하는데 그렇지 않습니다. 가족 등 가까운 사람들과 사건에서 경험한 것들을 충분히 이야기해서 해소할 수 있도록 하는 것이 좋습니다. 환자가 말하고 싶어 하면 들어 주는 것이 그때 느꼈던 두려움 등을 잊는데 더 도움이 됩니다.

약물을 사용하는 것도 염두에 두어야 합니다. 감각의 과잉으로 인한 불안이 특징이기 때문에 삼환계 항우울제가 효과적이라는 연구 결과가 많습니다. 약 1년 정도는 약물을 유지시키는 것이 좋습니다. 선택적 세로토닌 재흡수 차단제도 새로운 약물로 각광을 받고 있으며, 그 밖에도 항불안제 등이 효과가 있는 것으로 알려져 있습니다. 불안하면 근육 긴장이 초래되면서 경련을 일으키는 경우가 많기 때문에 항경련제도 병행하여 처방하고 있습니다.

인지-행동 요법은 전통적으로 사용해온 방식입니다. 무서웠던 경험중에서도 덜 불안했던 상황을 조금씩 다시 노출시켜서 두려움을 없애는 탈감법(desensitization)이 대표적입니다. 자신을 괴롭혔던 사람을 처벌하는 장면을 상상하는 방법도 도움이 되고 왜곡된 생각을 재구성하는 방법도 적용할 수 있습니다. 정신분석에서는 사건을 재경험시켜서 쌓였던 감정을 배출시키고, 감정을 정화(catharsis)시키는 과정을 반복합니다. 증상이 심하거나 자살할 위험이 있는 경우는 입원하여 치료해야 합니다.

Part I

행동의 작동버튼
상과 벌

1. 상이나 벌은 교육의 기본적인 도구일 텐데요. 상이나 벌을 줄 때 기본적으로 고려해야 하는 지침들이 있나요?

말씀하신 대로, 사람들은 세상을 살아가면서 누군가에게 상을 받기도 하고 벌을 받기도 합니다. 받는 사람의 입장에서 보면 상은 좋은 것이고, 벌은 나쁜 것입니다. 누군가가 상을 줄 때 그 효과를 극대화하려면 기본적으로 근접성(contiguity)과 수반성(contingency)이 있어야 합니다. 근접성은 어떤 행위에 대해 상과 벌을 빨리 제시하는 것으로, 시간적인 연결을 말하는 것입니다. 어떤 행위에 대해 오랜 시간이 지난 후에 상이나 벌을 주면 효과는 매우 적습니다. 수반성은 그 행위에 대한 상이나 벌을 주는 것이 일관성이 있고 예측 가능해야 한다는 것입니다. 어떤 행위에 대해 상이나 벌이 일관되게 따라오는(수반되는)정도입니다. 제가 학교 다닐 때 한 선생님이 계셨는데 무척 엄하고 무서우신 분이셨습니다. 그분은 학생들이 잘못하면 불같이 화를 내셨는데 그 자리에서 야단을 치지 않으시고 수업 끝나고 보자고 말씀하셨습니다. 그런데 막상 수업이 끝나면 잊으셨다가 며칠이 지난 후에 갑자기 기억하셔서 혼내곤 하셨습니다. 그러나 그것도 항상 기억하는 것이 아니었습니다. 학습의 관점에서 볼 때 사실 그 선생님은 근접성과 수반성의 기본원리를 모두 지키지 않은 것입니다. 처벌받기까지 시간이 너무 오래 걸렸고, 또 항상 처벌받은 것도 아니었거든요. 그래서 학생들은 자신의 행위를 반성하기 보다는 혼나면 단지 재수가 없었다고 생각했습니다.

2. 상이나 벌은 빨리 그리고 일관성 있게 주어야 하는군요?

그렇습니다. 이것은 가정교육에서도 마찬가지입니다. 예를 들어, 아이의 동일한 행동에 대해 어머니가 상과 벌을 일관성이 없이 주었다고 생각해 보겠습니다. 특히 신경질적이고 기분에 따라 상과 벌의 원칙이 달라지는 부모가 이런 행동을 할 수 있습니다. 이런 일이 반복되면 아이는 자신의 행동에 집중하기 보다는 어머니의 눈치를 보는데 온 신경을 쓰게 됩니다. 소위 '눈치꾼 아이' 가 되는 것이지요. 잘했으면 당연히 칭찬받고 잘못했으면 야단을 맞는다는 예측이 가능하다면 굳이 눈치 볼 필요가 없겠지요. 그러나 일관성이 없게 상과 벌을 받으면 자신의 행동이 중요한 것이 아니라 상과 벌을 주는 사람의 기분을 중요하게 생각하게 됩니다. 이런 아이들은 잘못해도 처벌받지 않는다는 생각을 하기 때문에 어른이 되어서도 기회주의적인 성향을 보일 수 있습니다.

처벌은 기본적으로 바람직하지 않은 행동을 없애기 위해 사용하는 것입니다. 그런데 일관성 없이 가끔씩 벌을 준다면 어떻게 될까요? 학습이론에서는 '간헐적인 강화(intermittent reinforce-ment)는 잘 소거되지 않는다'는 기본 원리가 있습니다. 바람직하지 않은 행동에 대해 가끔씩만 처벌하면 그 행동은 여간해선 없어지지 않는다는 것입니다.

특히 벌이 나중에 주어지는 것도 생각해 볼 수 있는데요. 일반적인 법체계에서 자주 적용하는 삼진 아웃제(three strike out)라는 것이 있습니다. 두 번까지는 관대하게 용서하고 그래도 안 되면 처벌하는 제도이지요. 기본적으로 전과자라는 낙인(labeling)을 막기 위해서지만 자신의 잘못에 대해 늦게 처벌이 오는 셈입니다. 죄를 지은 사람도 변호사를 고용해 상소를 반복하면서 재판을 오래 끄는 경우도 많습니다. 그 사람은 나중에 결국 처벌을 받게 되더라도 이미 너무 오랜 시간이 지난 후입니다. 아주 오래 전에 했던 일을 가지고 뒤늦게 처벌을 받은 셈이니 자신의 잘못을 뉘우치고 수정하는 학습의 효과는 미미할 것입니다. 이런 관점에서 보면 삼진 아웃제는 그다지 효과적인 제도가 아닐 수도 있습니다.

3. 교육의 목적으로 처벌을 사용할 수 있는가 하는 문제는 교육 현장에서도 자주 논의되는 문제인데요. 굳이 처벌을 해야만 할 때는 무엇을 주의해야 할까요?

유명한 심리학자인 스키너(Skinner)는 기본적으로 처벌의 효과를 의문시했습니다. 기본적으로, 처벌은 벌을 받은 사람의 행동을 수정하기 보다는 처벌을 하는 사람에게 영향을 줍니다. 예를 들어, 떠드는 학생을 처벌하였더니 학생들이 조용히 하게 되었다면 선생님에게 통제력이나 힘에 대한 느낌을 주었기 때문에 오히려 그의 행동이 더 강화되는 효과가 있는 것입니다. 오히려 선생님의 행동을 수정한 것이지요.

상과 벌은 기본적으로 학습을 촉진시키는 도구입니다. 그런데 이 학습은 학습장면의 다양한 자극들(stimulus set)과 연합이 되면서 발생한다는 전제가 있습니다. 그 학습 장면의 자극들이 다르면 일반화가 잘 안됩니다. 예를 들어, 학교에서는 공부를 잘하는 학생이 수능 같은 큰 시험에서 OMR카드에 이름을 빼먹거나 하나씩 밀려 쓰는 어처구니없는 실수를 저지르는 경우가 그렇습니다. 또 운전학원에서는 운전을 잘하다가도 막상 면허 시험장에만 가면 떨어지는 사람도 있습니다. 이것은 학습(learning)환경과 시험(testing)환경의 자극들이 다르기 때문입니다. 비슷한 장면을 설정하고 끊임없이 모의시험을 보는 이유가 바로 이 때문입니다. 자극들이 달라질 때 특히 처벌의 학습효과는 일반화가 잘 안 되는 특징이 있습니다.

마지막으로 처벌은 받은 사람에게 부정적인 정서를 유발시키고, 그 과정에서 처벌자에 대한 분노나 적대감의 감정을 학습시킵니다. 그 행위 자체에 초점을 맞추기보다도 사람과의 관계를 나쁘게 하는 예기치 않은 결과가 있습니다. 게다가 처벌이 반복되면 처음에는 그 처벌자를 미워하다가 나중에는 그 처벌자가 가지는 힘이나 통제력을 은연중에 부러워하는 일까지 생깁니다. 권력자와의 동일시 현상이 나타날 수 있는 것이지요. 처벌을 자주 받으면 자기도 그런 힘을 가지고 싶다는 생각, 누군가에게 본때를 보여주고 싶다는 욕망이 생깁니다. 만약 그가 누군가를 처벌할 위치가 되면 그는 주저하지 않고 그렇게 할 것입니다.

4. 상이나 벌을 주는 구체적인 방식이나 효과에 차이가 있을 것 같은데요.

그렇습니다. 몇 가지 중요한 차이점이 있습니다. 먼저 보상과 처벌의 강도입니다. 보상을 줄 때는 작은 강화물을 자주 주는 것이 효과적입니다. 스킨십도 하고, 말로도 칭찬하고, 실질적인 보상을 빈번하게 나누어서 주는 것이 좋습니다. 그러나 처벌을 줄 때는 강한 처벌을 한 번에 주는 것이 더 효과적입니다. 많은 부모들이 처음 몇 번 잘못한 것에 대해서는 관용적인 입장을 취합니다. 눈감아주거나 점잖게 타이를 가능성이 많습니다. 그러나 처벌은 처음에 약하면 면역이 되어서 나중에 강한 처벌이 와도 견디는 속성이 있습니다. 분명한 잘못에 대해서는 처벌의 강도가 처음부터 강한 것이 좋습니다. 그러나 이와 달리 보상을 줄 때는 처음에는 약하게 주는 것이 좋습니다. 계속 바람직한 행동을 할 때는 조금 더 좋은 보상을 주어야 효과가 유지됩니다. 처음부터 너무 좋은(강한) 보상을 주면 기대감만 증가하고 이에 상응하는 보상이 주어지지 않으면 의욕이 떨어지는 경우가 많습니다. 결과적으로 기본적인 수준만 유지하는 요령을 피우게 될 것입니다.

어떤 행동에 대해 벌을 줄 때는 혹시 다른 행동에 대한 보상일 수 있는지 분명히 확인할 필요가 있습니다. 예를 들어, 학생이 자꾸 떠들어서 선생님이 벌을 주는 차원으로 교실 밖으로 나가라고 했더니 복도에서 손을 들고 벌을 받으면서 친구들끼리 신나게 손짓 장난을 하는 경우가 있습니다. 오히려 아이들의 장난치는 행동에 상을 준 셈이지요. 처벌을 함에도 불구하고 행동이 유지되는 것은 무엇인가 다른 보상이 있기 때문입니다. 아이에게 별로 관심이 없는 부모가 있다고 가정해 보겠습니다. 부모의 관심을 받고 싶은 아이는 공부를 열심히 해보지만 이에 대해서 별로 반응이 없다면 말썽을 피워 볼 것입니다. 이때 부모가 화가 나서 야단을 친다면 아이는 이것을 관심으로 생각하고 더 말썽을 피울 것입니다. 부모는 아이의 행동에 더 처벌을 하지만 아이는 이것을 일종의 보상으로 생각합니다. 이런 일은 실제 가정에서 자주 일어나는 일입니다. 그래서 바람직하지 않은 행동을 처벌할 때는 반드시 보상을 받을 수 있는 바람직한 대안적인 행동을 동시에 제시해야 합니다. 대비된 방식으로 차별화해야 효과가 있습니다.

5. 아무리 야단쳐도 소용없는 아이들이 있다고 말씀하시는 부모님이나 선생님이 계시던데, 상이나 벌의 효과가 개인에 따라 다른 경우는 왜 그런가요?

아주 중요한 지적인데요. 상과 벌의 효과는 개인마다 다릅니다. 학습의 개인차 이론에서는 이 점을 매우 중시합니다. 이 이론에서는 성격에 따라 보상과 처벌의 효과가 다르다고 전제합니다. 두 아이가 똑같이 잘못을 했다고 가정해 보겠습니다. 그런데 외향적이고 활발한 한 아이는 그런 행동을 자주 하고, 조용하고 내성적인 다른 아이는 드물게 그런 잘못을 했다면 아마 선생님은 활발한 그 아이는 야단치고, 조용한 아이는 다시는 그러지 말라고 타이를 가능성이 있습니다. 그러나 외향적인 성격은 처벌의 효과보다 보상에 효과에 민감하고 내향적인 아이는 보상의 효과보다 처벌의 효과가 더 큰 것으로 확인되고 있습니다. 이 이론은 생리적인 근거도 있습니다. 뇌에 위치한 망양체(reticular formation)의 각성 수준이 다르기 때문입니다. 외향성자는 처벌이 입력될 때 각성수준을 감퇴(reduce)시키는 특징이 있고 내향성자는 증폭(increment)시키는 특징이 있습니다. 정신생리적 측정결과에서도 이러한 현상은 분명히 확인됩니다. 그래서 외향성자는 생리적으로 벌을 무시하는 경향이 있습니다. 처벌을 받더라도 좋은 것을 탐색하려는 보상추구 경향이 있기 때문에 보상에 집착하는 특징을 보입니다. 이에 비해 내향성자는 처벌을 크게 느끼기 때문에 기본적으로 보상을 추구하기보다는 처벌을 피하는 전략이 더 유리하다고 생각합니다. 그들은 처벌받는 것을 정말 두려워합니다. 따라서 한 번 처벌받으면 여간해서는 그 행동을 다시 하지 않습니다. 선생님의 경우는 거꾸로 한 셈이지요.

기본적으로 사람마다 상과 벌을 인식하는 것이 다릅니다. 어떤 사람이 진정으로 원하는 것이 무엇이고 정말 두려워하는 것이 무엇인지를 알면 바로 그 사람을 상과 벌을 통해서 완벽하게 통제할 수 있습니다. 지금은 상으로 생각하더라도 상황이 변하면 그것을 벌로 생각할 수도 있습니다. 사람의 욕구는 시시각각으로 변합니다. 배고픈 사람은 음식물이 보상이겠지만 배가 부른 이후에는 음식물이 더 이상 상이 아닐 것입니다. 이전과는 다른 보상을 이용해야 그의 행동을 계속 바꿀 수 있습니다. 그래서 변화하는 학습자의 욕구를 민감하게 읽어내는 능력이야말로 교육자의 가장 중요한 자질입니다.

현실의 진통제
방어기제

1. 방어기제(defense mechanism)란 스트레스에 대처하고 자존심을 보호하는 자기만의 독특한 생각들을 의미하는 것이지요?

맞습니다. 방어기제는 정신분석의 고전적인 개념입니다. 일상생활에서 우리들이 흔히 사용하는 방법이기도 합니다. 사실 스트레스를 경험할 때 가장 효과적인 방법은 자기를 둘러싼 환경과 세상을 자기에게 유리한 방식으로 바꾸는 것입니다. 항상 이렇게만 될 수 있다면 정말 멋진 세상일 것입니다. 그러나 문제는 이것이 가능하지 않을 경우가 훨씬 더 많다는 것입니다. 그러니 해답은 분명합니다. 세상을 바꿀 수 없으면 내가 바뀌어야지요. 어차피 스트레스라는 것도 자기가 지각(perceived)하고 느끼는 것이니 생각을 바꾸면 세상도 다르게 보일 수 있습니다. 스트레스도 스트레스가 아닌 것으로 느낄 수만 있다면 이미 절반은 성공한 셈입니다.

2. 세상을 바꾸거나 내가 바뀌거나 둘 중에 하나군요. 그런데 사람들은 상황에 따라 이 두 가지 방법을 융통성 있게 적용할 것 같은데요.

물론입니다. 이 두 가지 전략을 능수능란하게 바꾸는 사람이 적응적인 사람일 가능성이 있습니다. 통제할 수 없는 세상을 자꾸 바꾸려고 노력한다면 결국 자신만 좌절할 것입니다. 또한 조금만 노력하면 환경에 의미 있는 변화를 일으킬 수 있는데도 가만히 앉아서 생각만 한다면 그 사람은 결국 항상 그 수준에만 머무를 것입니다. 그래서 효과적이고 적절하게 대처하기 위해서는 기본적으로 환경과 스트레스에 대한 정보와 평가가 정확해야 합니다. 만약 자신의 통제권 밖에 있는 사건에 대해 결과를 바꿀 수 없다고 무기력하게 환경을 원망만 한다면 적절하게 대처하지 못한 것입니다. 그리고 상황과 환경에 대한 정확한 평가가 부족하면 환경을 바꾸려는 노력이 결국 비효율적일 가능성이 있습니다. 사람들은 환경을 바꿀 수 없다고 느껴서 좌절하기 보다는 생각을 바꾸어서 손상된 자존심이나 불안을 극복하려고 할 때 방어기제를 작동시킵니다.

3. 통제할 수 없는 요인 때문에 좌절하거나 또는 긴장할 때 자동적으로 나타나겠네요.

그렇습니다. 방어기제 또는 자아 방어기제는 자존심을 유지하고 불안을 피하기 위하여 실제적인 욕망과 목표행동을 속이면서 좌절 및 갈등에 반응하는 행동양식이라고 정의할 수 있습니다. 방어기제는 스트레스를 일시적으로 해소하는데 쓸모가 있지만, 상습적이고 과도하게 사용한다면 궁극적으로는 자신에게 도움이 되지 않는 경우가 많습니다. 잘 알려진 대표적인 방어기제들을 소개하면 다음과 같습니다.

전위(Displacement)는 만족되지 않은 충동에너지를 다른 대상으로 돌림으로서 긴장을 완화키는 방어기제입니다. 예컨대 자식을 갖고 싶으나 갖지 못하는 어른이 이웃집 어린이를 끔찍하게 사랑하거나 고양이 또는 강아지 같은 애완동물에 집착하는 경우를 생각해 볼 수 있습니다. 애완동물을 키우고 이웃집 아이를 귀여워한다고 해서 자식에 대한 소망이 충족되는 것은 아니지만 그런대로 좌절감이나 고독감을 해소시키는 데는 도움이 되겠지요.

승화(Sublimation)는 원초적인 본능 때문에 내적인 갈등이 생겼을 경우, 그 충동들을 일, 운동, 문화 활동 등 사회적으로 용인되는 활동으로 전환시켜서 감소시킬 수 있습니다. 예를 들면, 성적인 충동을 억제하기가 힘들 때 바이올린을 열심히 배우는 것과 같은 창조적인 예술 활동에 전념함으로써 충동을 줄이는 것입니다. 정신분석적 관점에서 소설가는 기본적으로 사회에 대한 복수심이 있으며, 회화 및 조각과 같은 여러 가지 예술 활동의 저변에는 성적 욕망에서 발생하는 무의식적 동기가 있다고 가정합니다. 그들은 예술을 통해 건전하게 승화시킨 것입니다.

투사(Projection)란 자기가 느끼기에 위험하거나 용납할 수 없는 원초적 욕망을 자신의 것으로 보는 것이 아니라 다른 사람의 욕망으로 이야기하는 것입니다. 즉, 자신의 정서를 다른 사람의 탓으로 돌리는 것을 말합니다. 예를 들어 아버지와 재혼해서 새어머니가 들어온 어떤 가정을 생각해보겠습니다. 만약 딸이 새엄마가 자신을 미워한다고 말하면서 무서워하면 사실은 딸이 새어머니를 증오하는 것일지 모릅니다. 또한 시집 못 간 노처녀가 우연히 같은 방향으로 뒤따라오는 남자에게 '왜 따라오느냐' 고 화를 냈다면, 이는 자신의 애정욕구를 그 남자에게 투사함으로써 자존심을 유지하려는 내적 상태 때문에 나타난 현상일 수도 있습니다.

반동형성(Reaction formation)은 위험한 충동에 대한 갈등을 반대되는 욕구로 전환시키며 피하는 것입니다. 즉, 자기가 느끼고 바라는 것과는 정반대로 감정을 표현하고 행동하는 것이지요. 이것은 자기의 욕구나 감정을 스스로 인정하거나 받아들일 수 없어 죄의식을 느낄 때 나타나는 반응양식입니다. '미운 자식 떡 하나 더 준다.' 라는 속담이나 성적 욕구가 강한 사람이 오히려 지나치게 성을 혐오하는 것이 반동형성의 예가 될 수 있습니다.

퇴행(Regression)은 생의 초기에 성공적으로 작용했던 생각이나 만족스러웠던 행동양식에 다시 의지함으로써 현재 느끼는 위협이나 불안을 해소시키는 방어기제입니다. 동생이 태어난 후 부모들의 관심이 온통 그쪽으로 쏠려서 자신의 욕구가 충족되지 않을 때, 어린 동생처럼 바지에 소변을 보거나 심지어는 기어 다니는 형의 행동이 이에 해당합니다. 친구와의 언쟁에서 진 여대생이 울음을 터뜨리는 것은 어렸을 때 그랬던 것처럼 주위 사람들의 동정을 기대하기 때문일지도 모릅니다. 이러한 반응양식은 비록 유치하고 부적절하게 보이지만 불안을 줄이고 마음의 상처를 달래는 데는 일시적이나마 효과가 있습니다.

합리화(Rationalization)는 사람들이 가장 흔하게 사용하는 방어기제입니다. 스트레스는 상황을 논리적으로 설명해 냄으로써 줄일 수 있습니다. 이와 같이 합리화는 사회적으로 용납되지 않는 감정 및 행동에 대해 용납되는 이유를 그럴듯하게 붙여 자신의 행동을 정당화하는 것입니다. 사회적 비판이나 죄의식을 피하는데 매우 효과가 있습니다. 애인에게 절교를 당한 남자가 상대 여자가 결점이 많기 때문에 어차피 잘된 일이라고 생각하거나, 또는 자신이 원래 독신으로 살기를 원했기 때문에 결국은 이렇게 될 수밖에 없다고 생각하는 것이 전형적인 합리화의 예입니다. 실력이 부족한 학생이 출제 경향을 몰라서 시험을 잘 못 봤다고 변명하는 것도 이에 해당할 수 있겠지요.

억압(Repression)은 스트레스를 유발시키거나 수용할 수 없는 욕망들을 생각나지 못하게 하거나 또는 기억하지 못하도록 하는 것입니다. '억압'은 수치스러운 생각, 죄의식을 일으키는 생각, 고통스러운 기억 등을 의식수준 아래로 밀어내는 반응입니다. 이것은 자신도 모르는 사이에 일어나는 반응입니다. 이에 비해 '억제(Suppression)'는 어떤 바람직하지 못한 행동이나 스트레스를 유발하는 갈등을 의도적으로 생각하지 않는 것입니다. 즉, 억압은 완전히 무의식적인 과정인데 비해, 억제는 갈등이나 바람직하지 못한 충동을 일시적으로 제외시키는 의식적인 자기통제 과정이라는 차이가 있습니다.

부정(Denial)은 고통스러운 환경이나 위협적인 정보를 거부하는 것으로 흔히 사용되는 방어기제 중의 하나입니다. 부정에는 두 가지가 있습니다. 하나는 위협적인 정보를 의식적으로 거부하는 것이고, 다른 하나는 현실화된 정보가 타당하지 않고 잘못된 내용이라고 간주하는 것입니다. 대개는 정보 자체에 대한 부정이 선행하고 다음에 부정적 해석이 따르기 마련입니다. 예를 들어, 병원에서 진찰을 받은 결과 위암이라고 판정을 받은 환자는 처음에는 자신이 암에 걸렸다는 사실을 부인하다가 나중에는 의사가 오진을 했을 것이라는 식으로 부정함으로써 불안한 감정을 회피할 수 있습니다.

동일시(Identification)는 자신의 불안이나 부족감을 피하기 위하여 다른 사람의 바람직한 점을 자기 것으로 끌어들이는 것입니다. 그런 점에서 동일시는 자기의 바람직하지 못한 감정을 다른 사람에게 돌리는 '투사'와는 반대의 개념일 수 있습니다. 즉, 동일시는 어떤 개인이 다른 사람 또는 어떤 집단과의 동질성을 느끼거나 정서적 유대감을 가짐으로써 자기만족을 찾는 방어기제입니다. 흔히 볼 수 있는 예는 어린아이가 부모와 동일시하는 현상입니다. 자신이 형편없고 무력하다는 느끼는 어린아이가 무의식적으로 아버지의 행동과 사고를 모방하면서 자신도 아버지 같이 강하고 유능하다는 느낌을 가질 수 있습니다.

4. 개인에 따라 그리고 상황에 따라 사용되는 방어기제가 다르겠군요.

그렇습니다. 일반적으로 실패나 죄책감에 대해서는 합리화와 투사가 자주 사용되고, 열등감을 느낄 때는 동일시가 사용되는 경우가 많습니다. 적대감이 심할 때는 전위나 억압 또는 반동형성이 자주 나타납니다. 금지된 욕망이나 성행위에 대해서는 합리화나 투사할 가능성이 높고 아예 억압할 수도 있겠지요. 방어기제를 사용하면 단기적으로는 편안해집니다. 그러나 일시적인 위안을 주는 것일 뿐 현실을 왜곡하는 것일 수 있습니다. 결국 장기적으로 스트레스를 해결하는 데는 방해가 되는 것이지요. 예를 들어, 사귀던 애인이 자꾸 떠나가는 어떤 여자가 자신이 너무 착하고 순진하기 때문에 항상 이런 일이 생기는 것이라고 합리화한다고 생각해 보십시오. 사실 그 여자는 남자를 떠나가게 하는 어떤 고쳐야 할 특성들이 있는 것인지도 모릅니다. 하지만 그녀가 남자친구가 떠난 것이 남자들은 원래 다 그렇기 때문이라고만 생각한다면 고쳐야 할 점들에 대해 결코 주목하지 않을 것입니다. 방어기제는 없앨 수도 없고 또 그럴 필요도 없습니다. 그러나 아무리 인간이 제멋대로 생각하는 착각의 동물이라지만 있는 그대로의 사실을 계속 왜곡한다면 언젠가는 정말 무서운 진짜 현실에 직면하게 될 것입니다.

근거 없는 희망
비현실적인 낙관주의

1. 낙관적으로 생각하는 것이 지나칠 정도라는 의미인가요?

그런 뜻이라고 볼 수 있습니다. 심리학적 용어로 어떤 사건에 대한 태도를 지칭할 때는 비현실적 낙관주의(unrealistic optim-ism)라고 명명하고 개인에 대한 평가를 지칭할 때는 자기고양 편향(self serving bias)이라고 부릅니다. 비현실적 낙관주의란 현실 상황에 상관없이 미래가 긍정적이라고 사고하고, 과거보다 현재가, 현재보다 미래가 나아질 거라고 믿는 것입니다(Brickman, Coates & Janoff-Bulman, 1978).

어떤 TV광고에서 "생각대로 하면 되지"라고 천연덕스럽게 흥얼거리더군요. 물론 긍정적으로 생각하는 것은 좋지만 지나치면 문제가 있습니다. 실제로는 자신이 생각하는 것처럼 항상 긍정적인 결과가 나타나지 않거든요. 특히 자기고양편향은 자신을 사실과 다르게 지각하며 타인이 지각하는 값보다 자신을 더 긍정적으로 평가하는 경향입니다. 현실은 그렇지 않고 자신의 실체는 그에 훨씬 못 미치는데 생각만 계속 그러기를 정말 바란다는 것은 일종의 착각일 수 있습니다.

2. 앞으로 잘될 것이라는 희망이 세상을 살아가는데 도움이 되기 때문에 그런 마음이 드는 것은 아닐까요?

네, 그렇게 볼 수 있습니다. 기본적으로 사람들은 현실을 있는 그대로 수용하지 않습니다. 개인이 가지고 있는 기준에 의해 사물이나 상황을 다시 해석하고 선택적으로 수용합니다 (Nisbett & Ross, 1980). 즉, 정보를 주관적으로 받아들이는 동시에 자신에게 유리한 방향으로 왜곡하여 받아들입니다. 그렇게 하는 이유는 본질적으로 자존심을 유지시키고자 하는 욕구 때문입니다. 성공을 자신의 능력 덕분으로 해석하고 실패는 상황이나 운이 나쁜 것으로 해석함으로써, 자신을 능력 있고 가치 있는 사람이라 여기며 자존심을 유지, 고양시키는 것이지요. 스스로를 보잘 것 없다고 생각하면 앞으로도 자신은 실패할 것이며 결국 생존 경쟁에서 도태될 사람이라는 것을 시사합니다. 그래서 사람들은 자신의 긍정적인 측면을 부정적인 측면보다 더 쉽게 회상하고, 또 성공 경험을 실패 경험보다 더 구체적으로 기억합니다. 자신이 수행한 일에 대해서도 실제보다 더 성공적이었다고 확신하는 경향이 있습니다(Crary, 1966). 자신이 경쟁력 없는 사람이라고 스스로 믿고 싶어 하는 사람은 없을 테니 이러한 심리는 어쩌면 당연한 것일 수도 있습니다.

3. 비관적으로 생각하는 것보다는 낙관적이라고 생각하는 것이 훨씬 바람직하다는 것은 충분히 이해가 됩니다. 낙관적인 태도를 가지면 구체적으로 어떤 장점이 있을까요?

레이블과 톰슨(Laible & Thompson, 1998)의 연구에 따르면 유아기 때 부모와 안정적 애착을 형성한 아동이 낙관적인 성향이 높았고 청소년기와 성인기의 대인관계가 원만하였습니다. 또한 낙관적 성향은 현실을 왜곡하여 여러 문제를 야기하는 원인이 되기보다는 어려운 상황이 닥칠 때 미래에 대한 기대를 포기하지 않고 자신이 세운 목표를 성취할 수 있는 원동력이 됩니다(Scheier, Weintraub, & Carver, 1986).

낙관주의자들은 자신이 노력하면 결과를 바꿀 수 있다고 믿기 때문에 적극적으로 반응하고 노력하는 사람입니다. 당연히 개인의 심리적 건강뿐 아니라 기업 내에서의 업무 효율에도 영향을 미칩니다. 기존 연구들에서는 개인이 직무를 잘 수행하기 위한 지식, 기술, 능력을 갖추었다는 조건에서 낙관적인 태도를 보이는 사람이 직무에 더 만족하고 있으며 조직에 대한 충성도도 더 높다는 사실이 확인되었습니다(O'reilly et al., 1991; Kristof, 1996).

낙관주의적 성향의 사람들은 자신뿐만 아니라 다른 사람들도 긍정적으로 인식하기 때문에 상대방에게 더 많은 호감을 줍니다(Carver, Kus, & Scheir, 1994). 당연히 비관적인 사람에 비해 오랜 시간 우정을 유지합니다(Geers, Reilly & Dember, 1998). 이런 이유 때문에 낙관적인 사람들은 스트레스를 받았을 때도 주변 사람들에게 더 지지를 받습니다. 사람들은 긍정적이고 낙관적인 사람을 좋아하기 때문에 그가 위기에 빠지면 기꺼이 도움을 주고 싶어 하거든요. 그는 사람들의 도움으로 위기를 벗어날 가능성이 높습니다.

낙관주의는 현재가 어떠하든지에 관계없이 긍정적 미래에 초점을 맞추는 사고방식이라고 할 수 있습니다. 그들은 아직 실현되지 않은 미래에 대한 가능성을 항상 염두에 둡니다. 낙관주의적 사고를 갖고 끊임없이 도전하는 태도는 목표를 성취할 가능성도 극대화시킬 수 있습니다. 낙관주의는 상대방에 대한 긍정적 기대감을 형성해 건강한 대인관계를 유지하는데도 분명 도움이 됩니다.

4. 현실이 뒷받침되지 않는데 계속 낙관적으로만 생각하면 언젠가는 정말 크게 좌절하지 않을까요?

아주 좋은 지적입니다. 낙관주의가 장점만 있는가에 대해서는 논란이 많습니다. 마리 예호다(Marie Jahoda)는 정확한 현실 지각을 정신 건강의 가장 중요한 요소라고 생각했습니다. 즉, 이러한 관점에서는 정신적으로 건강한 사람일수록 자신이나 세상, 미래에 대해 객관적으로 지각을 하지만, 정신적으로 건강하지 못한 사람은 자신이나 세상, 미래를 왜곡하여 지각합니다. 따라서 현실을 정확하게 지각하지 못하는 사람들을 정신적으로 건강하지 못하며, 적응을 못하는 사람이라고 말할 수 있습니다.

프로이드(Freud)의 견해에 의하면 비현실적 낙관주의는 구강기 유아의 욕구가 과잉 충족되어 발생한 부정적인 결과로 보고 있습니다. 현실검증능력(reality testing ability)이라는 것은 있는 것을 있는 그대로 파악하는 능력입니다. 따라서 비현실적인 낙관주의는 현실 검증능력이 부족한 무능력과도 관련이 있을 수 있습니다. 이런 사람들은 성인기 이후에도 현실을 왜곡하는 방어기제를 빈번하게 사용하면서 자신의 무능력과 불안을 애써 위장하는 사람인지도 모릅니다.

지속적인 노력이 수반되지 않는 낙관주의는 분명히 문제가 될 수 있습니다. 낙관주의적 기대감을 갖는 사람은 목표달성을 위해 꾸준히 노력합니다. 이들은 지속적으로 노력하면 바람직한 결과를 얻을 수 있다고 생각합니다. 노력이 수반되지 않으면 요행을 바라고 운 좋게 목적이 달성되기만을 기대하는 습관으로 이어지기 쉽습니다. 궁극적으로는 목표성취를 방해하거나 지연시키는 결과가 초래될 수 있습니다.

5. 애써 노력해도 변화시킬 수 없는 환경에서 오히려 낙관주의적 태도가 사태를 더욱 악화시킬 수도 있겠네요?

맞습니다. 극복이 가능한 스트레스 장면에 직면하였을 때에는 낙관주의적 사고를 가진 사람들은 긍정적으로 사고하면서 그 문제에 직접 직면해 나가기 때문에 일을 해결할 가능성이 높습니다. 그러나 예외가 있습니다. 즉, 변화가능성이 적은 상황하에서 낙관주의적 사고는 문제 해결에 별로 도움이 되지 않습니다. 특히 변화가능성이 보장되지 않는 사태에서 완강하게 낙관주의적 사고를 고집하면 오히려 불이익을 당할 수 있습니다. 예를 들어 파산지경에 이르면서까지 언젠가는 성공할 것이라 생각하고 계속해서 도박을 하거나 주식에 투자하는 경우가 이에 해당합니다. 비현실적 낙관주의가 오히려 사회적으로 건강하지 않은 결과를 초래할 수 있는 것이지요. 도박 중독자들을 대상으로 한 연구에서도 이런 경향이 실제로 확인되었습니다.

폴러스(Paulhus, 1998)는 지나치게 낙관적이고 자기고양편향이 많은 사람은 처음에는 자신감 있고 적극적인 성격으로 인해 다른 사람으로부터 긍정적 평가를 받지만, 시간이 갈수록 긍정적 평가가 부정적 평가로 바뀐다는 결과를 확인한 바 있습니다. 낙관적인 사람은 스스로 자신이 인기 있고 또 매력 있는 사람이라고 생각합니다. 그러나 지나치게 낙관주의적 태도를 보이는 사람에 대해 주변사람들은 시간이 지날수록 점차 책임감이 부족하고 진중하지 못한 사람이라고 인식하는 경향이 있습니다. 존과 로빈(John & Robin)은 비현실적인 낙관주의자들이 자기애적 성격(narcissistic personality)장애자들과 유사한 심리적 특성이 있다는 주장을 제기하기도 하였습니다. 지속적으로 낙관적인 생각을 유지하기 위해서는 성공에 대한 강박관념을 갖게 되고 유리한 결과를 이끌어내기 위해서 다른 사람을 전략적으로 이용하는 경향이 많다는 것이지요. 그런 점에서 보면 비현실적 낙관주의자들은 이기주의자이거나 혹은 허풍쟁이일 가능성이 있습니다. 실제 능력이 뒷받침되어 있지 않고 또 상응하는 노력이 수반되지 않는 비현실적 낙관주의는 오래가지 못합니다. 결국은 한계에 부딪히거든요.

웨인스타인(Weinstein, 1980)은 이러한 믿음을 비현실적 낙관론(Unrealistic optimism)이라고 명명하였고, 테일러와 브라운(Taylor & Brown, 1988)은 이 믿음을 자기 자신에 대한 허상(illusion)이라고 주장하였습니다. 웨인스타인의 연구에 따르면 일반적으로 사람들은 자신들이 영재아이를 낳을 가능성과, 80이 넘도록 장수할 가능성 등이 다른 사람들보다 높다고 생각합니다. 반면에 자살을 기도할 가능성과 40세 이전에 심장마비를 경험할 가능성 등은 다른 사람보다 현저히 낮다고 믿습니다.

만일 이 믿음을 어떤 한 개인이 소유하고 있다면 굳이 이것을 오류라고 볼 수가 없습니다. 왜냐하면 이 믿음이 정말 사실일 수도 있기 때문입니다. 그리고 어떤 사람이 자신의 아이가 영재아가 될 가능성이 남의 아이가 영재아가 될 가능성보다 높다고 믿을 때는 그 믿음이 오류라고 증명할 방법도 없습니다. 그러나 한 집단의 모든 구성원이 이러한 믿음을 가지고 있을 때는(즉, 그 집단의 모든 사람들이 자신의 아이들이 영재아일 가능성이 그 집단의 다른 모든 사람들의 아이들이 영재아일 가능성보다 높다고 믿는다면) 그 믿음은 논리적 오류가 있습니다. 그래서 그 믿음이 '비현실적' 이라고 불리는 것입니다.

그런데 이러한 비현실적이고 자기고양적(Self-Serving)인 자기지각은 미래 사건에 대한 예측에만 국한하지 않고 자신의 능력이나 성격특질을 평가할 때도 일어납니다. 이를 '평균이상효과(the better-than-average-effect)' 라고 합니다.(Alicke, Klotz, Breitenbecher, & Yurak, 1995; Campbell, 1996). 예를 들면 대부분의 사람들은 다른 사람들에 비해 자신이 더 창조적이며 매력적이고, 정직하고, 성실하며 공정하다고 믿는 경향이 있습니다. 만일 모든 사람들이 자기 집단에서 평균이상이라면 도대체 누가 평균이고 누가 평균 이하란 말입니까? 바로 이런 이유로 이러한 믿음이 논리적 오류이며 비현실적이라고 불리는 것입니다.

궁극적 욕망
행복

Part I

1. 행복은 인간이 누릴 수 있는 최상의 상태입니다. 오랫동안 많은 사람들이 행복하기 위한 조건들을 연구해왔는데요. 결론이 내려졌나요?

행복이란 삶 전체에 대해 한 인간이 느끼는 깊은 만족 상태이고 사람들은 궁극적으로 행복을 추구합니다. 말씀하신 대로 아마 이 문제만큼 오랫동안 사람들의 흥미를 끌어왔던 주제가 없을 것입니다. 지금까지 대부분의 연구들은 한 개인의 행복을 두 가지 측면으로 설명하여 왔습니다(Diener, 2000; Emmons & Diener, 1985).

하나는 성별, 연령, 소득, 교육, 보건, 여가와 같은 객관적이고 사회적인 측면이고, 다른 하나는 흔히 안녕감(well-being)이라고 불리는 주관적인 측면입니다. 행복은 이러한 객관적이고 주관적인 요인들이 복잡하게 상호작용하기 때문에 보편적인 행복요인을 단정하기 어렵습니다. 행복은 개인의 구체적인 조건을 모두 고려해야 예측할 수 있습니다.

2. 행복을 결정하는 것은 객관적인 요인과 주관적인 요인이 있군요. 객관적인 요인들 중에 대표적인 것이 경제적인 상태일 것 같은데, 돈이 많으면 행복할까요?

경제적 수준, 즉 일정 수준 이상의 부는 개인에게 행복을 가져다주는 객관적인 요소로서 가장 자주 언급되어 왔고 이와 관련된 연구 결과도 상당부분 일치하고 있습니다(Diner, Lucas & Oishi, 2002). 기본적으로 경제적인 수준과 행복감은 대체로 비례합니다. 특히, 가난은 정신장애를 일으키는 대표적인 위험요인입니다. 역학조사에 의하면 대부분의 정신장애는 사회경제적 지위(SES)가 낮은 계층에서 더 많이 발생합니다. 가난하면 하고 싶은 것을 못하고 먹고 싶은 것을 못 먹습니다. 인간을 목표에 도달하지 못하게 하는 결정적인 좌절요인인 것입니다. 좌절로 인한 마음의 상처는 공격성으로 나타날 수 있고, 왜곡되거나 취약한 성격구조를 불러일으킬 수 있습니다. 사실 세상사의 많은 문제는 돈 때문에 생깁니다. 물론 돈이 많다고 모든 문제가 해결되는 것은 아닙니다. 그러나 돈이 적으면 아주 다양한 문제가 발생하는 것은 분명합니다.

기혼 여성의 행복감에 관한 연구에서, 가정의 경제적 어려움은 남편에 대한 적대감을 증가시키고 남편에 대한 온정성을 감소시켜서 결국 부인의 결혼생활의 질에 영향을 주는 것으로 밝혀졌습니다(Haselton & Buss, 2000). 또한 경제적 갈등은 자녀양육에 더 어려움을 느끼게 하고 또 사소한 갈등에 크게 분노를 터뜨리게 함으로써 행복감을 크게 저하시키는 것으로 확인되었습니다(Quwneel & Veenhove, 1991). 돈이 전부는 아니라고 호기를 부리는 사람도 있습니다만 행복과 정신건강에 끼치는 돈의 위력을 무시하기는 어렵습니다. 어느 정도 부자여야 경제적인 어려움이 없는 상태인가에 관해서 다소의 논란이 있고, 점점 부자가 된다고 해서 행복감도 지속적으로 증가하는 것은 아니지만 최소한 좌절적인 정도로 가난하지는 않아야 한다는 것이 행복을 느끼게 하는 냉정한 조건입니다.

3. 어떤 의미에서 보면 현대인들은 평생 공부를 하면서 사는 셈인데요. 교육은 행복에 어떤 영향을 미칠까요. 많이 배우고 공부하면 행복한가요?

일반적으로 볼 때, 많이 배우면 조금은 더 행복합니다. 그러나 '조금'이라는 단어에 초점을 맞추어야 합니다. 행복연구로 유명한 캠벨(Campbell, 1981)의 종단적 연구에 따르면 교육 수준도 행복에 영향을 끼치는 요인입니다. 그러나 소득수준 등의 변인과 상호 작용하면서 행복에 영향을 끼치기는 하지만 그 효과는 그리 크지 않은 것으로 알려져 있습니다. 즉, 교육 수준이 높지만 가난할 경우 더 불행감을 느끼는 경우가 있고, 교육 수준도 높고 부자일 경우에는 행복감이 더욱 증가할 수 있습니다. 따라서 교육 수준만으로는 행복을 예측하기가 어렵습니다(Clemente & Sauer, 1976). 외국의 연구들에서는 행복에 미치는 교육 수준의 긍정적인 효과가 남자에 비해 여자에게서 더욱 두드러진다고 보고된 바 있습니다(Reich & Zautra, 1983). 그러나 우리나라 주부들을 대상으로 한 연구에서는 교육 연한이 그들의 행복감과 아무런 관계가 없었습니다(이순형, 1991). 오히려 교육 수준이 높은 취업 주부들은 그렇지 않은 취업 주부들에 비해 자녀 양육에 대해 더욱 걱정을 하며, 전반적인 생의 만족도나 행복감을 더 적게 느낀다는 연구 결과도 제시된 바 있습니다(이연숙 외, 1991). 성에 따라서도 교육 수준과 행복 간의 관계가 다르다는 것이지요.

4. 요즈음에는 독신자들도 많은데, 결혼 여부와 행복과의 관계는 어떤가요?

남녀 모두 결혼을 한 사람이 하지 않은 사람보다 조금은 더 행복합니다(Andrews & Wihey, 1976; Gelnn, 1975). 이들 연구에 따르면 특히, 기혼 여성들이 미혼 여성들보다 더 많은 스트레스를 받지만, 미혼 여성보다 삶에 만족하는 수준이 더 높았고, 더 행복하다고 느끼고 있었습니다. 최근에 독신 여성이 증가되면서 그들의 행복감도 높아지는 추세를 보이지만, 독신 여성보다 기혼 여성이 더 행복감을 느끼는 것은 보편적인 현상인 것 같습니다. 특히, 애비와 앤드류(Abbey & Andrews, 1985)는 교육, 소득 수준, 취업 계층을 통제하였을 때도 결혼 여부가 남녀 모두에게 행복감을 증가시키는 것을 확인하였습니다.

그러나 서양과 같은 개인주의적 문화에 비해 우리나라와 같은 집단주의적 문화에서는 결혼에 의한 행복감이 그리 높지 않다는 연구 결과(Diener et al., 1999)도 있습니다. 그래서 이러한 결혼과 행복과의 관계는 특히, 문화적인 차이를 감안해야 합니다. 최근에는 객관적인 결혼 여부보다도 결혼 만족도가 행복과 더욱 관련이 있다는 연구(Marshall & Barnett, 1993)가 많습니다. 결혼의 질적 측면이나 상호작용 방식 등이 더 중요하다는 것이지요. 구체적으로 결혼에 대한 만족과 행복은 배우자와의 의사소통이 많고, 관계가 동등할 때, 그리고 가족관계에서 느끼는 자기 존중감이 높을 때 증가합니다.

많은 연구에서 남성은 여성에 비해 더 행복한 것으로 알려져 왔습니다. 그러나 그 차이는 크지 않습니다. 여성이 남성보다 부정적 정서를 더 많이 느끼지만 긍정적 정서도 더 경험하는 것으로 나타나고 있습니다. 즉, 여자는 남자보다 불행감도 더 많이 느끼지만 행복감도 더 많이 느낍니다. 그래서 행복감이나 전반적인 삶의 만족도에서는 남녀 간에 차이가 거의 없다는 해석도 있습니다(Cameron, 1995).

젊은 사람이 나이든 사람에 비해 더 행복할 것이라는 일반적인 통념도 사실이 아닙니다. 노인이 되면 약해지고 죽어간다는 사실에 분노할 것 같지만 성공적인 노화를 이룬 노인들은 젊은 사람들보다 행복감이 더 높습니다.

5. 지금까지의 확인된 연구 결과들을 볼 때 객관적인 행복의 조건들에 대해서는 신중하게 해석할 필요가 있겠군요. 행복을 결정하는 주관적인 요인들에는 어떤 것이 있나요?

주관적인 요인들을 고려하지 않고는 행복을 결정하는 요인들을 체계화하기 어렵습니다. 윌슨(Wilson, 1967)도 그의 고전적인 연구에서 행복을 주관적인 안녕감(subjective well-being, 이하 SWB)이라고 정의한 바 있습니다. 일반적으로 주관적인 안녕감은 개인이 자신의 삶에 만족하는 정도가 높고, 적은 부정적 정서(negative affect)와 많은 긍정적 정서(positive affect)를 경험하는 상태라고 정의합니다(Diener, Suh, Lucas, & Smith, 1999). 현재까지 많은 연구들에서 주관적인 안녕감에는 성격과 적응 등 심리학적 요인들이 복합적으로 작용하는 것으로 확인되고 있습니다.

6. 성격 같은 개인적인 특징이 행복에 영향을 끼치는군요. 어떤 성격을 가진 사람이 행복한가요?

행복이라는 정서 상태와 만족감에 긍정적 혹은 부정적으로 영향을 끼치는 안정된 개인차 변인들에 대한 관심은 오랫동안 연구되어 온 주제였습니다(Headey & Wearing, 1989). 그 중에서도 외향성(Extraversion, E)은 다양한 문화권을 대상으로 한 표집에서도 주관적 만족감과 관련되는 대표적인 특질(trait)로 확인되었고(Klein, 1993), 20년 후에도 주관적 만족감을 안정적으로 예측하는 요인이었습니다(Fujita, 1991). 외향성자들은 사교적 기술이 뛰어나며, 자기주장이 탁월할 뿐만 아니라, 타인에게 협력적이고, 언어적 의사소통 이외에 비언어적 의사소통에도 능숙합니다(Argyle & Lu, 1990). 이러한 특성으로 인해 그들은 사회적 장면에서 강화를 얻을 가능성이 더 높고, 이 때문에 주관적인 안녕감이 증가되는 것으로 해석할 수 있습니다. 특히 외향성과 행복 간의 긍정적인 관계(E-happiness relations)는 나이가 들어가면서도 매우 일관되게 나타나고 있습니다(Lucas & Fujita, 2000).

이에 비해 신경증적 경향성(Neuroticism)은 부정적 정서를 증폭시키고(Emmons & Diener, 1985), 정서적인 불안정성을 유발해(Lu, 1995) 주관적인 안녕감에 부정적인 영향을 주는 것으로 알려져 왔습니다. 이 성격은 외부자극에 쉽게 기분이 변하고 불안해지는 것이 특징입니다.

내-외 통제 소재에 대한 로터(Rotter, 1966)의 고전적인 개념화 이래로 안정된 특질로서의 통제 소재와 행복과의 관계도 흥미로운 연구 주제 중 하나였습니다(Levenson, 1973). 외부 통제의 경향이 높은 사람들은 보다 비관적이며, 불행감 등의 부정적인 정서를 더 많이 보고합니다(Lu, 1995). 이에 비해 내부 통제의 경향이 높은 사람들은 자존감이 높고, 정신병리적 취약성이 적은 것으로 확인된 바 있어(Thompson & Heller, 1990) 내부 통제와 행복과의 관계성은 비교적 분명하게 시사되고 있습니다.

이러한 특성들 외에 행복에 대한 다차원적 모델로 유명한 리프(Ryff, 1995)는 행복의 6가지 차원을 제시한 바 있습니다. 공인받고 있는 유명한 이론이라 소개해 드리겠습니다.

차원	점수	정의
자아수용 (self-acceptance)	높은 점수	자신에 대하여 긍정적인 태도를 갖고 있다; 자신에게 좋은 점들은 물론 나쁜 점들을 포함한 자신의 여러 측면들을 인지하고 수용한다; 자신의 과거의 삶에 대하여 긍정적으로 느낀다.
	낮은 점수	자신에 대하여 불만족한다; 자신의 과거의 삶에 대하여 실망한다; 자신의 갖고 있는 나쁜 점에 대하여 괴로워한다; 현재의 자신과는 다른 사람이 되기를 원한다.
긍정적 대인관계 (positive relations with others)	높은 점수	타인과 따뜻하고 만족스럽고, 신뢰관계를 갖고 있다; 타인의 행복(Welfare)에 관심이 있다; 강한 애정, 친밀감, 그리고 공감을 느낄 수 있다; 대인관계란 주고받는 것임을 이해한다.
	낮은 점수	타인과 친밀한 신뢰관계를 거의 갖고 있지 않다; 타인에 대하여 따뜻하거나 개방적이지 않고 타인을 배려하기 어렵다고 느낀다; 타인과의 중요한 관계를 유지시키기 위하여 타협하지 않는다.
자율성 (autonomy)	높은 점수	결단력이 있고 독립적이다; 특정한 방식으로 생각하고 행동하라는 사회적 압력에 저항할 수 있다; 자신의 행동을 내적 동기에 의해 조절한다; 개인적 기준에 의해서 자신을 평가한다.
	낮은 점수	타인의 평가나 기대에 대하여 걱정한다; 중요한 결정을 할 때 타인의 판단에 의존한다; 특정한 방식으로 생각하고 행동하라는 사회적 압력에 동조한다.
환경에 대한 지배력 (environmental mastery)	높은 점수	자신의 환경을 관리하는 능력이 있다고 느낀다; 복잡한 외적인 활동 계획을 잘 조절한다; 주위에 있는 기회를 효과적으로 사용한다; 개인적 필요나 가치에 적합한 환경을 선택하거나 적합한 환경으로 변화시킬 수 있다.
	낮은 점수	일상적인 일들을 다루는데 어려움을 느낀다; 주위환경을 변화시키거나 향상시킬 수 없다고 느낀다; 주위에 있는 기회를 인식하지 못한다; 외부 세계에 대한 통찰력이 부족하다고 느낀다.
삶의 목적 (purpose in life)	높은 점수	삶의 목표와 방향 감각을 갖고 있다; 과거와 현재의 삶이 의미가 있다고 느낀다. 왜 사는지에 대한 해답을 제공하는 신념을 갖고 있다; 생활에 목표와 목적이 있다.
	낮은 점수	삶의 의미가 부족하다고 느낀다; 삶의 목표나 방향 감각이 거의 없다; 과거의 삶의 목적을 알지 못한다; 삶에 의미를 부여할 신념이나 태도를 갖고 있지 않다.
개인적 성장 (personal growth)	높은 점수	계속적으로 발달한다고 느낀다; 자신이 성장하고 발전되어 감을 느낀다; 새로운 경험에 대하여 개방적이다; 자신의 잠재력을 실현시키려고 한다; 시간이 지남에 따라 자신과 자신의 행동이 향상됨을 느낀다; 자기 자신을 보다 잘 이해하고 활용하는 방향으로 변화되어간다.
	낮은 점수	개인적인 침체에 빠져 있다고 느낀다; 시간에 따라 성장이나 발전되어 감을 느끼지 못한다; 삶이 지루하고 재미없다고 느낀다; 새로운 태도나 행동을 발전시킬 수 없다고 느낀다.

인간됨의 조건
복수심

Part I

1. 대부분의 사람들은 복수심을 드러내려고 하지 않고 들키는 것도 꺼려하지 않나요?

그렇습니다. 오랫동안 복수심은 비정상적인 감정 상태라고 정의되어 왔습니다. 복수는 심리적, 도덕적, 육체적으로 복수를 하려는 사람이나 복수의 대상이 된 사람에게 파괴적인 영향을 줍니다. 결국 자기와 그 대상을 망가뜨리기 때문에 병균처럼 사람을 타락시킵니다. 그래서 복수는 질병의 관점에서 다루어져 왔습니다. 기독교뿐만 아니라 다양한 종교에서 '용서'가 선한 행동임을 강조하기 때문에 이런 문화적인 전통이 복수에 대한 부정적인 인식을 유지하게 한 원인일 수 있습니다. 심리학이나 정신의학에서도 복수심은 고통받는 사람의 내면에서 무엇인가 실패한 증거로 간주되어 왔습니다. 사람들은 다른 사람들에게 옹졸하고 비열하며 부도덕하게 보이는 것을 두려워합니다. 그래서 복수심을 감추고 아닌 척하지요.

2. 복수가 질병이라는 주장은 지나친 주장이 아닐까요? 공격성 같은 특성도 인간의 본성이고 분명히 진화적 가치가 있잖아요.

물론입니다. 분명히 복수도 적응적인 가치가 있습니다. 기본적으로 복수는 공격자들의 두 번째 공격을 좌절시키는 효과가 있습니다. 이에 관한 실험이 있는데요. 사회심리학자인 디아몬드(Diamond, 1977)는 남자 대학생들에게 에세이를 쓰게 한 후 그것을 다른 사람(연구자가 고용한 조교)에게 평가받도록 했습니다. 에세이의 평가는 실제 수준에 관계없이 모든 참가자들이 모욕적인 평가를 받도록 되어 있었습니다. 24시간 뒤, 참가자들은 실험실로 돌아와 전날 자기 에세이에 모욕적인 평가를 한 바로 그 사람에게 다양한 강도의 충격을 줄 수 있는 기회를 얻었습니다. 실제로는 어떤 충격도 전달되지는 않았지만 참가자들은 충격이 전달된다고 믿었습니다. 디아몬드는 모욕을 받은 참가자들이 분노를 느꼈기 때문에 앙심을 품고 충격을 줄 것이라고 예상했습니다. 충격 실험을 하기 전에 참가자들 절반에게는 나중에 역할을 바꾸어 실험할 것이라고 말했고, 나머지 참가자들에게는 아무 말도 하지 않았습니다. 실험 결과 보복의 위험이 없는 상태에서 자신을 모욕한 평가자에게 충격을 줄 수 있다고 믿은 참가자들은 보복당할 위협을 인식한 참가자들보다 더 강한 충격을 주었습니다. 이처럼 보복에 대한 두려움은 공격을 단념시키는 효과가 있습니다. 나를 공격하면 되갚아줄 것이라고 상대에게 인식시키는 것은 함부로 자신을 공격하지 못하게 하는 수단이 됩니다.

3. 피해를 당하고도 복수하지 않는 사람은 만만한 사람이라는 인식을 심어주어 다른 사람에게 이용당할 가능성이 높겠군요?

그렇습니다. 사회심리학자들은 실험을 통해, 제삼자가 두 당사자 사이의 도발을 증언할 때, 희생자가 자신을 도발한 사람에게 더 강력히 복수한다는 사실을 입증했습니다. 특히, 제삼자가 학대로 고통 당한 희생자를 약자로 인식했다는 사실을 희생자에게 알리거나, 혹은 희생자가 생각하기에 자신이 불공정한 대우를 받고 있음을 구경꾼들이 알고 있다고 생각할 때 복수의 강도가 더 높았습니다. 즉, 구경꾼들이 보고 있는 경우처럼, 자신이 피해를 입을 만큼 하찮은 사람이라고 인식되는 상황에서는 상당한 대가를 치러야 할지라도 적극적으로 복수함으로써 실추된 명예와 평판을 회복하려고 합니다. 하다못해 길에서 두 남자가 논쟁을 벌이고 있는 상황에서 단지 제삼자가 출현했다는 사실만으로도 그 말다툼이 주먹다짐으로 번질 가능성은 두 배로 높아집니다. 소규모 집단으로 모여 살던 우리 조상들은 집단 내의 평판이 부정적일 경우, 추방되거나 서열이 낮아지는 상황을 오랫동안 경험해왔습니다. 복수함으로써 평판을 지키려하는 경향 역시 진화적으로 도움이 되었습니다.

4. 복수는 진화된 인간의 특성으로 적응적 기능이 있는 거군요. 그렇다면 다른 사람이 애써 일한 결과를 아무런 노력을 들이지 않고도 이용하는 사람들에게 협력을 강요하거나 압력으로 활용할 수도 있겠군요.

아주 좋은 지적입니다. 이것이 무임승차문제(free rider problem)인데요. 무임승차의 특성을 보이는 사람들은 집단 구성원들에게 기생하면서 효과적으로 생존하는 것 같지만 전체 구성원들의 입장에서는 포괄적인 이익을 해치는 이기적인 존재입니다. 상습적으로 거저먹는 무임승차자를 방치한다면 누구나 그런 행동의 유혹을 받을 것이고 결국 집단 전체의 생산성이 저하될 것입니다.

처벌을 통해 무임승차자를 막고 집단의 성과를 높일 수 있다는 심리학자 페(Fehr, 2002) 등의 실험이 있습니다. 연구자는 한 집단을 네 명으로 구성했습니다. 그리고 전체 참가자들의 절반에게는 회 차마다 공동 계좌에 금전적인 기여를 하지 않는 구성원들을 처벌할 권한을 주었습니다. 만약 당신이 무임승차를 했다고 판단되는 구성원을 처벌하려면 당신은 그 사람에게 3달러를 내라는 '처벌'을 할 수가 있었습니다. 그러나 무임승차자를 처벌하기 위해서는 처벌하려는 사람도 1달러의 비용을 지불해야 합니다. 비용을 지불하는 이유는 처벌자 자신도 추후에 잠재적으로 앙갚음의 가능성이 있다는 점을 비용으로 환산한 것입니다. 나머지 절반의 집단에게는 무임승차자를 처벌할 수 있는 권한을 주지 않았습니다. 실험 결과 공동 계좌의 기여금에 무임승차한 사람을 처벌하는 힘의 효과는 놀라웠습니다. 무임승차자를 처벌할 수 있는 집단에 속한 개인들은 개인 계좌에서 상당한 비율을 공동 계좌에 넣었고, 기부금 규모는 새로운 회차가 시작될 때마다 증가하였습니다. 마지막에는 무임승차자를 처벌할 수 있는 집단의 참가자 중 약 40%가 게임이 진행되는 동안 개인 계좌의 전액을 공동 계좌로 옮겼습니다. 이와 대조적으로 무임승차자들을 처벌하지 못하는 집단에서는 회 차마다 기부금이 감소했습니다.

결국 이기적인 집단 내 구성원을 처벌하고 본때를 보여주려는 복수의 마음은 집단의 생산성을 전반적으로 증가시키기 때문에 사회적으로도 진화적인 가치가 있었던 것입니다.

5. 자살하려는 생각과 자살을 실행에 옮기는 것이 다른 것처럼, 기본적으로 복수심과 복수 행동은 별개 아닐까요?

그렇습니다. 기본적으로 인간은 자신을 좌절시키거나 분노를 주는 대상에게 복수하려는 욕구를 가집니다. 그러나 보고에 따르면 그중 3분의 1에 해당하는 사람들만이 어떤 방식으로든 자신의 복수심을 행동으로 옮깁니다. 사람들은 저마다 어느 정도 피해를 입어야 복수를 실행한다는 일종의 내적 기준이 있는 듯합니다. 복수를 생각만 하는 것은 피해가 그 기준에 미치지 못했기 때문입니다. 아니면 복수를 해야 할 대상자가 너무 강자여서 복수할 경우 오히려 자신이 더 크게 당할지도 모른다는 두려움 때문일지도 모르지요.

한국인의 문화 관련증후군으로 화병이라는 것이 있습니다. 피해 당사자가 욕구좌절과 분노, 적개심, 복수심, 원한 같은 강력한 감정을 경험하지만 그러한 감정의 직접적이며 대상지향적인 표출은 사회로부터 용인되지 않는 경우가 있습니다. 게다가 복수를 시도할 때 복수 상대로부터 보복의 위험을 느낀 경우엔 오히려 자신의 감정을 억누르거나 억제해야 될 수도 있습니다. 그 상태에서 분노는 슬픔으로, 욕구좌절은 무력감으로, 복수심은 자기 증오로 전환됩니다. 즉, 복수심을 기초로 하는 원(怨)의 마음과 체념의 심정인 한(恨)이 교대로 나타나면서 마음에 불이 난 상태 즉, 화(火)병이 발생하는 것입니다. 사실 우리나라 사람들이 많이 경험하는 화병은 피해를 입어도 복수할 수 없다는 생각 때문에 나타나는 증상일 수도 있습니다. 복수를 하지 못할 정도의 약자라는 생각은 뼈에 사무칠 정도로 억울할 것입니다. 집단에서의 평판이 저하되고 또다시 함부로 취급받을 수 있다는 두려움도 느낄 것이고요. 그럼에도 불구하고 어쩔 수 없다는 심정이 바로 마음의 병을 만든 것입니다.

더 높은 곳을 향하여
용서

1. 복수가 인간의 적응에 도움이 된다고 볼 때, 반대 개념인 용서의 심리 상태가 궁금합니다. 용서는 전통적으로 종교에서 강조한 개념인데요.

맞습니다. 그러나 용서는 최근에 긍정심리학(positive psycho-logy) 분야에서 더 자주 연구되는 인기 주제입니다. 긍정심리학은 지금까지의 심리학과는 달리 질병이나 부적응적 심리상태에 초점을 맞추지 않습니다. 긍정심리학자들은 행복, 지혜, 유머, 사랑, 용서, 감사 등 전통적으로 심리학 분야에서 무시해왔고 또 접근하기 어려웠던 주제를 다양한 방식으로 연구하고 있습니다.

결론부터 말씀드리면 복수(revenge)가 인간의 적응에 도움이 되었듯이 용서(forgiveness) 역시 인간의 생존에 도움이 되는 적응기제입니다. 용서는 복수의 반대개념이 아니라 복수에서 더 발전된 개념이라고 보아야 합니다. 복수가 생존의 힘이었다면 용서는 인간을 보다 업그레이드시키고 효율성 있게 적응시키는 발전 동력입니다.

2. 용서는 복수의 반대가 아닌, 더 잘 적응하기 위해 진화적으로 개발된 개념이라는 말씀이시군요?

정확한 지적입니다. 죄수의 딜레마 게임이라는 것이 있는데요. 이 게임은 두 명의 용의자가 서로 못 믿고 먼저 배신해야 자기가 유리한 형량을 받는 게임입니다. 대부분의 사람들은 결과적으로는 모두에게 손해가 되지만 서로 배신하는 선택을 합니다. 인간의 이기적인 속성을 언급할 때 자주 인용되는 개념이지요. 그러나 이러한 이기심이 오랜 세월을 지나면서 결국은 공공의 선과 호혜적인 합리성으로 발전한다는 증거가 있습니다. 심리학자들은 같은 수의 이기적인 사람과 이타적인 사람이 상호작용하면서 어떤 식으로 진화하는가를 실험으로 입증하였습니다. 죄수의 딜레마 게임을 무한히 반복했을 때 나타나는 현상을 수학적으로 시뮬레이션 한 것입니다. 처음에는 이기적인 인간들이 거의 80%가량으로 늘어났습니다. 이기적인 배신 행동이 유리하게 작용한 것이지요. 실험 결과 처음에는 이기적인 사람들이 이타적인 사람들을 누르면서 승승장구했습니다. 그 결과 이타적인 인간들도 점차 이기적으로 변해야만 살아남는다고 생각합니다. 그러나 몇몇 남아 있던 이타적인 사람들끼리 게임을 하면서 점수를 더 많이 얻는 일이 생겼습니다. 믿고 양보하면 아주 크게 유리할 수 있음을 알게 된 것이지요. 이기적인 사람들끼리는 서로 배신해야 하는데 그나마 살아남은 사람도 서로 믿고 협동한 사람들보다는 이익이 더 적었습니다. 그래서 장기적으로는 이기적인 사람이 결국 도태되는 결과가 초래되었습니다. 컴퓨터 시뮬레이션 결과 시간이 지나면서 이타적인 인간이 늘어나는 현상이 분명히 확인되었습니다. 이타적인 사람들이 60% 이상을 차지할 정도까지 늘어났습니다. 인간들은 단기적으로는 이기성이 이득이 되지만 장기적으로는 호혜성과 이타성이 실질적으로 더 유리하다는 것을 알고, 적극적으로 개발한 것입니다. 이러한 해석은 공격성에서 이타성과 사회성의 특질을 진화시켰다는 인류학자들의 주장과도 일치하는 관점입니다.

복수와 용서와의 관계도 이와 동일합니다. 인간은 자신의 생존에 도움이 되는 방식으로, 상황에 따라 복수와 용서를 적절하고 효율적으로 사용합니다. 용서가 복수보다 더 효율적인 전략이라는 것을 인식하면서 용서라는 특성이 진화된 것입니다. 그래서 복수와 용서는 대립되는 요인이 아니라 진화의 관점에서 볼 때, 복수에서 용서로 발전하는 단일 요인입니다.

3. 용서하는 것이 복수하는 것보다 항상 더 적응적일 것 같지는 않습니다. 피해자는 가해자의 태도와 행동에 따라 복수와 용서를 적절히 선택하는 것이 더 유리할 것 같은데요.

맞습니다. 용서가 복수보다 더 효율적인 진화 전략이기 위해서는 여러 가지 조건이 필요합니다. 먼저 가해자가 뉘우치고 화해를 신청해야 합니다. 이 행동들을 보고 희생자가 용서하는 것입니다. 당연히 가해자의 태도가 아주 중요합니다. 용서를 받을 수 있는 가해자의 기본적인 태도는 진심어린 사과입니다. '진심으로 미안' 하다고 판단할 만한 진술이 있어야 하는데 이 사과에는 다섯 가지 조건이 필요합니다. 첫째, 책임에 대한 명확한 인정이 있어야 합니다. 가해자는 자기 탓이라고 분명히 밝혀야 합니다. 둘째, 나쁜 일을 저지르게 된 이유에 대해 분명한 설명이 있어야 합니다. 셋째, 잘못을 저지른 자신을 비하하고 수치스럽게 생각해야 합니다. 넷째, 잘못과 위반을 되풀이하지 않겠다는 맹세가 있어야 하며, 마지막으로 이를 입증할만한 유, 무형의 보상을 실질적으로 지급해야 합니다. 많은 사람들이 사과할 때 유감이라고 말하는데 이것은 '당신과의 관계가 이렇게 된 것에 대해 좋지 않은 감정이 있으니 화해하고 싶다' 는 의미 정도에 불과합니다. 잘못의 대상이 누구인지 분명하지 않고 책임의 인정과 재발의 방지라는 후속조치가 보장되어 있지 않은 진술인 셈이지요. 그래서 유감은 분명한 의미의 사과가 아닙니다. 당연히 그 정도의 표현으로는 용서할 수도 없고, 또 용서하기도 어렵습니다.

사람들은 가해자가 진실한 사과를 하지 않을 때는 복수하는 것이 더 바람직한 전략이라는 것을 알고 있습니다. '눈에는 눈, 이에는 이' 라는 복수 전략은 가해자들에게 나를 공격하면 되갚아줄 것이라고 인식시킴으로써 함부로 자신을 공격하지 못하게 하는 효과가 있습니다. 또 복수하지 못할 정도로 약자가 아니라는 인식을 통해 그냥 당하지는 않는다는 사실을 보여줄 필요가 있습니다. 결과적으로 스스로가 경쟁력이 있는 존재라고 느끼는 것이지요. 그래서 사람들은 복수할 때 쾌감을 느끼고 행복해

합니다. 복수는 내가 살아있다는 증거이며 생존할 수 있다는 느낌입니다. 이마저 할 수 없다면 어떻게 이 험한 세상을 살아가겠습니까?

이청준의 소설 『벌레이야기』에서 어머니는 외동딸을 죽인 살인자 때문에 극심한 고통을 겪습니다. 어머니는 종교에 귀의한 후 복수를 포기하고 용서하기로 결심합니다. 그런데 교도소를 찾아가 어렵게 용서한다는 말을 꺼내는 순간 그 살인자는 하나님이 이미 용서하셨다는 말과 함께 감격해 합니다. 핏덩이 같은 내 새끼를 잃어 버렸는데 어미가 채 용서하기도 전에 감히 누가 먼저 용서를 했단 말입니까? 복수도 포기하고 용서할 권리마저 없다면 인간으로서의 조건이 박탈당한 것입니다. 벌레는 그런 인간을 상징합니다. 결국 어머니는 자살하고 맙니다. 어머니는 살인자를 용서하지 못했으며 그 살인자를 용서한 신도 용서하지 못했습니다. 그녀는 용서하지 못하는 자기를 처벌한 것이며, 살인자에게 죄책감을 갖게 하고, 용서를 강요하는 신에게 적극적으로 복수한 것입니다. 어찌보면 자살은 그녀가 인간으로서 자신의 의지대로 할 수 있는 마지막 선택이었습니다.

대부분의 종교에서는 용서를 승화되고 고결한 정신 상태라고 설명합니다. 그리고 초월자에게 복수를 맡기거나 신앙심이나 마음의 수행을 통해 용서하라고 가르칩니다. 그러나 임상 장면에서는 강요된 용서가 순식간에 복수심으로 폭발하는 경우를 자주 확인할 수 있습니다. 심리학자들은 이것을 가짜용서의 심리상태라고 부릅니다. 신을 믿는 사람들은 고개를 갸우뚱하겠지만 진짜용서는 무조건적인 것이 아니라 가해자의 진심어린 사과가 전제됩니다. 진짜용서는 피해자에게 힘에 대한 느낌과 생존에 대한 자신감을 줍니다. 가해자가 아직도 자기를 비웃고 있는데 용서하지 못한다고 해서 신앙심이 부족한 사람이라고 단정한다면 너무 몰인정한 처사입니다. 용서를 받고 싶으면 우선 잘못을 인정하고 진심으로 사과해야 합니다. 피해자에게 자신이 존중받았어야만 하는 사람이라고 분명히 느끼게 해 주어야 합니다. 가짜용서는 복수도 하지 못하는 피해자가 힘 있는 사람인 척 자기를 합리화하는 마음일 수 있습니다. 뻔뻔스럽게 피해자에게 가짜용서까지 기대한다면 너무 잔인한 것입니다.

4. 가해자가 진실된 사과를 할 때 피해자가 얻는 이점은 무엇인가요?

이상의 다섯 가지 조건을 충족한 이른바 '잘된 사과'는 기본적으로 피해자의 자아존중감과 존엄성을 회복시킵니다. 피해자가 받은 상처는 피해자 자신의 잘못 때문이 아니며 가해자의 명백한 잘못 때문입니다. 피해자는 자신이 이런 상처를 입을 만큼 한심스러운 약자가 아니며, 앞으로는 더 이상 동일한 피해가 발생하지 않을 것이라고 확신합니다. 가해자는 반성하는 과정에서 자신도 충분히 고통 받고 있다는 것을 전달해야 합니다. 그러면 그 자체가 피해자의 자존심을 충족시키기 때문에 강력한 복수 행동을 자제시키는 효과가 있습니다. 만약 피해를 보고도 복수할 수 없다는 것은 또 다른 피해를 계속 받을 수 있고, 자신을 생존 능력을 갖추지 못한 무기력한 존재임을 스스로 인정하는 것입니다. 가해자의 사과는 피해자 자신이 그렇지 않은 존재라는 사실을 납득시키는 첫번째 절차입니다.

5. 피해자가 용서를 하면 진화적으로 어떤 점에서 유리한가요?

절대 용서할 수 없는 사람을 떠올리라고 지시하는 실험에서 대부분의 사람들은 불안과 두려움에 관련된 스트레스 호르몬인 코르티솔 수치가 크게 증가합니다. 이때 얼굴 근육은 뻣뻣해지며, 심박 수 ,혈압, 식은 땀 등 긴장과 관련된 모든 수치가 높아집니다. 특히 후속 연구에서 우리를 괴롭혔던 가까운 사람을 용서하지 못한다고 느끼는 조건일 때는 불안과 긴장 상태가 극도로 높아지는 현상이 확인되었습니다.

케레먼스(Karremans, 2003) 등의 연구자들은 누군가를 용서하지 않았을 때 불안감을 느끼는 것은 그 사람과의 관계가 소중하고 의미있기 때문이라고 결론지었습니다. 지속적으로 상호작용을 할 가능성이 있는 대상자에게 복수하고 또 반복적으로 피해를 받을 수 있다는 생각은 호혜적으로 강화를 주고받을 수 있는 있는 대상자를 상실한다는 일종의 위협 상황입니다. 포괄적인 적응도(inclusive fitness)를 향상시키고 협력 상대와의 관계를 안정적으로 유지하는 것이 용서와 화해의 '궁극적인' 목적입니다. 용서할 수 없을 때 나타나는 긴장과 불안은 생존에 도움이 되지 않는다는 느낌 때문에 나타나는 신체적인 증후입니다.

긴장과 불안을 없애려는 자연선택의 기본 원칙 때문에 생긴 기제가 바로 용서인 셈입니다. 사람들은 용서하면서 자신이 관대하고 선하며 또 타인에게 악의가 없는 사람이라는 것을 드러내고 싶어합니다. 복수할 수 있는 사람이 오히려 용서하는 경우, 용서하는 사람의 평판은 극적으로 높아진다는 연구도 있습니다(Ohtsuki & Iwasa, 2004; 2006). 사회의 구성원들은 끊임없이 상호작용을 합니다. 장기적으로는 호혜적인 내 편을 한 사람이라도 더 확보하는 것은 분명히 적응적인 가치가 있습니다.

6. 용서도 복수와 마찬가지로 적응과정에서 진화된 인간의 본성으로 설명하는 이론이 흥미롭군요. 용서가 적응이라면 용서하는 조건과 환경을 조성하는 것이 중요하겠네요.

좋은 지적입니다. 종교에서는 용서를 승화되고 고결한 정신상태라고 설명합니다. 그리고 초월자에게 복수를 맡기거나 신앙심이나 마음의 수행을 통해 용서하라고 가르칩니다. 그것도 하나의 방법이 될 수 있겠지요. 그러나 용서가 인간의 진화된 본성이라면 애써 설득하기 보다는 적응과 진화라는 기제를 활용하는 것이 더 효과적일지 모릅니다.

용서를 촉진하는 환경을 만들기 위해서는 기본적으로 대인관계가 중요하고 가치 있다는 인식이 있어야 합니다. 우리는 정체성이라는 명목 하에 인종과 종교, 그리고 계층 등으로 끊임없이 우리를 범주화시킵니다. 자기가 속한 집단에 대한 충성심과 우호성이 타 집단에 대한 의심과 배척으로 이어집니다. 심리학자인 쿠르즈반(Kruzban)은 동일한 집단들의 목표가 있을 때 인종이나 종교가 결정적인 구분요소가 아니라는 것을 입증한 바 있습니다. 목표로 결합된 '우리'라는 인식은 집단 간 우정을 강화시키고 집단을 탈 범주화시킵니다.

진화 심리학자인 피터 리처슨(Peter Richerson)은 전 세계를 포괄하는 정치적, 사회적, 경제적인 이슈에 집단의 구성원들을 공동으로 몰두시킬 때 인종과 종교의 편견이 극적으로 사라지는 과정을 확인하였습니다. 전쟁과 증오라는 복수의 역사는 다른 민족이나 타 종교를 믿는 사람의 호혜적인 이용가치를 파악하지 못했기 때문입니다. 타 집단의 구성원들과 서로 접촉하고, 협력할 경우 공동의 목적을 성취하는데 실질적으로 더 유리하다는 인식이 필요합니다. 이러한 일련의 사건들을 경험하게 해야 합니다. 이것은 적응과정에 필요한 하나의 변이이자 단서입니다. 죄수의 딜레마 게임에서도 이러한 변이가 컴퓨터 시뮬레이션의 모의 실험과정에서 결정적인 요건임을 확인한 바 있습니다.

진화에서도 돌연변이가 중요한 역할을 합니다. 협력과 용서가 대승적이고 장기적인 이익에 도움이 된다는 일부 의미 있는 실험들이 있습니다. 예를 들어, 1993년 존 월러치가 제안한 평화의 씨앗운동을 들 수 있습니다. 여기서는 이스라엘과 팔레스타인의 아이들과 청소년들을 선발하여 서로 대화하고 경청하게 합니다. 이곳에서 이들은 공동의 목표를 위해 서로 팀을 이루어

협력하는 생활을 해야 합니다. 이들은 후에 고향으로 돌아가 용서와 화해의 홍보대사의 역할을 성공적으로 수행하고 있습니다. 이러한 운동은 적응적인 변이를 일으키는 의미 있는 출발이 될 수 있을 것입니다.

제2부
운명의 힘

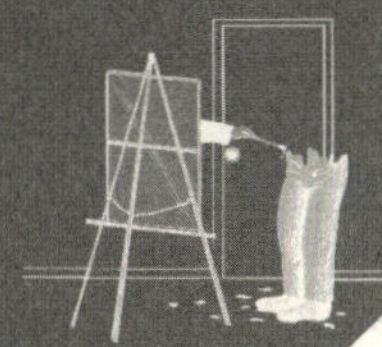

인간관계의 원형

성인애착

1. 어머니와 아이의 유대관계처럼 성인들 사이에서도 그러한 친밀한 유대관계가 나타날 수 있나요?

정확하게 말하면 성인애착(adult attachment)은 아동기의 애착 유형이 성인기에 이르러 특정한 형태로 재현되고 반복적으로 나타난다는 개념입니다. 태어난 지 1년 정도 기간 내에 양육자와 형성하는 애착관계를 통해 아이는 자신이 얼마나 가치 있는 존재인가라는 기본적인 자기 개념을 형성합니다. 자기를 믿고, 친밀한 사람들을 믿게 되겠지요. 당연히 성인이 되어서도 배우자나 자기 자녀와 애착하는 능력을 키우게 됩니다. 이는 건강하고 유능한 부모가 되는 자질과도 관계가 있습니다. 부모도 믿지 못했다면 당연히 다른 사람들도 믿지 못합니다. 이것은 인간을 바라보는 시각에 영향을 주기 때문에 대인관계나 사회화 과정에 적지 않은 문제로 드러날 수 있습니다.

2. 아동기의 애착 유형을 우선 확인해야 하겠군요. 어떻게 구분하나요?

애인스워스(Ainsworth, 1973)는 실험실에서 출생 후 54주까지 어머니와 아이 간의 상호 작용을 관찰 한 후 어머니가 아이에게 주는 자극의 양, 반응의 민감성 그리고 반응의 안정성(일관성) 등 상호작용 양상에 따라 세 가지 애착유형이 나타나난다고 구분하였습니다. 그는 이 애착유형에 따라 어머니가 사라지거나 또는 모르는 사람이 갑자기 나타나는 소위 '낯선 상황(strange situation)' 에서 아이의 반응이 뚜렷한 특징이 있다는 것을 확인했습니다.

안정애착(secure attachment) 유형의 아이는 낯선 사람과 어머니가 동시에 있을 때 어머니에게 가까이 다가가고 몸을 기댑니다. 어머니와 낯선 사람의 관계를 유심히 관찰하기도 하고 그에게 크게 두려움을 느끼지 않습니다. 어머니가 눈앞에서 보이지 않더라도 안절부절 하지 않으며 조금 후에 다시 어머니가 보이면 열렬하게 반깁니다. 마치 어머니가 자기를 버리고 어디 가지는 않았을 것이라고 믿는 것처럼 보였습니다. 이상하게 생긴 장난감에도 도망가지 않고 호기심을 보이고 가지고 놀기도 합니다. 어머니가 아이의 요구에 민감하고 즉각적으로 반응하며 또 예측가능하고 일관되게 돌보아주면 아이가 이런 특성을 보입니다. 이름 그대로 안정되게 애착된 상태입니다.

불안정 회피애착(insecure-avoidance attachment) 유형의 아이는 어머니가 떠나도 별 동요를 보이지 않으며 어머니가 다시 돌아와도 다가가려 하지 않고 무시합니다. 낯선 사람이 다가와서 얼굴을 들이대도 별 신경을 쓰지 않습니다. 이상하게 생긴 장난감을 보면 고개를 돌리고 다가가지 않습니다. 이 유형의 어머니는 아기의 요구에 무감각하며 신체적인 접촉이 적습니다. 화가 나 있고 초조하며 마지못한 의무감으로 아기를 다루는 특징이 있습니다. 원치 않는 아이(unwanted baby)였을 가능성이 있고, 그 어머니 자신도 어렸을 때 그런 양육을 받았을 경우가 많습니다. 사랑받지 못했던 여자아이는 커서 좋은 엄마가 되기 어렵습니다.

마지막으로 불안정 저항애착(insecure-resistant attachment) 유형의 아이는 어머니의 접촉 시도에 대해 저항하는 경향이 높습니다. 어머니가 있어도 잘 울고 보채지만 어머니가 떠나면 극심한 불안을 보입니다. 어머니가 돌아오면 원망하고 화를 내지만 불안정 회피유형과는 달리 어머니 곁에 머물러 있으려고만 합니다. 흡사 다시는 떠나지 말라고 애원하는 듯합니다. 이런 아이의 어머니는 무관심하다기 보다는 양육방식에 일관성이 없는 것이 특징입니다. 변덕스럽고 엄마 자신도 정서적으로 안정되어 있지 않습니다. 아이에게 한없이 잘해주다가도 화가 나면 다른 사람인 것처럼 냉정해지기도 하지요.

홍계옥과 정옥분(1995)의 연구에서 우리나라의 경우 안정애착이 61.8%, 불안정 회피애착이 25%, 그리고 불안정 저항애착이 11.2%로 나타났습니다. 이것은 서구 영아들의 경우와 유사한 비율입니다.

3. 이런 애착 유형이 성인이 된 이후에 친밀한 다른 사람과의 관계에서도 그대로 이어진다는 것이군요.

그렇습니다. 바쏘롬과 호로비츠(Bartholomew & Horowitz, 1991)는 성인애착을 네 가지 유형으로 구분하는 검사 도구를 개발하였습니다. 일반적인 대인관계 상황에서 자신의 행동양식과 얼마나 유사하다고 생각하는지를 5점 척도(전혀 그렇지 않다/그렇지 않다/보통이다/대체로 그렇다/매우 그렇다) 상에서 평정하는 방식입니다. 가장 높은 점수가 나오면 하위 영역 중 해당 유형으로 분류하게 됩니다.

안심형(자기 긍정-타인 긍정)은 다른 사람들과 정서적으로 쉽게 가까워지며, 자신이 남들에게 의지하거나 혹은 남들이 자신에게 의지해도 모두 편안하게 느낍니다. 혼자서 지내거나 남들이 나를 받아들이지 않는다고 느껴도 걱정하거나 조바심을 내지 않습니다. 안정애착의 유형을 보였던 영아들이 성인이 되어서 이런 방식을 나타내는 경우가 많습니다.

거부-회피형(자기 긍정-타인 부정)은 다른 사람과 정서적 관계를 밀접하게 맺지 않고 지내는 게 오히려 편안한 사람들입니다. 기본적으로 다른 사람들에게 크게 기대를 하지 않기 때문에 독립적으로 생활하고 또 자기 충족감을 느끼는 여부가 행동의 중요한 기준입니다. 그들은 남들에게 의지하지 않을 뿐만 아니라 남들이 자신에게 의지하면 대단히 부담스러워 합니다. 따라서 그런 사람과의 관계를 정리하고 피하려고 합니다.

공포-회피형(자기 부정-타인 부정)도 다른 사람과 가까워지면

왠지 불편한 사람입니다. 가까운 사람과 정서적으로 밀접한 관계를 원하기는 하지만, 그들을 완전히 신뢰하지 못합니다. 자신을 무조건적으로 받아주고 전폭적으로 지지해주는 사람을 갈구하고 또 그런 사람을 만나기를 바라지만 곧 그런 사람은 없다는 것을 알고 포기합니다. 가까운 사람이라도 언제든지 자신을 떠날 것이라고 생각하기 때문에 전적으로 의지하지도 않고 또 마음의 문을 열지도 않습니다. 스스로 자신이 없기 때문에 기본적으로 상처받을까봐 두려워하기도 합니다.

영아기에 불안정 회피애착을 보인 아이는 성인이 되어서 거부-회피 혹은 공포-회피 유형을 보이기 쉽습니다.

양면형(자기 부정-타인 긍정)은 남들과 정서적으로 완전히 친밀해지기를 원하지만, 남들은 자신이 원하는 것만큼 가까워지기를 꺼려하는 것 같다고 느낍니다. 누군가와 친밀한 관계를 맺기를 바라며, 또 그들에게 반드시 인정을 받아야만 자신이 가치가 있는 사람이라고 생각합니다. 내가 생각하는 나보다 다른 사람이 생각하는 나의 모습이 더 진짜라고 믿습니다. 스스로 자신이 없기 때문에 기본적으로 상처받을까봐 두려워 합니다. 좌절하면 자신은 너무 약하기 때문에 주저앉을지도 모른다고 항상 불안해합니다. 다른 사람들의 기준에 자신이 미치지 못한다고 생각되면 그들이 실망할까봐 자신도 슬그머니 발을 빼는 행동을 반복하지만 그러면서도 끊임없이 자신을 알아주고 이해해주기를 바랍니다. 누군가 가까워지려고 다가오면 거부하고 막상 가까워지면 매달리고 의존합니다. 자기에게 실망하여 떠나갈까봐 안절부절하고 막상 떠나가면 그럴 줄 알았다면서 원망하지 만 곧 자신이 가치가 없는 사람이기 때문에 그런 것이라고 결론을 내립니다. 영아기에 불안정 저항애착을 보였던 아이가 자라서 이렇게 될 가능성이 높습니다.

성인의 경우 대부분의 나라에서 안심형이 가장 많습니다. 그 다음으로는 우리나라에서는 양면(몰두, 집착)형이 많은 데(35.9%) 비해, 미국에서는 회피형(거부-회피와 공포-회피)이 더 많습니다(35.7%). 아기가 보내는 신호들에 일관성 없이 기분내키는 대로 반응하는 엄마들이 우리나라에 더 많다는 의미일 수도 있겠지만 미국문화가 독립과 자율을 중시하는데 비해 한국문화가 인정과 체면을 중시하기 때문일 수도 있습니다. 우리나라에서는 자기주장보다는 타인의 배려가 더 바람직하게 여겨지므로, 독립을 강조하는 회피형보다는 친밀하려는 욕구와 기대가 더 높은 양면형이 더 많다는 해석도 있습니다(김동직. 한성열, 1997).

성차도 다소 발견되고 있습니다. 일반적으로 거의 모든 문화권에서 여자보다는 남자에게 독립과 자율 그리고 자기주장을 더 중요한 것으로 강조합니다. 그래서 남자는 회피형이 많고, 여자는 양면형이 더 많으리라고 기대할 수 있습니다. 실제로 다양한 나라의 연구에서 이런 결과가 확인되었습니다.

4. 애착이 기본적으로 어머니와의 관계에서 발전한다는 사실은 충분히 이해가 갑니다. 그런데 혹시 아버지와 아이의 애착관계에 관한 이론은 없나요?

아주 좋은 지적입니다. 기본적으로 애착이라는 개념 자체가 양육자와의 유대관계이기 때문에 양육의 주체인 어머니가 절대적으로 영향을 끼칠 수밖에 없습니다. 그러나 최근에 미국에서는 아버지 애착에 관한 일부 연구가 진행되고 있습니다. 애착에서 아버지는 기본적으로 보완적인 역할을 합니다. 어머니와 아이가 안정 애착을 할 경우 아버지의 역할은 크지 않습니다. 그러나 어머니와의 애착이 불안정 할 때 아버지가 중요한 보완 역할을 할 수 있습니다. 아버지는 직접적으로 보살피는 행동을 하기 보다는 놀이가 주된 상호작용 양상입니다. 아이들은 아버지와 많은 시간을 보내고 놀이를 통한 상호작용을 하면서 사회화에 대한 표상을 형성합니다. 크고 강력하고 힘 있는 지지자가 있다는 생각은 아이에게 어머니에 버금가는 신뢰감을 줄 수 있습니다.

우리나라의 경우 유아와 아버지의 안정적 애착관계가 미국의 아버지의 경우보다 더 낮습니다(이영환, 1994). 어머니의 경우 우리나라가 미국의 어머니보다 안정애착의 비율이 조금 더 높게 나타납니다(박응임, 1995). 우리나라의 어머니가 더 헌신적이고 아버지가 다소 무관심한 것이라고 단정하기는 어렵습니다. 아버지 역할에 대한 문화적인 기대가 달라서일 수도 있고, 어머니가 헌신하고 집중하는 것을 확신한 아버지가 안심하면서 사회적인 성취에 더 에너지를 투입하는 것일 수도 있지요.

상대성의 원리
부모 자녀 간의 궁합

1. 궁합(宮合)이라는 말을 부부 간에만 적용하는 것이 아니군요. 부모와 자녀 관계에서도 궁합이라는 말을 쓰나요?

물론입니다. 궁합은 일종의 부합성(fit)입니다. 서로 잘 들어 맞는가라는 포괄적인 의미가 있지요. 부모 자녀 사이의 궁합이란 아이와 환경이 서로 얼마나 잘 맞느냐, 조화를 이루느냐 하는 것입니다. 아이의 환경은 일차적으로 주 양육자(주로 엄마)의 행동과 태도에 좌우되기 때문에 부모와 자녀 간에 궁합이라는 말을 사용하는 것입니다. 부모의 행동과 태도가 아이의 특성에 적절하고 도움이 되는가를 설명할 때 쓰는 개념입니다.

2. 부부처럼 부모와 아이 간의 궁합도 상대적이겠군요.

그렇습니다. 궁합은 상대방이 있어야 하기 때문에 남녀도 궁합을 볼 때 한쪽의 사주만으로는 결과가 나오지 않습니다. 소위 말하는 성격차로 헤어진 부부가 각각 재혼한 후에는 새로운 상대방과 행복하게 잘사는 경우도 많거든요. 당연히 궁합은 상대적입니다. 예를 들어, 같은 아이에 대한 부모의 평가가 제각각으로 다른 경우가 있습니다. 아빠는 쉬운 아이(easy child)라고 생각하지만, 엄마는 까다로운 아이(difficult child)라고 평가하는 경우가 많습니다. 그 이유는 물론 엄마가 보다 많은 시간을 아이와 접하고 대부분의 아빠들은 짧은 시간을 보내기 때문일 수도 있지만, 아이와의 궁합이 맞느냐, 또는 맞지 않느냐로 설명할 수 있습니다. 정상적인 가족환경에서 자라는 키우기 쉬운 아이는 자연스럽게 엄마와 좋은 궁합을 보일 것입니다. 이런 좋은 궁합은 아이의 발달에 긍정적인 영향을 줍니다.

3. 기본적으로 까다로운 아이도 있지 않나요?

물론 소위 말하는 까다로운 아이(difficult child)가 있기는 합니다. 이런 아이들은 먹고 자는 것이 불규칙하고 칭얼대면서 부정적인 감정을 자주 드러냅니다. 환경변화에 지나치게 민감하며 변화된 환경에 적응하는데도 시간이 많이 걸립니다. 당연히 아이를 키우는 부모는 힘이 들겠지요. 그러나 아이가 까다롭다는 것은 엄마 또는 가족과의 관계가 적절하지 않거나 부합되지 않아서 나타난 결과일 수도 있습니다. 부모의 스타일에 이런 아이를 억지로 끼워 맞추려고 들면 부모와 아이 관계에 심각한 문제가 발생할 수 있습니다.

4. 우선 아이보다도 부모의 태도나 양육스타일에 초점을 맞출 필요가 있겠군요. 일반적으로 부모와 자녀의 궁합을 결정하는 요인들은 무엇인가요?

부모가 자라왔던 성장환경이 그 자녀와의 궁합을 결정할 수 있습니다. 사람은 자신의 경험을 반복하고 재현하는 경향이 있습니다. 부모가 형제 중 하나를 특별히 예뻐해서 소외감을 느낀 적이 있었다든지 형제간의 갈등이 유난히 심했었다면 어린 시절의 이런 가정환경 문제가 자신이 부모가 된 이후에도 투영이 되어 나타날 수 있습니다. 부모가 예뻐했던 형제의 기질을 닮은 아이가 괜히 못마땅하거나, 사이가 유난히 나빴던 형제를 떠올리는 행동을 하는 아이에게 관대하지 않을 수 있습니다.

부모의 못난 점을 닮은 아이와도 궁합이 나쁠 수 있습니다. 성장하는 과정에서 특정한 측면에서 자신이 부족하거나 열등하다고 느꼈던 부모는 자신의 자녀가 바로 그러한 기질이나 능력에서 자신과 유사하다고 생각하면 화가 납니다. 부모는 자녀가 자신보다 더 뛰어나고 경쟁력 있는 인간이 되기를 바랍니다. 이것은 가장 근본적인 부모의 욕망이거든요. 그런데 다른 사람도 아니고 바로 자기의 분신이자 희망인 자녀가 자신과 다를 바 없다고 생각하면 좌절하는 것이 어쩌면 당연합니다. 자기가 숨기고 싶었고 없었으면 좋겠다고 생각한 열등한 모습을 자녀에게서 발견할 때 거부감이 들 수 있습니다. 아이가 그런 모습을 보일 때마다 자기도 모르게 강압적으로 변하고 윽박지르게 됩니다. 아마 그것은 바로 자신에게 소리를 지르는 것일지도 모릅니다. 반면에 부모의 콤플렉스를 전혀 느끼게 하지 않는 아이에게는 왠지 더 기대를 하게 되고 대견할 것입니다. 이런 이유 때문에 부모는 자기도 모르게 특정한 자녀를 편애할 수 있습니다.

자기를 힘들게 했던 아이가 미울 수 있습니다. 조금 전에 말씀 드린 바 있듯이 기질적으로 부모를 힘들게 하는 아이가 있습니다. 유난히 예민하고 까다로워서 성장하는 내내 부모들에게 심리적인 압박감을 주는 아이들이 분명히 있거든요. 만약 첫째 아이가 까다롭고, 둘째 아이가 순하다면 부모는 편한 둘째 아이를 더 예뻐하게 됩니다. 부모는 완벽한 인간이 아니며 성인군자가 아닌 경우도 많습니다. 아무리 자식이라도 상대에 따라 달라질 수 있습니다.

부모의 양육경험이나 기술도 영향을 줄 수 있습니다. 대개 신혼 초에는 모든 것이 불안정하기 마련입니다. 경제적으로도 빠듯하고, 배우자와 서로 적응해 나가면서 스트레스를 경험합니다. 시댁과의 갈등이 있을 수도 있습니다. 이런 불안정한 상태 속에서 보통 첫아이를 낳아 키우게 됩니다. 부모는 모든 면에서 미숙하기 때문에, 첫아이는 지나치게 엄하거나 융통성 없게 다룹니다. 아이 성향에 맞게 양육하는 여유와 기술이 없기 때문에 교과서처럼 경직되게 키우거나 특별한 양육방침이 없이 우왕좌왕하는 경우도 많습니다. 아이가 조금이라도 부모의 뜻대로 움직여지지 않으면 당황하고 과잉반응합니다. 이런 불안정하고 일관성이 없는 가정 분위기에서 아이가 까다롭고 예민하게 반응하는 것이 당연할지 모릅니다. 그러다가 둘째를 낳을 때는 대개 이런 혼란이 가라앉고 안정된 상태인 경우가 많습니다. 첫아이 때의 시행착오를 거쳤기 때문에 둘째는 보다 편하게 키울 수 있습니다. 첫째 아이들의 성격이 융통성이 없고 다소 예민한 것은 그러한 이유 때문이라고 설명하는 학자들도 있습니다.

5. 궁합이 맞지 않을 때 부모와 아이에게 임상적인 문제가 생기는 경우도 있을까요?

그렇습니다. 궁합은 무엇보다도 부모와 자녀의 성격이나 심리적인 특성이 서로 맞아야합니다. 특히, 우울한 엄마와 주의산만한 아들은 최악의 커플입니다. 딸과는 달리 산만한 아들은 잘 통제되지 않습니다. 어머니는 예민하고 강압적으로 아이를 제지하려고 하지만 결국 자기 아들인데 어쩌겠습니까? 자기 자식도 통제하지 못한다는 무기력감이 어머니의 우울증을 더 심각하게 만듭니다. 아마 탈진한 것처럼 침대에 누워있을지도 모릅니다. 침울한 어머니는 아이의 호기심 있는 탐색활동에 즉각적으로 반응하기 어렵습니다. 말도 별로 없기 때문에 아이의 언어적 유창성도 더디게 발달하고 TV가 보모역할을 하는 경우가 많아서 결국 사회성도 떨어집니다. 그래서 어머니가 우울할 경우 자녀의 지능이 낮은 경우가 많습니다. 아이의 낮은 성취와 더딘 발달을 보면서 어머니의 우울증이 더 심해집니다. 악순환이 이어지는 것이지요.

6. 아이는 결국 부모의 영향을 받기 때문에 궁합이 안 맞는다면 우선 부모자신의 행동이나 특성부터 살펴야 할 것 같군요.

맞습니다. 기본적인 원칙은 부모가 아이의 기질을 있는 그대로 받아들이는 것입니다. 즉, 아이들은 기본적으로 어떤 기질을 가지고 태어나기 때문에 부모들이 이것을 수정하려고 노력하는 것 보다는 오히려 부모가 자녀에게 적응하는 것이 낫습니다. 아이의 기질적 성향을 잘 이해하고 거기에 부모가 맞추어줌으로써 부모와 아이 사이의 갈등과 스트레스 상황을 피하는 것이 좋습니다. 까다로운 아이를 둔 부모는 자녀에게 거는 기대를 바꾸고 아이에 맞는 새로운 요구를 해야 합니다.

특히, 까다로운 아이를 기르는 부모가 가져야 할 바람직한 마음자세는 다음과 같습니다.

*자녀의 행동 대부분이 타고난 기질에서 비롯된 것임을 인식하라. 포기할 것은 미리 포기하고 부모가 원하는 방향과 맞지 않더라도 타고난 것이라고 판단되면 우선 인정하고 받아들여야 한다.

*자녀를 다룰 때 자연스럽고, 객관적인 마음 상태를 유지하라. 감정적이고 본능적인 방식으로 대하지 않도록 노력하라. 부모 자신이 평정심을 잃지 않고 마음을 잘 다스릴 수 있을 때 자녀도 잘 양육할 수 있다.

*아이의 행동을 사적인 것, 개인적인 것으로 간주하지 말라. 기질은 타고난 것이며, 자녀가 부모를 고통스럽게 만들거나 자극하려고 '일부러' 그렇게 행동하는 것이 결코 아니다. 자녀나 부모 스스로를 비난하거나 탓하지 말라.

*자녀를 둘러싼 문제나 쟁점의 서열을 정하라. 중요한 것과 사소한 것을 가리지 못하고 일일이 응대하다 보면, 각각의 전투에는 이기지만 정작 전쟁에서는 지는 경우가 많다. 중요한 사항에는 집중적으로 관심을 기울여라. 반대로, 당장 시급한 것이 아닌 문제는 무시하거나 마음속의 목록에서 뒤로 미루어라.

*현재 이 순간의 쟁점에만 초점을 맞추어라. 하나하나의 일을 처리하면서 동시에 먼 미래까지 마음속에서 그리지 말라. 큰 문제도 잘게 나누면 훨씬 가벼워진다. 사진을 찍으면서 모든 피사체에 초점을 맞출 수는 없는 일이다.

*자녀에 대한 기대, 취향과 가치관을 다시 되돌아보라. 자녀에 대한 생각이나 태도들이 정말 현실적이고 적절한 것인가를 따져보아야 한다. 부모의 부적절한 태도나 기대는 부모 자녀관계를 망칠 수 있다. 완벽한 부모가 되어야 한다는 환상이나 기대를 버릴 수 있어야 한다.

*부모 스스로의 기질과 행동에 대해서도 생각해보라. 자신이 우선 까다롭지 않은가를 질문하라. 자녀와의 궁합을 맞추기 위해서는 부모 자신이 어떻게 적응하고 변화해야 할지를 항상 생각해야 한다. 까다롭다는 것은 상대적인 것임을 늘 기억해야 한다.

*예상되는 문제를 미리 생각하고 준비하라. 문제 행동은 양육과정에서 반복되는 경향이 있다. 이전의 육아 경험을 바탕으로 닥쳐올 문제 상황을 미리 예상하고, 그 상황이나 사건을 피하거나 최소화하도록 노력하라. 곤혹스러운 상황을 받아들이고, 주어진 상황에서 최선의 결과가 될 수 있도록 미리 준비하라. 자녀의 행동에 대응하는 시나리오가 있어야 한다.

*잠깐 동안이라도 자녀와 떨어져 있는 시간을 규칙적으로 가져라. 이것은 아이와 당신 자신 모두에게 기분을 전환하고 휴식을 주는 효과가 있다. 긴장되고 과열된 분위기가 계속되면 부모와 자녀 모두에게 해롭다.

*기본적으로 아이보다 부모의 행동이나 태도가 적절한지부터 분석해볼 필요가 있다. 본인 스스로가 자신의 문제를 바로잡을 수 있으면 좋겠지만 그래도 안 되면 아동 심리학자나 소아정신과의사의 도움을 받아 조기에 문제를 해결하는 것이 바람직하다.

타이밍의 예술
결정적 시기

1. 조기교육의 효과를 이야기 할 때나 외국어를 가장 효과적으로 습득할 수 있는 시기를 논할 때 자주 등장하는 용어지요?

그렇습니다. 유기체는 일생의 한 시점에서 특정한 종류의 행동을 학습할 가능성이 특히 더 높을 때가 있습니다.

즉, 결정적 시기(Critical Period)는 최적의 학습이 일어나는 연령대입니다. 이 시기를 놓친 이후에 특정한 행동을 학습시키려면 그만큼 어렵고 또 오랜 시간이 걸리기 때문에 결국 교육의 효과가 떨어지겠지요. 이 문제는 학습이나 발달 심리학 영역에서 오랫동안 연구되어 왔던 주제이기도 하지만 교육학 분야에서도 논쟁이 많은 개념이기도 합니다.

2. 결정적인 시기가 작용한 예들을 소개해 주시지요.

이 개념은 일부 동물들의 경우 뚜렷하게 확인되고 있습니다. 예를 들어, 이 동물들은 출생한 지 얼마 안 되는 기간 내에 어미에게 애착(attachment)을 형성할 가능성이 특히 높습니다. 동물생태학자로서 노벨상을 수상한 콘라드 로렌츠(Konrad

Lorenz)는 이 현상을 최초로 연구한 학자이기도 한데요. 그는 알에서 막 깨어난 거위 새끼들이 처음 본 움직이는 유기체를 엄마로 지각한다는 사실을 발견했습니다. 그는 이 새끼가 어미거위보다 자신을 먼저 본 경우 어미거위를 무시하고 자기를 쫓아다닌다는 것을 입증했습니다. 살아 있는 유기체뿐만 아니라 심지어는 장난감 기차에게도 이런 현상이 발생했습니다. 눈을 뜨고 인생에서 처음 본 대상이 움직이기만 하면 무조건 엄마로 인식하는 것이지요. 머릿속에 도장을 새기는 것 같은 이 현상은 조류에서는 대단히 일반적인 현상이었습니다. 로렌츠는 이러한 현상을 각인(imprinting)이라고 불렀습니다.

이후, 헤스(Hess)는 조류의 경우 이 각인 현상이 생후 16시간 내에서만 예민하게 작용한다는 사실을 밝혀냈습니다. 조류의 경우 16시간이 애착형성의 결정적 시기인 셈이지요. 이런 각인 현상은 조류뿐만 아니라 사슴, 양, 버팔로, 얼룩말, 개코 원숭이에게서도 발견되었습니다.

동물의 경우 각인현상 이외에도 결정적인 시기에 관한 예들이 많습니다. 고양이는 생후 2주에서 4주 사이에 눈가리개로 시각을 차단하면 이후에 가리개를 제거해도 영영 장님 고양이가 됩니다. 2주 이전에 눈을 가리거나 4주 이후에 더 오랜 시간 눈을 가렸던 경우에는 다시 시력을 회복하는 것으로 보아 고양이 시각 발달의 결정적인 시기는 생후 2주에서 4주 사이일 것으로 추측되고 있습니다.

강아지가 좋은 애완동물이 되려면 생후 3주에서 12주 사이에 반드시 사람과 접촉해야 합니다. 이 기간 동안에 사람과의 접촉이 완전히 박탈된 개들은 인간을 늘 겁내며 야생동물처럼 행동합니다. 이것은 사회적 행동에도 결정적인 시기가 있다는 것을 시사합니다.

3. 인간의 경우 결정적 시기에 영향을 받는 행동은 무엇인가요?

예전에 할로우(Harlow)의 애착실험에 대해 소개해 드린 적이 있었습니다. 영장류 동물들이 '따뜻함'과 '부드러움'을 통해 어머니를 인식하고 또한 그것을 본능적으로 선호한다는 실험이었습니다. 피부접촉이 어머니를 느끼게 하는 결정적인 요소라는 것을 증명한 것이었습니다. 신생아 시기에 어머니가 차갑고 냉정할 경우 정서적으로 빈약하고 불안한 성인으로 성장할 수 있다는 사실을 확인한 연구였습니다.

스피츠(Spitz)는 인간의 경우 생후 6개월에서 12개월 사이가 애착형성의 결정적인 시기라고 주장하였습니다. 고아원 같은 수용시설에서 자란 많은 아동들은 커서도 깊은 애착을 형성하지 못할 가능성이 있습니다. 대부분의 수용시설은 여건 때문에 아기가 양육자와 밀접한 유대관계를 맺기 곤란하게 되어 있거든요. 따라서 이러한 시설에서 자란 아이는 어렸을 때 타인과 밀접한 유대관계를 맺는 능력을 발달시키기 어렵고 성인이 되어서도 깊은 인간관계를 잘 맺지 못할 가능성이 있습니다. 임상적인 용어로 이것을 '반응성 애착장애(reactive attachment disorder)' 라고도 합니다.

이후에 이와 유사한 실험들이 다양한 형태로 수행된 바 있습니다. 철사어미(금속성 몸체로 이루어진 대리모 인형)에게서 자란 암컷 원숭이는 정상적으로 자란 원숭이들처럼 놀지 않았습니다. 커서도 전형적인 방식으로 짝짓기를 하지 않았을 뿐만 아니라 자기 새끼를 낳고도 돌보지 않는다는 것이 발견되었습니다. 인간의 경우에도 그럴 가능성이 충분히 있습니다. 학대받고 자란 여자아이는 이후 자신이 어머니가 되었을 때 자기 어머니가 자신에게 그랬던 것처럼 자기 자녀에게 행동합니다. 적절하고 충분한 양육행동을 하지 못한다는 것이지요. 이것은 실제 임상 장면에서 흔히 발견되는 현상입니다. 이 현상은 적절한 어머니의 역할모델이 없었기 때문이라고 해석할 수도 있습니다. 적절한 모델이 없고 학습 기회가 없었기 때문이라는 것이지요. 여자아이의 경우 희생적이고 전폭적인 모성애는 아동기에 결정적으로 발달합니다. 그 시기에 결핍요인이 있었기 때문에 어머니로서의 양육행동이 정상적으로 작동하지 않은 것입니다. 학대받고 자란 여자아이는 커서 좋은 엄마가 되기 힘듭니다. 이것은 정말 슬픈 일이지만 인정할 수밖에 없는 사실입니다.

결정적인 시기와 정신질환 간의 관계에 대해서도 연구된 바 있습니다. 임신 1기는 3개월까지인데 이 1기는 뇌가 분화되기 시작할 뿐만 아니라 성이 결정되는 시기입니다. 기관이 형성되는 것입니다. 그런데 이때 임신 중인 어머니가 과도한 스트레스를 받거나 정서적으로 불안할 경우 태아에게도 중요한 문제를 일으킬 수 있습니다. 스트레스 상황에서 잘 대처하지 못하고 또 환경이 우호적으로 개선되지 않으면 부신에서 코티솔(cortisol)이라는 호르몬이 점차 과다하게 분비됩니다. 코티솔은 스트레스에 민감하게 반응하는 내분비액입니다.

스트레스를 받은 어머니에게 분비된 이 다량의 호르몬이 태반을 통해 아이의 뇌에 전달됩니다. 이 시기는 뇌가 형성되는 결정적인 시기이기 때문에 결국 아이의 뇌도 코티솔의 분비에 민감하게 길들여집니다. 이런 아이는 커서 어렵고 힘든 환경에 직면했을 때 코티솔을 더 많이 분비하고 스트레스에 보다 극적으로 반응하는 생리적인 특성이 발달됩니다. 결국 좌절과 스트레스에 대해 보다 민감하게 영향을 받고 또 취약하기 때문에 똑같이 힘든 일을 경험하더라도 정신질환의 가능성이 상대적으로 더 높을 수 있습니다. 그래서 태교가 중요합니다. 임신 중 어머니는 가족의 지지 속에 안정된 심리 상태를 유지해야 합니다. 임신을 원하지 않았었거나 가족구성원들에게 숨겨진 위험요인이 있어 긴장상태가 유지될 경우 어머니의 심리상태가 아이에게 직접적인 영향을 줄 수 있습니다.

4. 특정한 시기에 몇 가지 조건이 충족되지 않았다고 해서 그렇게 결정적으로 영향을 받는다면 변화시키거나 개선시키기도 어렵다는 의미가 될 것 같은데요. 조금 비관적인 시각이 아닐까요?

좋은 지적입니다. 동물실험을 하는 이유는 결국 인간도 그런지 확인하기 위해서입니다. 많은 논란이 있지만 기본적으로 인간은 이 시기를 놓쳤다고 해서 특정 행동의 발달이나 학습의 효율성이 이름 그대로 결정적이지는 않을 것이라는 주장이 우세합니다. 인간이 만물의 영장이 된 것이 시기의 영향이나 결핍요인들을 최대한 극복하는 과정에서 진화했을 것이라는 시각입니다. 인간은 시시각각으로 변하는 환경 속에 처해 있고 인생은 고난의 연속입니다. 특정한 연령대에 인간으로서 반드시 해결하거나 또는 극복하고 넘어가야할 소위 발달과업(developmental task)이라는 것도 있습니다. 특정한 시기에 단순한 몇 가지 조건을 충족시키지 못했다거나 또는 극복하지 못했다고 해서 결정적으로 인간 발달에 장애가 있다면 아마 인간도 다른 동물들처럼 치명적인 약점이 있었을 것입니다. 진화과정에서 중대한 취약성으로 볼 수 있으니까요. 약점을 가리고 보완하며 또 극복하기 위해서는 결정적인 시기의 영향을 최소화하는 것이 더 유리했을 것입니다.

물론 인간도 동물입니다. 동물처럼 치명적이지는 않지만 이 시기의 영향을 완전히 배제하기는 어렵다는 점은 대다수의 학자들이 동의하고 있습니다. 그래서 학자들은 결정적인 시기(critical period)라는 용어보다도 민감기(sensitive period)라는 용어가 적절하다고 제안하고 있습니다. 돌이킬 수 없을 만큼 결정적이지는 않지만 특정 행동이 발달하는 민감한 시기이기 때문에 위험요인에 노출되지 않도록 각별히 주의해야 한다는 관점입니다. 기본적으로 인간발달은 연속적인 변화입니다. 그러나 그런 변화는 특정 시기에 빠르게 혹은 느리게 일어나는 것이 분명해 보입니다. 따라서 발달 심리학자들은 변화의 속도를 중요시하고 그 차이에 주목합니다. 민감기는 특정 행동이 빠르게 발달하고 변화하는 시기입니다. 따라서 이 시기에 풍족하고 충분한 교육 환경을 제시하면 쉽고 빠르게 학습할 수 있습니다. 오히려 기회의 시기일수도 있는 것이지요.

5. 언어발달의 경우에도 결정적 시기가 있다는 주장은 오래전부터 제기된 바 있습니다. 특히 외국어의 경우에 논란이 많은데요. 현재 우리나라에서는 영어조기교육 붐이 일고 있다고도 볼 수 있습니다. 언어발달의 경우에도 결정적 시기에 대해 연구된 바가 있나요?

네, 고전적인 임상연구가 있었습니다. 레네버그(Lenneberg, 1964)는 실어증에 걸린 유아와 성인의 치료과정을 비교하였습니다. 그 결과, 성인은 실어증을 회복하는 기간이 짧았지만 완전한 회복이 어려운 반면 유아는 회복기간이 길었지만 대부분의 사례에서 거의 완전하게 회복되었습니다. 언어발달에 결정적인 시기가 있다는 것이지요. 레네버그(Lenneberg)는 12세를 언어발달의 결정적인 시기라고 주장하였습니다.

언어의 내재적인 문법규칙이 확립되는 시기가 아동기라고 알려져 있습니다. 따라서 이 시기에 의사소통 환경이 빈약할 경우 언어능력이 잘 발달하지 않을 수 있습니다. 이 시기에 지적인 자극을 하지 않으면 언어를 통한 탐색활동이 적기 때문에 구문의 이해나 언어적인 맥락을 이해하는 능력도 빈약할 수 있습니다. 실제로 부모에게 버려졌거나 가두어진 채 학대받은 아이의 경우 이후 언어를 배운다 하더라도 특이한 문법을 구사하거나 흡사 외국어를 말하듯이 이상한 발성이 섞여 나오는 현상이 발견되었습니다. 현재 이러한 견해는 언어학자인 노암 촘스키나 진화심리학자인 스티븐 핀커도 동의하는 관점입니다.

그러나 모국어가 아닌 '외국어 습득에 결정적인 시기가 있는가'라는 주장에 대해서는 심지어 교육학자들 사이에서 조차도 논란이 많습니다. 외국어 습득과정에 연령에 따른 속도차이가 있다는 것이 일반적인 견해이지만 이에 관해서도 변수가 많습니다. 목표(goal), 동기(motivation), 지능(intelligence) 심지어 개인적인 특성인 성격(traits) 등에 따라서도 외국어 습득의 효과가 극적으로 달라진다는 연구가 많습니다. 그래서 이론(theory)이 아니라 결정적 시기 가설(hypothesis)이라고 합니다.

모국어가 확립되는 12세 이전에 제2 외국어를 습득해야 이중언어의 구문구조가 자리잡는다는 주장도 있고, 오히려 모국어 발달을 혼란시키기 때문에 모국어나 외국어 모두 피상적인 대화능력만 발달시킨다는 주장도 있습니다. 현재 학계에서는 외국어 발달의 결정적 시기에 관해 대단히 신중한 입장을 취하고 있습니다. 이렇게 이견이 많은 주제도 드물 것입니다. 교육적 함의나 파급효과가 그만큼 크기 때문이겠지요. 현재로서는 반론에 재반론이 이어지기 때문에 결정적인 증거가 부족합니다. 그러나 지금까지의 연구 결과를 종합해 볼 때 6세 이전까지는 모국어 발달에 초점을 맞추는 것이 일차적인 목표가 되어야 합니다. 그리고 12세 이후에는 전반적인 언어 발달이 정체기에 들어가기 때문에 그 이후에 제 2 외국어를 배우는 것도 대단히 비효율적인 일입니다.

결국 영어 같은 제 2외국어를 배우는 효율적인 시기는 6세 이후 그리고 12세 이전입니다. 따라서 외국어를 배우는 가장 적절한 시기는 초등학교 시기일 것이라고 추정할 수 있습니다. 이런 관점이라면 중학교의 정규교육과정에서 처음 영어를 배운다면 이미 늦은 것입니다. 또한 초등학교를 입학하지도 않은 어린아이들에게 영어를 가르치는 것도 얼마나 효과가 있을지 냉정히 판단해 볼 필요가 있습니다.

사람을 미치게 하는 메시지
이중구속

1. 이중구속(double bind)이란 어떤 개념인가요?

이중구속은 1956년에 인류학자이자 언어학자인 베이트슨(Bateson)이 제안한 개념입니다. 이것은 상반되는 메시지(대부분은 요구)가 동시에 전달되는 의사소통 방식을 말합니다. 예를 들어, 부모나 가족이 말로는 "사랑한다"고 하면서 기대에 조금 못 미치는 자식에게 아주 못마땅한 표정을 짓는다거나, 직장 동료가 말로는 "편하게 대하라"고 하면서 눈도 마주치지 않는 경우입니다. 또는 교수가 수업시간에 "자유롭게 발언하라" 고 하면서 학생이 질문을 하면 핀잔을 준다거나 망신을 주는 겁니다. 창의적인 아이디어를 격려한다고 해놓고 정작 그런 아이디어를 내면 무시하는 회사의 회의실 장면 등이 그런 상황입니다. 이런 모호하고 상호 모순된 의사소통방식에 지속적으로 직면하게 되면 이 의사소통 안에 포함되어 있는 두 가지의 메시지 중 어느 쪽에 반응하더라도 결과적으로는 실패하는 것입니다. 그 때문에 결국은 어느 쪽에도 반응하지 못하게 되지요. 이러한 의사소통이 지속되면 그 메시지의 수용자는 극심한 정신적 혼란 상태에 빠집니다.

2. 앞뒤가 맞지 않는 의사소통 방식이군요. 왜 그런 방식으로 메시지를 전달하나요?

이중구속이 발생하는 근본적인 이유는 우리가 여러 개의 정보채널을 동시에 사용하여 메시지를 전달하기 때문입니다. 즉, 우리는 의사소통을 할 때 대부분 하나 이상의 채널을 사용합니다. 문자로 변환될 수 있는 언어메시지는 그중 하나일 뿐입니다. 언어에도 어조가 있고 뉘앙스가 있습니다. 악센트나 기타 등등의 방법으로도 텍스트로 전달된 것과는 완전히 다른 메시지를 전달할 수 있습니다. 게다가 얼굴을 보고 의사소통하는 경우에는 표정, 자세, 행동과 같은 소위 부언어적 채널들도 같이 사용합니다. 따라서 이 채널들을 통해 동일하고 일치된 메시지를 전달하는 경우가 오히려 드물 수도 있습니다. 우리가 진심으로 누군가를 대할 때만이 여러 채널에서 일관성 있는 메시지가 전달되거든요. 전달자가 스스로도 인식하지 못하는 자기기만적 심리상태에 빠져 있거나 혹은 인격에 결함이 있는 사람이라면 이중구속적인 메시지를 상습적으로 사용하는 경향이 있습니다. 상급자가 부하직원들에게 이중구속을 교묘하게 적용하면서 그것을 리더십이라고 착각하는 경우도 있습니다.

3. 전달자가 심각한 결함이 있어서라기보다는 대부분의 사람들이 어떤 사안에 대해 일관되고 명확한 입장을 취하지 않는 경우가 많잖아요. 그냥 어떤 결정에 대해서 자신이 없거나 다소 갈등을 느끼고 있는 경우에도 그럴 수 있을 것 같은데요.

맞습니다. 대다수 사람들이 일상생활에서 알게 모르게 표리부동한 메시지를 보내곤 합니다. 예를 들어, 부모는 친구와 사이좋게 지내라고 말하면서도 자식이 싸워서 맞고 들어오면 당장 태권도를 배우라고 야단칩니다. 다음에는 때리고 들어오라는 의미겠지요. 부모가 평소에 아이에게 성적이 인생의 전부는 아니라고 말하면서도 결과가 좋지 않은 성적표를 가져오면 세상이 망한 것처럼 한숨을 내쉬는 경우가 대표적입니다. 부모는 자기도 모르는 사이에 자신의 욕망이 아이에게 전달되고 있다는 사실을 미처 인식하지 못한 것입니다. 착하게 살아야 한다고 말하지만 드라마를 볼 때 착해서 늘 당하기만 하는 주인공을 보면서 '저렇게 순해빠지니 저 모양이지'라며 혀를 찹니다. 옆에 앉아 있는 자식은 사실 부모의 이중적인 메시지를 듣는 것입니다. 그러면서 드라마가 끝나면 사람은 착하게 살아야 한다고 다시 진지하게 말합니다. 연인 사이에서 죽도록 사랑한다, 보고 싶다고 하면서 정작 만나면 상대방의 사랑을 의심하고 다그치면서 괴롭힙니다. "네가 알아서 좀 해!"라는 말도 굳이 따지자면 이중구속입니다. 상대가 하는 일이 마음에 안 들 때 이런 말을 하는 경우가 많거든요. 따라서 알아서 하라는 말은 사실 "제발 네 멋대로 하지 마!"라는 메시지를 담고 있습니다.

그러나 이런 메시지를 너무 상습적으로 그리고 장기간 사용한다면 내적인 갈등을 해결하지 못했거나 인격에 분명한 문제가 있는 것입니다. 책임지기 싫어하고 비판받는 것을 두려워하며 적개심을 숨긴 사람은 이런 의사소통 방식이 몸에 배어 있는 경우가 많습니다. 그들은 자기의 표현 방법에 어떤 문제가 있다는 사실을 모르기도 하고 또 어떤 사람은 알면서도 절대 인정하지 않습니다. 당연히 고치지도 않겠지요. 그는 계속 그런 방식으로 살아갈 것이며 그와 마주치는 메시지 수용자도 혼란에 빠지기 때문에 수정하지 않는다면 결과적으로 모두가 불행하게 될 수 있습니다. 이런 방식으로 메시지를 전달하면 결국 이것을 적절하게 해석하는 것은 수용자의 몫입니다. 자기는 제멋대로 그냥 던져놓고 상대방이 알아서 해석하고 적절히 행동해야 하기 때문에 메시지 수용자는 굉장한 부담을 느끼게 됩니다. 게다가 말한 사람은 상대방이 어떤 방식으로 대응해도 꼬투리를 잡을 수 있습니다. 오히려 내가 말한 것은 그런 뜻이 아니었다고 화를 낼 수도 있습니다. 태도가 분명하지 않으면 결과에 따라 태도를 자기에게 상습적으로 유리한 쪽으로 바꿀 수 있다는 사실을 그들은 너무 잘 알고 있고 또 이용하는 것입니다. 빠져나갈 수 있고 변명할 수 있다는 점 이외에 상대를 당황하게 하고 그들의 행동을 계속 꼬투리 잡을 수 있다는 점에서 비겁하고 잔인한 의사소통 방식이지요.

4. 그런데 이런 사람이 의존해야 하는 부모이거나 서로 믿고 지내야 할 친구이거나 연인일 때, 또는 논문을 쓰는 학생의 지도교수나 생사여탈권을 쥔 직장 상사이면 어떻게 하지요?

그래서 사람을 미치게 하는 메시지라는 것입니다. 도망칠 수 없고 끊기도 어려울 뿐만 아니라 상대를 안 할 수도 없습니다. 믿을 수 없는 사람을 믿지 않으면 안 되는 상황에 어쩔 수 없이 처한 것이지요. 그의 모순되는 말과 행동에 자기 자신을 맞추어야만 하고, 늘 그가 던진 메시지의 의미를 안절부절못하면서 헤아려야 하고, 고민 끝에 어떤 행동을 하면 그게 아니라고 비난을 받는 상황이 몇 개월, 몇 년, 혹은 평생 지속되어야 한다고 할 때, 제정신을 유지하는 것이 오히려 신기한 일일 수도 있습니다.

그래서 베이트슨은 어쩌면 정신분열증이 이 이중구속적인 상황에서 유발되는 것일 수 있다고 주장한 것입니다. 실제로 심리적인 문제가 있는 환자와 그 가족을 관찰해보면 이런 유형의 의사소통 방식이 자주 발견됩니다. 특히, 방어기제가 잘 발달되어 있지 않고 부모에게 심각하게 의존할 수밖에 없는 아동이 일련의 상호 모순되는 명령을 반복적으로 받게 될 경우 후유증이 심각할 수 있습니다. 물론 정신분열증처럼 심각한 정신장애의 원인이 병리적인 가족의 의사소통 때문만은 아니지만, 분명히 영향을 줄 수는 있습니다. 그러나 대부분의 부적응적인 심리상태가 상당 부분 병든 가족 환경 때문이라는 것은 의심의 여지가 없습니다.

5. 가족 내에서 이런 상황에 처한 아이는 어떻게 반응하나요?

이중구속 상태가 오래 반복되면 아이는 이러지도 저러지도 못합니다. 엄마가 아이에게 사랑한다고 말하면서 냉소적인 표정을 짓는다면, 아이는 좋은 뜻을 내포한 인지적인 메시지(사랑한다)와 기대에 못 미쳐 실망하고 미워하는 정서적인 메시지(냉소적인 표정)를 동시에 받은 것입니다. 어찌해야 할 지 모르는 아이는 멀뚱하게 쳐다보다가 아주 어색한 표정으로 "나도 사랑해요"라고 대답합니다. 당황하고 불안한 아이는 자신이 현실세계에서는 적절하게 반응하면서 살아갈 수 없음을 깨닫고 대체기전으로 자신만의 특이한 가상세계를 만들기 시작합니다. 그는 그곳에 안주하는 것이 더 편안하고 안전하다고 느낍니다. 사실 아이는 어머니의 메시지를 무시하는 것처럼 보이지만 나름대로 자신만의 세계에서 통용되는 독특한 의미를 부여한 것입니다. 그런 의미에서 보면 아주 뜬금없고 부적절한 방식으로 대응한 것은 아닙니다. 아이의 이런 반응에 대해 어머니도 무표정하게 씩 웃습니다. 그리고 아무 일 없었다는 듯이 둘 사이에는 침묵이 흐릅니다. 다른 사람의 눈에는 아주 어색하고 이상하게 보이지만 그 가족은 칭찬받으면서 야단맞는 특이한 의사소통의 규칙이 생긴 것입니다. 이 아이가 자라서 나중에 직장 상사에게 야단을 맞을 경우 진지하게 상사의 얼굴을 쳐다보면서 갑자기 씩 웃을지 모릅니다. 가족에게는 통할지 모르지만 다른 사회적 장면에서는 아주 부적절한 행동입니다. 아마 기분 나쁘고 이상한 사람으로 낙인찍히겠지요. 이런 행동을 반복한다면 그 사람은 아마 배제되고 고립될 것입니다.

가족은 너무나 밀접하고 서로에게 즉각적으로 영향을 주기 때문에 그런 의사소통방식이 통합니다. 그리고 그 가족끼리는 무슨 의미인지도 직감적으로 알 수 있습니다. 가족끼리는 서로의 특이한 정신상태가 공유되는 경향이 있습니다. 그래서 가족 중에 어느 한 사람이 정신적으로 혼란스러우면 나머지 가족도 그에 맞추어 대응하기 때문에 가족 모두가 아주 이상한 대화 방식을 보이는 경우가 있습니다. 그래서 의사소통 이론가들은 모순적인 의사소통의 영향은 정신분열증 환자뿐만 아니라 나머지 가족에게로 확대되고 전염된다고 설명합니다.

부모들도 자녀의 문제 행동이나 부적응을 초래하는 병리적 가족관계에 대한 지식이 있어야 합니다. 가족 관계의 유형은 다른 사람에게도 특정한 형태로 재현되고 반복적으로 나타납니다. 특히 부모와의 관계는 인간을 바라보는 시각에 영향을 주기 때문에 대인관계나 사회화 과정에서 파급효과가 심각합니다. 무의식적으로 내 자녀, 내 아내, 내 남편에게 이중구속 메시지를 하지는 않았는지 그리고 이러한 말투로 인해 어려움은 겪지 않았는지 살펴볼 필요가 있습니다. 투명하고 적절한 감정 표현과 긍정적인 의사소통은 다른 사람들을 편안하게도 하지만 궁극적으로는 자기 자신을 위한 것입니다.

Part II

위험한 동거인
인질가족

1. 가족은 끊고 싶어도 끊을 수 없는 운명 공동체인데요. 가족을 생각하면 가슴이 뭉클해지지 않나요?

네, 많은 사람들이 가족을 천국의 구현이라고 말합니다. 그것은 어느 정도 맞는 말이지만 정답은 아닙니다. 가족이라는 공동체가 이상적으로 잘 기능했을 때는 정말 그럴 것입니다. 그러나 가족 기능이 정상적이지 않을 때는 지옥이 될 수도 있습니다. 제가 임상가로서 내린 결론은 모든 정신적인 문제의 가장 핵심적인 근원은 가족이라는 사실입니다. 가족을 분석해보면 그 사람의 유전적인 취약성이나 생물학적 특성을 알 수 있고, 양육방식이나 가족 상호작용에서 영향을 받는 성격구조 등도 추론할 수 있습니다. 가족은 가장 근본적인 사회 단위이기 때문에 가족 간의 의사소통방식이나 역동 등은 다른 사회적인 장면에서 반복되고 재현됩니다. 가족은 bio(생물)-psycho(심리)-social(사회적) 관점이 모두 함축되어 있다는 점에서 임상적인 증상을 해석하는 가장 기본적인 정보원입니다. 가족이 위험한 것은 도망칠 수 없기 때문입니다. 다른 사람과 갈등을 일으킨다면 싸우고 안 만나면 그만이겠지만 가족은 그럴 수 없습니다. 사랑하고 증오하는 대상이 가족 중에 있을 수 있고, 미안하고 후회하는 마음이 드는 가족도 있습니다. 가족끼리는 배신하고 용서하며 다시 잘못하고 또 화해합니다. 그러면서도 끊을 수도 없고 헤어질 수도 없습니다. 그렇게 싸우면서도 없으면 불안하고, 또 눈에 보이면 서운하게 행동하는 것이 가족이지요.

2. 도망칠 수 없기 때문에 지옥이 될 수도 있다는 말이 참 마음에 와 닿는군요. 오늘 말씀해주실 인질이라는 용어도 어둡고 부정적인 느낌이 드네요.

'인질'은 임상가들이 병리적인 가족구조를 해석할 때 사용하는 용어이기도 합니다. 해묵고 숨겨진 갈등을 해결하지 않은 채 부부생활을 유지하고 있는 경우를 가정해 보겠습니다. 이런 부부는 자식 때문에 이혼하는 것이 여의치 않을 수 있습니다. 어쩌면 이혼하는 것까지는 바라지 않는 것일 수 있고요. 합리적이고 이성적으로 두 사람의 문제를 해결하기에 부부는 각자 너무 멀리 와 버린 상태일 수도 있습니다. 이런 경우 바로 자식이 부모의 '인질'이 될 수 있습니다.

세상에서 가장 어리석은 사람은 자기 부인을 때리는 남자입니다. 때려서는 결코 부인을 통제하거나 지배할 수 없습니다. 아내를 자기 마음대로 좌지우지하는 기가 막힌 방법이 있다면 대부분의 남편들이 귀가 솔깃하겠지만 아쉽게도 그런 방법은 없습니다. 만약 남편이 때린다면 힘이 없는 아내들은 대항하다가 맞겠지요. 이런 남편이 밖에 나가고 나면, 억울하고 화가 난

아내는 가만히 있지 않습니다. 분통을 터뜨리면서 아이들을 불러 앉힙니다. 적극적으로 남편을 비방하고 흉을 보거나 아니면 한숨을 쉬면서 신세한탄을 할지도 모릅니다. 아이는 아버지의 약점을 노골적으로 듣고 아버지의 인격을 의심하게 됩니다. 이런 경우 부인은 아들에게는 아버지처럼 살지 말라고 다짐을 받고, 딸에게는 남자를 잘 만나야 한다며 절대 아버지 같은 남자와는 결혼하지 말라고 신신당부 합니다. 눈물로 호소하는 엄마를 보면서 자식들은 모두 엄마 편이 됩니다. 그러면 자식들은 퇴근해서 귀가한 아버지를 외면합니다. 아이들은 아버지를 더 이상 존경하지 않으며 엄마와 정서적으로 똘똘 뭉쳐 아버지를 배제하는 역동이 발생합니다. 결국 아버지 대 나머지 가족의 대결구도가 생긴 것이지요. 그래서 폭력을 사용하는 아버지는 결국 가족들에게 왕따 당하는 신세가 될 수 있습니다.

자식은 일차적으로 약자인 어머니의 입장에 동조하게 되어 있습니다. 또한 어머니와 의사소통하는 시간이 절대적으로 더 길기 때문에 어머니의 생각이 아이에게 반복적으로 주입되기 쉽습니다. 어머니는 갈등이 생겼을 때 자신을 옹호하는 지지자를 확보하기 위해서라도 자식들을 자기편으로 반드시 끌어들여야 합니다. 그래서 많은 경우 어머니가 자식을 인질로 잡습니다. 한국 문화에서는 딸보다는 아들 특히 장남이 인질로서의 가치가 가장 큽니다. 아무래도 아직은 장남이 암묵적인 권위를 가지고 있으니까요. 큰아들이 점점 자라면서 엄마를 지지하고 아버지를 견제하면, 아버지도 조금씩 장남의 눈치를 보게 되어 있습니다. 아들 때문에 아내를 함부로 대하지 못하는 경우도 있고요. 어머니의 가족 내 위상이 확보되는 것이지요. 첫 아이여서 그렇기도 하겠지만 한국의 어머니는 심리적으로 장남을 포기하기가 어렵습니다. 폭력적인 상황뿐만 아니라 부부갈등이 숨겨진 채 지속되는 경우, 경제적인 무능과 의존 등으로 자기편과 지지자가 절실한 약자가 자식을 인질로 잡는 현상이 생기곤 합니다. 대부분 어머니가 그런 일을 하지요.

3. 약자인 어머니가 강자인 아버지에게 대항하기 위해 자식을 인질로 잡는다는 말씀이신데요. 그러면 인질이 되는 자식은 어떤 심리적인 상태가 되나요?

결론부터 말하면 슬픈 일입니다. 우선 연령대에 따라 조금 다른 양상을 보입니다. 어린 아이일 경우에는 이름 그대로 인질의 역할을 충실히 합니다. 기본적으로 엄마는 지속적으로 자기편을 만들기 위해 아이가 원하는 모든 것을 들어줍니다. 아이도 엄마 편을 들고 엄마 말만 잘 들으면 얻는 것이 아주 많기 때문에 어머니에게서 도망가거나 벗어날 필요가 없습니다. 서로 의존하고 필요로 하는 상태가 된 것이지요. 그러나 청소년기에 이르면 양상이 조금 달라집니다. 당연히 엄마 편을 들고 엄마를 지지해야만 하는 아들이 이제는 무관심하고 모른 척합니다. 엄마 아빠가 또 싸우거나 긴장상태에 들어가면 이번에는 아들이 차라리 이혼을 하라거나 나가서 싸우라고 소리를 지릅니다. 자기 방문을 잠그고 나오지도 않습니다. 엄마는 당황하고, 부부는 싸울 맛이 딱 떨어집니다. 소리를 지르고 싸우면 말리고 매달려야 하는데, 오히려 아들이 냉정하게 이혼하고 끝내라고 말하니 그럴 수밖에요. 그러나 이것은 아들의 잘못이 아닙니다.

부모가 싸우면 자녀의 마음속에는 우주전쟁이 일어납니다. 자기를 낳아준 가장 소중한 사람들이 무서운 표정으로 서로 소리를 지르고 부수는 장면은 너무나 충격적인 경험입니다. 이것은 당해보지 않은 사람은 모릅니다. 아주 어릴 때는 부모의 싸움과 갈등에 자기도 모르게 끌려들어갑니다. 부모가 이혼하지 않는 것과 특히 어머니가 살아가는 이유가 자기 때문이라고 믿기 때문입니다. 결국 자신이 가족을 지탱하는 중요한 역할을 하기 때문에 빠져나갈 수가 없다고 생각합니다. 그러나 이런 정서적인 침투상황을 계속 견디는 것이 너무 힘들기 때문에 시간이 지나면서 자녀도 소위 방어기제가 생깁니다. 일단 자기도 살아야 하니까요. 그래서 주로 고립(isolation)과 분리(detachment)라는 기제를 동원합니다. 자기만의 세계에 숨어 방어벽을 치거나 이 상황이 나와는 관련이 없는 것처럼 거리를 두는 것입니다. 더 이상 부모 일을 자기와 결부시키기조차 싫어합니다. 냉정하고 무관심하게 변하는 것입니다.

4. 아이가 그런 행동을 하면 더 이상 인질이 아닌 셈이니 우선 엄마가 서운하고 억울하지 않을까요?

어머니의 입장에서는 그럴 수 있겠지요. 그러나 그보다 더 심각한 일이 벌어질 수도 있습니다. 자식은 이런 불안정하고 열악한 가정환경에 대해 비관하면서 강자인 아버지에게 분노를 퍼붓는 것보다 약자인 어머니에게 자신의 화를 터뜨리는 것이 더 안전하다고 느낄 수 있습니다. 자식의 입장에서는 아버지를 미워해 보았자 관계를 끊을 수도 없고 또 불효하는 것입니다. 아버지를 증오하면서도 어머니를 도와줄 수 없다는 죄책감으로 괴로운 심리 상태에 직면하게 됩니다. 결국 아버지를 인정하고 수용하면 일단은 아버지를 미워할 필요가 없습니다. 이 과정에서 아버지의 행동을 내면화하고 자기도 아버지와 유사한 사고방식을 보이며 동일한 결론을 내립니다. 결과적으로 아버지와 자기의 행동이 합리화되면서 어머니가 그런 처지에 놓인 것이 당연하다고 생각합니다. 어머니의 행동에도 상당한 문제가 있기 때문에 자기가 도와주어서 해결될 상황이 아니고 결국 어머니 스스로 풀어야 할 문제라고 결론을 내리는 것이지요. 자신은 더 이상 죄책감을 느낄 필요가 없어집니다. 이렇게 되면 혼란스러운 심리 상태를 탈피할 수 있습니다. 증오하고 미워하지만 그 대상을 떠날 수 없을 경우 차라리 그를 닮고 인정하면 괴로운 자기의 심리 상태를 벗어날 수 있습니다. 그래서 관계를 끊기 어려운 어떤 사람을 미워하고 증오할수록 자기도 결국 그 사람을 닮아가는 것입니다. 전형적인 예는 셰익스피어의 희곡 「맥베스」에서 보였던 주인공의 심리상태입니다. 상황이 개선되지 않고 장기간 반복되면 이러한 혼란스럽고 양가적인 심리상태는 아이의 전형적인 성격특성으로 고착될 수 있습니다.

이런 아이는 성인이 되어서 부모에게 효도하기 어렵습니다. 일단 고립되고 분리되어 성격적으로 냉정하게 변한 아이는 부모의 정서적인 고통이나 경제적인 어려움에 대해 크게 동요하지 않습니다. 오랫동안 거리를 두는 특성이 고착되었기 때문에 부모에게 감정이입이 잘 안됩니다. 담담하고 초연한 듯 부모를 대할지 모릅니다. 부모는 차가운 자식이 못내 서운하고 배신감이 느껴지겠지만 따지고 보면 아이의 잘못만은 아닙니다. 결국 부모가 싸우고 지속적으로 갈등을 일으키면, 본인뿐만 아니라 특히 자식들에게 수많은 심리적인 후유증을 남깁니다. 그래서 가족 이야기는 비극이 많은 것입니다.

아이를 가진 아이

십대 미혼모

Part Ⅱ

1. 십대 미혼모 문제를 다룬 영화도 만들어지고 있지만, 영화와는 달리 실제 상황에서는 후유증이 클 것 같은데요. 현재 우리나라의 미혼모 현황은 어떤가요?

기본적으로 미혼모의 현황을 정확히 파악하는 것은 쉽지 않은데 그 이유는 공식적 창구를 통해 보호를 요청하지 않고 은닉해 버리는 경우가 많기 때문입니다. 보건복지부와 여성가족부에 따르면 미혼모가 출산한 요보호아동 수는 1995년 1,285명에서 2000년 2,938명, 2001년 4,897명으로 매년 증가하고 있습니다. 2009년에는 10,000여명에 육박했습니다. 그러나 이것은 공식적인 통계이고 실제로는 이보다 훨씬 더 많습니다. 우리나라의 경우 15세에서 19세 사이의 십대 임신이 100명 당 1명으로 추정되고 있습니다. 점차 저연령화되는 추세가 뚜렷하며, 특히 15~16세가 가장 많은 것으로 나타났습니다. 미혼모의 학력은 고등학교 중퇴나 졸업이 가장 많았습니다. 고등학교 중퇴나 졸업이 2002년에 53.9%이던 것이 2004년에는 57.5%로 증가했습니다. 중고등학교 또는 대학 재학 중에 임신한 미혼모도 많아 2002년 24.9%, 2003년 19.5%, 2004년에는 16.9%이었습니다. 십대의 경우 연령 자체가 낮기 때문에 당연히 교육

수준이 낮고, 학업을 중단하고 가출을 하는 경우도 많습니다. 학업지속이 곤란하므로 자연스럽게 저학력으로 연결되겠지요.

2. 100명 중에 한 명이면 생각보다 높은 비율인데요. 미혼모에게 발생할 수 있는 문제는 어떤 문제가 있을까요?

산업화된 서구 사회에서의 십대 엄마들은 본질적으로 부적절한 부모로 간주됩니다. '아이를 가진 아이'로 낙인찍히게 되는 것이 가장 큰 문제입니다. 여기에는 결과를 책임질 수 있는 어머니다운 나이가 아니라는 전제가 깔려 있습니다. 현대화된 사회에서는 젊은 여성이 성인의 역할에 필요한 교육적인 과정을 끝마치기 전에 어머니가 되도록 권장되지 않습니다. 일반적으로 십대 임신은 임신 당사자뿐만 아니라 그 가족에게도 위기의 사건입니다. 당사자 및 가족들은 분노와 죄책감을 느낍니다. 부정적으로 반응하면서 극심한 갈등을 겪습니다. 드라마나 영화와는 달리 실제 현실에서의 십대 출산은 가족전체에게 대단한 파급효과가 있습니다.

우리나라의 경우 십대 미혼모는 가출로 인한 결과일 경우가 많습니다. 이들이 낳은 아기들은 학업 실패, 빈곤, 신체질환이나 정신질환을 포함한 삶의 중요 영역에서 장기적인 문제들이 나타날 위험성이 있습니다. 십대 엄마들 자신도 이런 문제들을 가질 가능성이 높습니다. 일반적으로 16세 이하의 매우 어린 십대들이 문제가 가장 많을 것 같지만 오히려 그들은 문제를 더 잘 받아들입니다. 가족들에 의해 부양되거나 부모들이 적극적으로 대처하는 경우가 많습니다. 사실 가장 큰 문제들이 나타나는 연령대는 18~19세 입니다. 이들은 성인으로의 문턱에서 극심한 갈등과 혼란을 겪는 경향이 있습니다. 학업 중단으로 인한 기회의 상실과 사회의 낙인이 보다 심각해질 수 있는 나이이지요.

만약 아빠가 어리고 곤란한 상황이라면, 아빠에게서도 비슷한 반응이 일어날 수 있습니다. 그러나 많은 경우 아빠가 그 역할을 떠맡기를 회피하기 때문에 후유증은 미혼모가 더 큽니다. 만약 엄마도 책임지기 어렵다면 입양으로 연결됩니다. 우리나라의 경우 입양이 되는 아이 중 30%는 미혼모의 아이입니다.

임신한 청소년들은 임신기간 동안 적절한 의료기관의 도움을 구하지 않는 경우가 많고, 그 결과 임신의 의학적 합병증이 발생할 위험성이 높아집니다. 임신한 십대들은 특별한 이해, 의학적 치료 그리고 교육(특히 영양, 감염, 물질 남용, 그리고 임신의 합병증)이 반드시 필요합니다. 임신한 십대는 임신 초기부터 심리학적, 의학적 도움이 필요한 긴급한 상황에 직면해 있습니다.

3. 미혼모가 발생하는 이유는 여러 가지가 있을 듯한데요.

여러 가지 원인이 있지만 정신분석학적 관점에서 어린 여자아이의 임신은 그 개인의 잠재의식 속에 깊이 뿌리박고 있는 갈등 때문입니다. 이때에 가장 큰 영향을 주는 요소는 부모와의 심리적 갈등, 특히 지배적이고 가해적인 성격을 가진 어머니와의 갈등입니다. 즉 어머니에 대한 분노와 이로 인한 자기학대의 표출이라는 것이지요. 이 관점에서 미혼모가 되는 것은 어린 시절의 사회화 과정에서 사랑을 받지 못하고 성장한 사람이 사랑의 대상을 얻기 위한 수단이라고 봅니다.

심리학적 접근에서는 십대의 임신을 가족의 불안정성, 또래와 형제간의 관심을 위한 경쟁심, 신체적인 학대에 기인하는 것으로 설명합니다. 어린 시절에 정서적으로 박탈된 가족환경에서 사랑의 욕구가 충족되지 못했을 때, 어린 소녀가 무의식적인 사랑의 욕구 때문에 동기화되고 임신을 하게 된다는 것이지요. 또한 혼전임신은 부모의 통제를 벗어나고 성인됨을 추구하는 방법일 수도 있습니다. 성공할 수 있다는 희망이 없고, 성취할 수 있다는 능력이 없다고 느낄 때 자신의 존재감을 드러내는 수단으로 사용될 수도 있습니다.

이와 관련하여 가정적 요인도 주목할 수 있습니다. 별거 혹은 이혼 전 부모의 불화나 갈등, 별거하고 있는 부모를 방문할 때 느끼는 긴장과 적대감 때문일 수 있습니다. 또 편친과의 재회에 따른 계부모와의 적응 문제, 별거한 편친과의 애정적인 교섭 상실 및 현재 동거하고 있는 부모와 조화가 잘 안 될 때, 그리고 자녀에 대한 가정적 책임이 부족한 편친과 살고 있는 경우에 발생할 수 있습니다.

사회 · 문화적인 설명도 가능합니다. 가정 기능의 약화와 성윤리의 변화, 산업화와 도시화에 따른 사회적 변화로 볼 수도 있습니다. 또한 대중매체의 퇴폐적, 자극적인 성적자극은 감수성이 예민하고 모방심리가 강한 청소년의 호기심을 자극하여 성 문제를 유발시킬 수도 있고요.

최근에 진화심리학적 관점에서는 아버지와의 관계에 주목하기도 합니다. 어린 딸과 아버지와의 관계가 나쁘고 긴장되면, 아버지에게 보호받지 못하는 딸은 다른 남자의 관심과 보호를 필요로 합니다. 이는 생존의 문제이기 때문에 신체적으로나 심리적으로 조숙하고 이른 시기에 다른 남자에게 주목받으려고 하고 그 결과로 성적인 경험을 하게 된다는 설명입니다. 실제 여러 연구에서 이러한 가설이 입증되고 있습니다.

그러나 대다수의 연구결과에서 십대의 임신은 비의도적이고 무지하여 일어난 현상입니다. 한국은 성에 대한 가치관이 서구화되면서 청소년들의 성경험 비율이 꾸준히 증가하고 있습니다. 이 현상은 너무 보편적이어서 문제 삼을 수 없을 정도가 되어버렸습니다. 그러나 이와 같은 개방적인 태도에 비해 피임 실천율은 매우 낮습니다. 성경험이 있는 남학생 중 피임 실천율은 52.2%, 여학생은 20.4%로 외국의 77~85%에 비해 매우 낮은 수준입니다(김성이 외, 2004 ; CDC, 1999). 결과적으로 원치 않는 임신이 발생하여 낙태나 출산으로 이어지고 있습니다. 연간 낙태 건수 35만 건 가운데 미혼 여성의 낙태 건수는 약 14만 건으로 약 40%를 차지하고 있을 정도입니다(보건복지부, 2004). 현재로서는 성경험 자체가 아니라 성교육에 초점을 맞추는 것이 더 현실적인 방법입니다.

도피와 탈주의 심리
가출

1. 우리나라 청소년 가출의 현황이 어떻고, 얼마나 심각한 상태인가요?

우리나라의 경우, 청소년의 40%가 가출 충동이 있고 10만 명이 현재 가출과 이로 인한 학업 중단 상태에 있습니다. 인구비례로 볼 때, 중고생 한 반(35명 기준)에 한 명 꼴로 있는 셈입니다. 이 비율은 OECD내 다른 국가에 비하면 높지 않지만 그 나라들에 비해 소위 사회 안전망이 상대적으로 부족한 우리나라는 가출과 이로 인한 학업 중단의 후유증이 OECD 다른 국가보다 훨씬 더 큽니다. 청소년 10만 명은 간과하기에는 너무나 많은 아이들입니다.

2. 청소년기라는 발달 과정에서 가출은 어떤 의미가 있습니까?

청소년기는 빠른 신체적 성숙과는 달리 정신적 · 정서적 측면은 미숙하여 갈등과 불일치 현상을 겪게 됩니다. 이 시기에 겪게 되는 여러 가지 심리적이고 환경적인 자극은 자아정체감에 혼란을 일으킬 수 있습니다. 가출은 이러한 이유 때문에 생기는 충동적인 부적응 현상입니다. 청소년기에는 부모에 대한 심리적 의존관계에서 점차 독립해 자기 판단에 의해 자기 행동을 결정하고자 합니다. 따라서 부모나 가족들의 몰이해와 제지, 명령으로부터 해방되기를 바랍니다. 이러한 발달상 수반되는 위기들로 인해 청소년기의 가출은 비행에 빠지기 쉽다는 부정적인 측면이 많지만 부모로부터의 독립과 자아 정체감의 성취라는 발달적 측면도 고려할 필요가 있습니다. 부모는 우선 청소년기의 자아 중심적 특성을 고려해야 합니다. 상상적 청중에 대한 민감성과 그로 인한 일회적인 고민인지 아니면 절실하고 심각한 심리적인 문제 때문인지를 확인해야 합니다.

3. 가출하고 싶은 생각이나 충동도 발달 과정에서 있을 수 있군요? 생각하는 것과 행동하는 것은 다를 텐데요. 청소년들이 가출을 실행에 옮기게 되는 원인들은 무엇인가요?

기본적으로 가정 문제에서 기인하는 경우가 많습니다. 첫째, 가족관계의 결함으로 부모 중 어느 한쪽이 사망했거나 이혼, 별거, 병이나 범죄 등으로 장기간 부재 시 물리적, 정신적인 안정감을 상실하는 경우입니다. 부모의 재혼으로 갈등과 소외감을 갖게 되었을 때 가출하는 경우가 많습니다. 또 방임적이고 무관심한 가정 분위기, 부모 간의 불화 등 가족 간의 갈등이 있는 가정, 너무 엄격하거나 과중한 기대를 하는 가정, 과잉보호하는 가정, 편애하거나 학대, 지나친 꾸중, 구박, 간섭을 할 때에도 가출로 이어지는 경우가 있습니다.

둘째, 경제적 요인으로는 생활고에 시달리거나 좁은 방에 많은 수의 가족이 동거할 때 가출하는 경우가 최근 들어 많이 보고되고 있습니다. 즉, 경제적으로 안정되지 못한 가족은 생활의 곤란으로 인해 가족이 파탄되고 불화가 일어나며, 이를 도피하려는 과정에서 가출이 발생하는 경우입니다.

셋째, 음성적 또래집단에서의 교우관계입니다. 최근에는 이로 인해 가출하는 경우가 점차 증가하고 있습니다. 교우관계에서 소외되거나 원만치 못할 때 그 친구나 집단으로부터 안정감과 지지를 구하기 위해 소위 동조적인 가출을 하곤 합니다.

넷째, 학교생활의 부적응 때문입니다. 학업성적에서 오는 상대적 열등감이나 학교생활에서 부딪치는 친구들이나 교사와의 부적절한 대인관계는 감당키 어려운 압력으로 작용하면서 학교에 가는 것 자체를 거부하는 상황까지 초래할 수 있습니다. 이런 학교에서의 부적응 현상은 일종의 실패감으로 나타날 수 있는데 이것이 장기결석과 연결될 때 특히 문제가 됩니다. 즉, 학교에서 느끼는 중압감과 소외감을 보상받기 위해 음성적인 또래집단에 가입하게 되고, 그곳에서 비행을 배우고 행동화하면서 가출이 유발되곤 합니다.

다섯째, 사회 · 문화적 요인으로 청소년들은 여가를 건전하게 보내고 취미활동을 할 시간적 여유와 시설이 거의 없는 실정입니다. 더욱이 매스미디어의 무분별한 접촉으로 기대욕구만 커지고 가치규범과 체계는 혼란되어 있습니다. 심리적으로 불안할 소지가 많은 것이지요. 이러한 사회 · 문화적 배경이 아동과 청소년들의 가출을 유발시킬 수 있습니다. 이밖에 신체적 결함에 대한 열등감이나 정신장애, 가출한 경험 등이 가출을 일으키는 위험 요인으로 제시되고 있습니다.

4. 가출을 불러일으키는 원인이 다양하군요. 가출의 종류와 유형을 어떻게 구별할 수 있습니까?

가출의 유형에는 다음과 같은 것이 있습니다.

1) 탈출형 가출

자신의 힘으로 해결할 수 없는 가정문제나 가족 간의 갈등을 경험하고 있는 청소년들이 더 이상 참을 수 없어서 집을 나가는 경우입니다. 인격적 무시, 부모의 지나친 간섭, 가정의 심각한 불화, 공부로부터의 압박감, 신체적 · 정서적 학대 등으로부터 탈출하기 위해서 가출하는 유형입니다. 이 경우는 비교적 나이가 들어서 가출하는 경우이며 가출 기간도 짧습니다. 사고방식이나 관점을 조금만 바꾸어주면 곧 집과 학교로 복귀합니다.

2) 추구형 가출

성, 약물, 혹은 노는 것이 그저 좋아서, 또는 꿈을 펼쳐보고자 즐거움과 향락을 추구하여 집을 나가는 유형입니다. 나를 알아주고 인정해주는 사람을 찾아서, 부모나 가족에게 시위하기 위해 집을 나서는 경우입니다. 비교적 어린 나이에 가출 시도하고 장기간의 가출일 가능성이 높습니다. 충동적인 성향이 높고, 의사결정을 할 때 또래집단의 영향을 많이 받습니다.

3) 시위형 가출

부모와의 갈등을 해결하기 위한 수단으로서 목적적으로 가출을 감행하는 경우이며 최근에 증가하는 추세입니다. 비교적 단기간 가출일 가능성이 높고, 집단가출보다는 단독가출이 특징입니다.

4) 자아상실형 가출

지속적인 좌절로 인해 자아정체성이 혼미해졌고, 부평초처럼 떠다니기 위해 가출을 택한 경우입니다. 가출연령은 십대 후반인 경우가 많으며 가출기간이 가장 깁니다. 목적성이 결여된 가출이기 때문에 비행청소년에게 동화될 가능성이 많습니다. 특히 가출한 여자 청소년의 경우, 윤락의 유혹에 빠지는 경우가 많아 가장 후유증이 큰 유형입니다.

5) 버려진 가출

가정해체 또는 부모의 버림으로 인해 거리로 나온 경우로서 가장 심각한 유형이지만 흔하지는 않습니다. 가출연령은 비교적 어린 나이이기 때문에 사회 안전망을 통한 개입이 필요합니다. 선진국에서는 이 경우에 국가와 사회의 책임으로 간주합니다. 즉각적이고 프로그램화된 대응체계가 요구되는 경우입니다.

5. 가출로 인해 발생할 수 있는 문제들은 구체적으로 어떤 것일까요?

청소년기의 가출은 아래와 같은 긴급한 문제들을 초래할 수 있습니다. 우선 발달상의 문제가 생길 수 있습니다. 청소년들이 아직 성인기에 도달하지 않았기 때문에 가족과 분리되어서 자신의 독립을 확립하지 못한 상태입니다. 따라서 가출로 인해 청소년기에 필요한 정상적인 인격발달 및 발육의 기회가 상실될 수 있습니다.

정신건강에도 문제가 생길 수 있습니다. 부모 또는 보호자와의 정서적 유대 붕괴, 가정과 학교에서 반복된 좌절, 가출 시 외로움, 혼자 있는다는 두려움, 귀가에 대한 불안감, 분노심 등이 악화되면서 정서적인 문제가 심각해질 수 있습니다.

부적절한 숙식과 길거리에서의 불안한 생활도 후유증이 있습니다. 현재의 고통과 미래에 대한 불안감을 잊고자 음주 및 약물을 사용하는 경우가 많거든요.

정서적으로 극단적인 반응이 나타나는 경우가 많습니다. 불안과 공격적 성향으로 인한 자책감, 자살 시도 등 사회생활에 문제가 되는 불안정한 심리상태를 보일 수 있습니다.

신체적인 건강문제도 빼놓을 수 없지요. 수면부족, 폭력에의 지나친 노출, 영양실조, 피부질환 등이 자주 보고되는 증상입니다. 길거리에서 윤락행위 내지는 성관계로 인하여 에이즈 바이러스에 감염되거나 임질, 매독과 같은 질병에 노출될 위험성이 있습니다. 특히, 여자 청소년의 경우 어린 나이의 임신 경험과

낙태, 출산 등으로 인해 특히 부인과적 후유증이 있을 수 있습니다.

사실 교육체계로부터 이탈되는 것이 가장 큰 문제입니다. 다양성이 결여된 교과과정과 학생의 인권이 존중되지 않는 학교환경에 적응하지 못해 학업을 포기하고 학교를 떠나게 되는 것은 보이지 않는 사회적 처벌에 직면하는 시작일 수 있습니다. 반복된 학업 중단은 학업능력의 부족으로 이어지고 이는 또한 학교는 물론 가정 내에서의 갈등을 초래하는 원인이 됩니다. 결국 가출은 교육기회의 상실이라는 점 때문에 청소년에게 치명적인 후유증을 남길 수 있습니다.

6. 법적인 문제도 있을 듯한데요?

네, 폭력, 비행에의 개입으로 인한 사법상의 문제도 있을 수 있습니다. 기본적으로 부모로부터 사회화훈련을 제대로 받지 못하다보니 자기중심적으로 변하기 쉽습니다. 위압적이고 공격적이어서 종종 언쟁과 싸움에 연루되고 파괴적인 행동을 보이기도 하지요. 생존을 위해 절도나 강도짓을 하는 경우도 있구요. 또 길거리를 배회하면서 또래집단을 형성해 비행을 접할 기회가 많기 때문에 다른 사람들에게 공격당할 기회도 많아집니다.

여자 청소년들의 경우 성을 매개로 하여 경제적인 문제를 해결하는 경우가 많습니다. 전화방이나 원조교제 등 유사 윤락행위에 개입하면서 성폭행을 당할 위험성도 커집니다.

생존을 위한 불법 취업문제도 생각해 보아야 합니다. 가출을 하면 생존을 위해 취업을 할 수밖에 없습니다. 그러나 합법적인 일자리는 매우 드뭅니다. 14세 이상의 연령 제한으로 인해 불법 취업을 하는 경우가 많고, 이 약점 때문에 노동착취의 대상이 될 수 있습니다.

유흥업소에 취업하는 경우가 실제로 많습니다. 개정된 청소년보호법에는 19세 미만의 청소년을 윤락행위에 고용한 고용주가 처벌받는 조항이 있고, 근로기준법 등에서는 18세 미만의 연소자는 밤 10시 이후에 야간작업을 할 수 없도록 규정하고 있습니다. 그러나 남녀청소년을 고용하여 탈선을 조장하고 있는 경우가 실제로는 많습니다.

7. 아무래도 예방이 중요할 것 같은데요. 가출 의사를 밝힌 자녀에게 미리 대응할 수 있는 조치가 있을까요?

우선 부모는 자녀의 가출 의지를 협박으로 단정하거나 무시하지 말아야 합니다. 가출에 대한 충동이나 그 실행은 중요한 함의를 가진 신호입니다. 부모는 그 자녀가 아래와 같은 현실적인 질문들에 답할 수 있는지 우호적인 분위기로 확인할 필요가 있습니다.

① 어디, 누구에게로 가출할 것인가?

② 가출 시 어떻게 먹고, 마시고, 잠자고, 목욕할 것인가?

③ 가출 시 가지고 있는 돈으로 며칠이나 버틸 수 있는가?
④ 가출 시 얼마 동안이나 가출할 생각인가? 며칠, 몇 달, 몇 년?
⑤ 가출할 때 어떤 물건을 갖고 나갈 것인가?

사실 아이들도 이러한 질문에 스스로 잘 답변하지 못하면 가출을 포기하는 경우가 많습니다. 가출이 초래하는 문제나 후유증을 현실적으로 고려하게 되거든요.

8. 그럼에도 불구하고 가출했다면 부모는 어떤 조치들을 취해야 할까요?

단계적으로 다음과 같은 조치들을 취해야 합니다.

먼저 자녀가 집에 남겨 놓은 수첩이나 일기장에 단서가 될 만한 메모가 있는지 살펴보아야 합니다. 가출한 이유나 남기고 싶은 말 등을 적어 놓지는 않았는지, 최근 메모된 시외전화 번호나 특별히 체크해 놓은 인명이나 연락처가 없는지 살펴보십시오. 이와 함께 아이가 옷이나 소지품을 챙겨서 나갔는지, 돈은 얼마나 가지고 나갔는지 등을 알아보면 아이가 계획적으로 장기간 가출한 것인지 충동적으로 나간 것인지 파악하는 데 도움이 됩니다.

두번째로 친한 친구들에게 연락해 보십시오. 특히 연락하고 지내던 친구 중에 자취를 하거나 부모의 맞벌이로 집에 어른이 없는 경우가 있으면 그 친구의 거주지 등을 자세히 알아보시기 바랍니다.

어느 친구든 분명히 상호 연락을 하는 친구가 있을 것입니다. 예를 들어 아이의 가출 후 먼저 집으로 전화해서 안부를 묻는 등 동태를 살피는 친구가 그런 친구일 가능성이 있습니다. 그럴 경우 그 친구에게 직접적인 부탁보다는 간접적인 방법으로 다음과 같이 이야기해 보십시오.

> "정말 어디 가 있는지……. 잠시 답답한 마음을 달래러 나간 모양인데 있는 동안이라도 잘 있다 왔으면 좋겠다. 요즘 엄마로서 참 느낀 게 많아. 돌아오면 좀 더 잘 해 줘야겠어. 너도 연락 오거든 돈이라도 필요한지 물어보고 네가 보내줘라, 내가 줄 테니까. 그리고 일단 나가서 너무 오래 있으면 혼자서는 어쩔 수 없는 상황이 생길거야. 혹시 우리 아이와 연락되는 친구가 있으면 어디 있는지 꼭 좀 알려줬으면 좋겠다."

세번째로 182 신고센터에 가출신고를 하십시오.

그밖에 전화 112, 혹은 가까운 경찰서, 파출소, 지구대로 직접 찾아가시면 신고 접수를 하실 수 있습니다. 전화로도 신고가 가능하고, 직접 찾아가서 신고할 때는 사진, 주민번호, 입고 나간 옷, 가출 동기에 대한 정보를 알려주시면 도움이 됩니다. 신고는 보호자뿐만 아니라 대리인, 제 3자도 가능합니다. 가출 신고가 접수되면 순찰지구대, 형사, 여성 청소년계, 112타격대에서 즉시 현장 탐문 · 수색이 이루어지며 24시간 이내에 합동심의위원회가 열리게 되어 가출 청소년을 찾도록 최선의 노력을 기울이게 됩니다. 만약 가출 청소년이 범죄와 관련되어 있을 경우 경찰의 수사가 개시될 수 있습니다. 기본적으로 경찰 전산망이니 불심검문이나 업소 단속 시 조회에 나타날 수 있도록 조치합니다. 신고로 인해 어떤 불이익이나 낙인 받는 근거는 남지 않습니다.

네번째로 가출하기 한 달 전의 전화 발신내용을 전화국에 부탁하여 알아볼 수 있습니다. 이를 통해 가출하기 전에 빈번하게 통화한 곳을 알 수 있습니다.

다섯번째, 통장이나 현금카드를 소지하고 나갔을 경우엔 항상 일정한 잔금을 유지해 주십시오. 이러한 조치는 돈 때문에 나쁜 환경에 빠지지 않게 하고 출금된 은행을 추적하여 대강의 위치를 알기 위한 것입니다.

여섯번째, 일단 학교 담임선생님께는 진솔하게 말씀드리고 친구들을 통해 연락처를 알 수 있도록 협조를 부탁드리십시오.

무단결석을 하거나 딴 이유를 들어 거짓말을 하면 선생님의 입장도 난처해지고 차후 학교 문제 해결에 협조가 잘 되지 않을 수 있습니다. 그리고 학교 선생님께 부탁드려 빠른 귀가 시 불이익이 없음을 아이들에게 통보해주시도록 하십시오. 가출한 아이가 학교문제 때문에 돌아오지 못하는 경우가 많으므로, 아이들을 통해 선생님의 약속이 전해진다면 귀가의 결심을 앞당길 수 있습니다.

일곱번째, 학교 주변을 잘 살펴보시고, 주변의 청소년 이용시설(오락실, PC방, 찜질방 등)을 둘러보십시오.

단순 가출한 아이는 학교 주변을 맴도는 경우가 많기 때문입니다. 그리고 학교 끝나는 시간에 맞춰 아이들과 만나려고 학교 주변으로 오는 경우도 많습니다.

9. 다행히 자녀가 가출한 후 집에 돌아왔을 때, 부모로서 절대 하지 않아야 할 태도나 행동이 있을까요?

① 청소년이 들어오자마자 사정은 들어보지 않고 무작정 때린다.

② 머리를 삭발하거나 눈썹을 밀어버려 외출하지 못하도록 감금시킨다.

③ 용돈을 주지 않음으로써 활동을 제약한다.

④ 청소년의 가방이나 일기장, 책상을 뒤지며 늘 감시한다.

⑤ 부모가 모두 잘못했다고 빌면서 청소년이 원하는 대로 해주고 자녀의 비위를 맞춘다.

위와 같은 부모의 태도는 가출을 재발하게 하는 전형적인 경우에 해당합니다.

10. 많은 부모들이 당황하고 화가 나서 이런 행동들을 할 것도 같네요. 그럼 자녀가 가출 후 집으로 돌아왔을 때 부모로서 어떻게 대해주면 좋을까요?

부모로서는 화도 나고 당황도 되겠지만 아이에게는 긴급하고 절실한 문제가 발생한 것입니다. 침착하게 아래의 지침을 염두에 두시기 바랍니다.

1) 먼저 청소년을 편안하게 맞이하도록 하십시오

가출했던 청소년이 집에 돌아오면 부모의 마음은 반가움, 원망스러움, 밖에서의 생활에 대한 궁금함, 야단치고 싶은 마음 등 여러 가지 마음이 교차합니다. 하지만 이러한 마음은 접어두고 다시 들어온 청소년을 편안하게 맞이하며 최대한 자중하십시오.

청소년이 들어오면 따뜻하고 진정으로 반기는 마음으로 안아주거나 등을 쓰다듬어주고 손을 꼭 잡아주며, 청소년에게 애정어린 말을 하도록 하십시오. 예를 들어 "밖에서 고생했지" "네 마음도 그리 편치는 않았을거야" "야단 맞을까봐 걱정 많았지" 등의 말을 해주면 좋을 것입니다.

2) 청소년이 정서적 안정을 찾을 수 있게 도와주십시오

우선 신체적 상태를 관심 있게 살펴야 합니다.

대부분의 청소년은 가출했을 때 제대로 먹지 못하고 편히 자지도 못하므로 집에 돌아오면 일단 잘 먹입니다. 그리고 쌓였던 피곤을 풀 수 있도록 목욕을 시키거나 충분히 자도록 해 주십시오.

그리고 다친 데가 없는지 세심히 관찰해 보십시오. 만약 신체적 이상이 눈에 띄면 바로 병원으로 데려가야 합니다.

예를 들어 "먹는 것은 제대로 먹고 다녔니? 혹시 아픈 곳은 없니?" 하고 물어보십시오.

안정된 시간을 갖도록 일정기간 여유를 주십시오.

청소년이 집에 돌아오면 부모와 청소년 모두 정서적으로 매우 긴장된 상태이므로 서로의 감정을 가라앉히기 위해서는 어

느 정도 안정할 시간이 필요합니다.

가출한 동안 있었던 일과 이유에 대한 이야기를 다그쳐 묻거나 청소년의 눈치만 보면서 어쩔 줄 몰라 하는 태도는 서로 간의 긴장을 더 높이게 되므로 주의해야 합니다. 특히 일단 자녀에게 걱정하지 말고 푹 쉬라는 말을 분명하게 전달하십시오.

"너도 피곤할 테니 오늘은 푹 쉬고 내일 이야기하자. 묻고 싶은 말도, 하고 싶은 말도 많지만 차차 이야기하자." 이런 식의 대화가 좋습니다.

3) 가출하게 된 청소년의 마음을 알아보십시오

부모가 자신의 놀란 마음을 전달하거나 청소년을 교육하고 설득하기에 앞서 자녀가 '왜 집을 나갔는지' 에 대한 속마음을 이해하고 적절한 대처방안을 다양하게 고민해 보십시오.

부모는 청소년이 가출을 통해 탈출하고, 추구하고자 하는 것이 구체적으로 무엇인지를 이해하려는 마음이 필요합니다. 무엇보다도 개방적인 태도를 가져야 합니다. 편안하고 안정된 가정이 되도록 변화하기 위해 부모 자신이 노력하겠다는 솔직한 마음을 전달하십시오.

예를 들어 "네가 집까지 나간 것을 보면 네 나름대로 힘든 점이 있었나보다." "네가 어떻게 해서 집을 나가게 되었는지 나에게 얘기해주지 않겠니?" "살다보면 누구든지 힘든 일에 부딪히게 된단다. 너도 부모한테 얘기 못할 그런 고민이 있나본데 이야기를 하고 나면 훨씬 가벼워질 수도 있단다." "네가 가족들에게 쌓인 불만이 있다면 이번 기회에 진지하게 서로 이야기해 보자.” 라고 말해보십시오.

가출했던 자녀가 부모의 힘만으로는 해결할 수 없는 문제를 제기하거나 부모에 대한 부정적 감정이 너무 강해서 마음을 열려고 하지 않는 경우에는 전문 상담자에게 의뢰하는 것도 좋습니다.

4) 자녀가 안정을 찾은 후에는 부모의 기대를 분명하게 전달하는 것이 좋습니다

가출에 대한 부모의 의견을 분명히 이야기하고 부모 자신이 가정 내 변화를 위해 어떤 노력을 할 것인지를 분명하게 약속하십시오. 그러나 이때 가출만 하지 않으면 무엇이든 다 해주겠다는 식의 태도를 보이지 않도록 주의하십시오. 자녀는 부모의 이러한 태도를 조정하기 위한 위협용 무기로 가출 카드를 꺼낼 수 있습니다. 아래와 같은 말이 좋습니다.

“어떤 경우라도 집을 나가는 것은 안 된다. 다른 방법을 찾아봐야지.”

“너도 이번에 느꼈겠지만 집을 나간다고 해서 모든 문제가 해결되는 것은 아니잖니. 네가 집을 또 나가도 엄마는 꼭 너를 찾을 거야.”

“우리에게 불만이 있으면 무작정 집을 뛰쳐나가지 말고 먼저 얘기를 해줬으면 좋겠다. 혹시 직접 얘기하기 어려우면 편지나 음성메시지를 남겨줘도 좋아.”

5) 청소년과 새로운 계약을 맺고 힘을 북돋아 주십시오

가출하지 말자는 새로운 계약과 가출에 대처할 수 있는 방법들을 같이 정해 보십시오. 부모와 자녀 모두가 변화하기를 바라는 행동을 종이에 기록하여 서로에게 지키려고 노력하는 모습을 보여주는 것이 중요합니다.

가족 간의 새로운 관계를 형성하고 유지, 발전할 수 있도록 가족구성원 모두 인정할 수 있는 합의된 규정을 만들어 보십시오. 어려운 일이 있을수록 가족 간의 유대를 확고히 하고 매일 대화하는 시간을 정하여 지키도록 하십시오.

부모와 청소년이 가지고 있는 기대와 요구를 구체적으로 서로에게 이야기해 보십시오. 결정을 내릴 때에는 가족 구성원들의 생각을 나누도록 하는 것이 좋습니다. 함께 정한 약속을 실천하는데 어려움이 있다는 것을 공감하되, 약속을 꼭 지키도록 노력하십시오.

부모와 자녀가 동등한 인격체로 인정하고 갈등해소방법을 협상해야 합니다. 이를 위해 부모 자녀 간 효과적인 의사소통을 위한 대화 방법을 마련해두는 것이 필요합니다. 예를 들어, "귀가시간을 분명히 정해서 서로가 감정이 상하는 일이 없도록 하자." "가출하고 싶은 마음이 들만큼 어려운 일이 또 생길 때는 엄마, 아빠에게 미리 얘기 하도록 하자." "네가 집에 대한 불만이 있을 때 엄마, 아빠가 무조건 화내지 않을 것을 약속하마."

6) 무엇보다도 자녀와의 대화가 가장 중요합니다

이러한 대화가 쉽지 않을 때는 중재자의 역할이 필요하므로 전문상담가의 도움을 받을 수도 있습니다. 도저히 가정에서의 대화나 설득이 어려운 아이는 상담실이나 심리치료기관 등을 방문하셔서 하루빨리 도움을 받는 개방적인 태도가 필요합니다. 가출을 계기로 자녀와 그동안 못했던 이야기, 또 자녀에 대해 미처 몰랐던 부분들을 터놓고 얘기해보시고, 특정한 대화 시간을 정기적으로 마련해서 서로의 느낌과 생각을 솔직하게 나누는 시간을 가지십시오.

남자가 일찍 죽는 이유
젊은 수컷신드롬

1. 어느 나라든지 여성이 평균적으로 더 오래 살잖아요. 그 이유가 뭔가요?

맞습니다. 나라마다 약간씩 차이가 있지만 일반적으로 여자가 7년에서 10년 정도 더 오래 삽니다. 이 문제에 답하기 위해서는 우선 대부분의 동물도 암컷이 오래 산다는 점에 주목해야 합니다. 영국 스털링대 사라 무어와 케네스 윌슨 교수는 「사이언스」지에 '기생충, 병원균 등 기생 생물에 의한 감염이 수컷을 빨리 죽게 한다'고 발표한 바 있습니다. 연구팀은 355 종류의 포유동물에서 기생 생물 감염과 생존 시기 등을 폭넓게 조사한 결과 수컷이 암컷보다 기생 생물에 의한 감염이 더 많으며, 이는 수컷의 수명과도 관계가 깊다는 사실을 발견했습니다. 이런 현상은 수컷이 암컷보다 덩치가 클수록 뚜렷하게 나타났습니다. 예상했던 대로 암컷이 수컷보다 더 큰 동물의 경우 암컷의 수명이 더 짧았습니다. 인간을 대상으로 한 조사에서도 결과가 비슷했습니다.

많은 포유동물이 다른 수컷과 싸워 이김으로써 암컷을 차지하고 자손을 늘리려고 합니다. 동료 수컷을 이기려면 덩치를 키우는 것이 유리합니다. 이처럼 덩치를 키우다 보니 상대적으로 암컷보다 면역 시스템에 쓸 에너지가 부족해졌다는 것입니다. 즉, 수컷들이 더 많은 암컷을 차지하기 위해 덩치를 키운 결과 기생 생물에 위협을 당하는 아이러니한 결과를 낳은 것이지요. 또한 큰 덩치 자체가 수컷에게 감염의 위험을 높일 수 있습니다. 큰 동물일수록 많이 먹기 때문에 촌충 등 기생충의 알을 삼킬 가능성이 높습니다. 또 먹이를 찾기 위해 오래 돌아다니다가 감염될 수도 있습니다. 결국 큰 덩치를 통한 수컷의 번식 성공은 진화적으로 짧은 수명이라는 반대급부를 요구한 것입니다.

2. 수컷이 번식을 위해 전투적으로 변하고 이를 위해 몸집을 키우다보면 많이 먹어 감염의 가능성이 높아진다는 거군요. 흥미로운 가설인데요. 또 다른 설명은 없나요?

지금 말씀드린 대로 번식의 성공이 감염의 가능성을 증가시킨다는 것은 다분히 진화적인 설명입니다. 그런데 다른 관점이 하나 더 있습니다. 이것은 임신과 매우 관련이 깊습니다. 결론부터 말하면 여성이 임신을 하는 것에 대한 보상으로 생체 시계가 10년 정도 느리게 진행된다는 것입니다. 이것은 여성의 수명이 10여 년 더 길다는 일반적인 현상과 관련해서 주목해 볼 수 있습니다. 임신이 가능한 21세부터 49세 사이의 사람들을 대상으로 식후 인슐린 농도증가를 조사해보면, 남성이 여성보다 3배나 높습니다. 인슐린은 동맥경화발달에 가장 중요한 위험요인입니다. 노화로 인한 질병의 주요한 원인이기도 합니다. 어쩔 수 없는 상황 때문에 난소를 제거하여 아이를 낳을 수 없게 된 여성은 인슐린이나 당의 혈중농도가 급격히 증가되는 현상을 보입니다. 예상한 대로 이러한 여성들은 다양한 성인병을 앓는 것으로 확인되었습니다. 결국 임신과 출산이라는 번식기제가 진화적 관점에서 여성의 수명을 어느 정도 보장해 주었다는 것을 시사합니다.

3. 성호르몬과 관련한 설명도 있던데요?

그렇습니다. 전통적인 설명인데요, 나이가 들면 갑상선호르몬, 흉선호르몬, 멜라토닌, DHEA, 성장호르몬의 분비량이 감소되지만 특히 성호르몬(테스토스테론, 에스트로겐, 프로게스테론)의 분비가 급격하게 줄어듭니다. 여성이 남성보다 오래 사는 이유는 바로 성호르몬의 차이라고 볼 수 있습니다. 폐경기까지 분비되는 에스트로겐이라는 여성호르몬은 저밀도지방산과 콜레스테롤 수치를 낮추어 심장병을 예방하는 효과가 있습니다. 암의 유발을 억제하는 성분도 있는 것으로 알려져 있습니다. 폐경으로 여성호르몬이 나오지 않을 때 이 질병들의 발병률이 갑자기 높아지는 것도 바로 이러한 이유 때문입니다.

4. 임신을 하거나 성호르몬의 분비가 여성의 수명과 관련이 있다면 이와 직접적으로 관련이 있는 여성의 생리과정과도 연관이 있을 것 같은데요?

아주 좋은 지적입니다. 여성이 매달 생리를 하는 것도 장수와 관련이 있습니다. 이것은 생리를 통해 몸 안의 노폐물 즉, 철분이 빠져나간다는 설명입니다. 철분이 체내에 과다하게 축적되면 비타민C 등과 반응해 유해 산소를 다량으로 발생시킵니다. 또 간에 철분이 쌓이면 간 조직이 손상되며 또 심장과 신장 등에 축적되면서 퇴행성 변화를 일으킬 수 있습니다. 여성은 생리를 통해 매달 50~100cc 정도의 피를 배출합니다. 이 과정에서 노폐물과 철분이 빠져 나가기 때문에 여성의 퇴행성 질환이 상당기간 억제되는 것입니다. 따라서 폐경기가 되면 여성의 질환 역시 증가합니다.

5. 하지만 여성이 오래 산다고 보는 것은 상대적으로 남성이 일찍 죽기 때문이 아닌가요? 남자들이 위험한 행동을 더 많이 해서 수명이 짧아질 수 있잖아요.

정확하게 말하면 남성들은 번식에 성공하기 위해서 위험 부담이 큰 행동을 보다 선호하는 경향이 있습니다. 이 과정에서 생명의 단축될 수 있지요. 남성은 번식능력이 무한합니다. 따라서 자기의 유전자를 많이 퍼뜨리는 전략이 진화에 유리합니다. 이 과정에서 뛰어나고 경쟁력이 있는 소수의 남자가 여자들을 독점할 가능성이 많아지게 되었습니다.

저명한 진화심리학자인 트리버스(Trivers, 1985)는 남자들이 여자들에 비해 번식의 변동률이 더 크기 때문에 경쟁자와 목숨을 걸고 싸우거나 투자가치가 높은 이성에게 매력을 일으키기 위해서 보다 과감하고 위험한 전략을 선택한다고 보았습니다. 남자들이 공격성이라는 특성이 더 두드러지는 것도 바로 이러한 이유 때문입니다.

특히, 자원이 부족하고 생존 경쟁에 막 뛰어 들어간 젊은 남자들이 더 공격적입니다. 아무것도 가진 것이 없는 그들이 번식에 성공하기 위해서는 그래야만 합니다. 윌슨과 달리(Wilson & Darly)는 이러한 현상을 '젊은 수컷신드롬'이라고 불렀습니다. 신체적인 용맹성과 공격성의 과시는 강하고 유능한 남성에게 주목하는 여성뿐만 아니라 다른 남성들에게 강한 인상을 남길 수 있습니다. 경쟁자들을 단념시키는 부가적인 효과도 있고요. 진화적으로 설계된 특성인 셈이지요. 공격적이고 과감하며 위험한 행동을 하는 수컷은 암컷에게 강한 남자로 주목받았고 짝짓기에 유리했습니다.

그러나 이런 번식의 성공 과정에서 치러야 하는 대가 역시 가혹했습니다. 모든 문화권에서 남자가 여자보다 더 많은 살인을 저지르고, 전쟁 역시 남자의 전유물이었습니다. 남자가 더 많이 죽는 것은 당연합니다. 그래서 상대적으로 여자가 더 오래 사는 것일 수 있습니다.

6. 그렇다면 남자가 오래 살기 위해서는 공격성을 줄여야 하는데, 그럴 경우 번식력이 감소하고 여성에게 매력이 반감되니 그럴 수도 없겠네요.

맞습니다. 진화심리학자들은 생존과 번식이라는 두 가지 진화 기제가 항상 일치하지는 않는다는 점에 주목합니다. 물론 자신을 복제한 유전자를 번식시키는 것이 곧 자신이 영원히 사는 것을 의미할 수 있기 때문에 번식과 생존은 별개로 보기 어려울 수도 있습니다. 그러나 특정한 시점을 기준으로 할 때는 번식과 생존의 비중이 다를 수 있습니다. 예를 들어, 수컷 사자의 갈퀴 머리카락은 화려할수록 암사자들에게 어필합니다. 그러나 작열하는 태양 아래에서 체온을 상승시키며, 온갖 기생충의 온상이 되기도 합니다. 생존에는 별로 도움이 안 되는 것이지요. 그래도 수컷 사자는 이러한 외모형태를 포기하지 않았습니다. 진화과정에서 장기적으로 번식에 성공하는 것이 단기적으로 생존에 치중하는 것보다 이득이 더 크다고 본 것입니다. 남자들이 공격적인 행동을 포기하지 않는 것도 비슷한 이유가 아닐까 생각합니다.

남성들의 대처 방식도 주목할 필요가 있습니다. 스트레스나 역경이 올 때 남성은 음주, 흡연, 무절제한 생활에 주로 빠지는데 반해 여성은 친구나 전문가를 찾아 상의하고 도움을 청하는 방식을 선호합니다. 사회적 지지를 추구하는 것은 바람직한 대처 방식입니다. 남성이 자신을 고립시키거나 적대감으로 해결하는 방식은 바람직한 대처도 아니고 수명을 단축시킬 수 있습니다. 남자는 약하게 보이면 안 되고 감정을 표현하면 미숙한 사람으로 간주되는 사회적 분위기에 익숙해 있습니다. 그래서 남성은 정서를 억압하고 숨기는 것을 선호합니다.

실제로 여자가 남자보다 더 오래 사는 이유는 감정이 더 풍부하고 잘 표현하기 때문이라는 주장도 있습니다. 건강하게 살려면 스트레스를 아예 받지 않는 게 좋겠지만 스트레스를 받지 않고 산다는 것은 거의 불가능 합니다. 스트레스를 받더라도 그것을 빨리 해소하는 것이 관건입니다. 그 방법으로 가장 좋은 것이 잘 웃고, 울고, 떠들면서 감정 표현에 솔직한 것입니다. 예전에 『강철 같은 존(Iron John)』이라는 제목의 베스트셀러 책이 있었습니다. 강한 남자가 되어야 하고 또 여자들이 남자를 그렇게 규정하고 바란다는 것이 남자들을 얼마나 고립시키고 좌절시킬 수 있는가하는 내용이었습니다. 물론 남자들이 여성에 비해 사회적으로 다소 더 많은 혜택을 받고 있는 것 같습니다. 하지만 그 대가도 분명 있습니다. 울지 말아야 하고 아닌 척 해야 하며 약하게 보이지 않아야 합니다. 무엇보다도 힘든 것은 자신이 무서워하고 있다는 사실을 아무에게도 들키지 말아야 한다는 것입니다.

적자생존의 비정한 사회지만 더불어 살아갈 여지는 있습니다. 남자와 여자가 이런 이슈를 공론화하고 또 자유롭게 논의할 수 있는 사회적 분위기를 조성하는 것이 중요합니다. 여성이 남성 못지않은 혜택을 받고 또 그 대가로 남성이 받는 압력을 다소 더 부담해 준다면 남성도 더 오래 살지 않을까 생각합니다.

환자의 천국, 가족의 지옥

치매

1. 고령화 사회로 빠르게 접어들고 있는 우리나라는 노년기 질병인 치매(dementia)가 사회문제로 대두되고 있습니다. 치매에 걸릴까봐 미리부터 걱정하시는 분들도 많은데요. 얼마나 많은 분들이 치매에 걸리나요?

통계청의 자료에 따르면 1997년을 기준으로, 65세 이상 노인인구 290만 8,283명 중에서 치매노인은 24만 1,889명이어서, 치매 유병률(Dementia Prevalence rate)이 8.3%로 나타나고 있습니다. 치매 유병률은 2010년에 8.6%(43만 3,918명/503만 2,146명), 2020년에 9.0%(61만 9,132명/689만 9,269명)로, 급격한 사회 고령화 속도와 비례해서 점점 더 높아질 것으로 예측되고 있습니다. 이 비율은 일본이나 미국의 경우와도 유사합니다. 결국 통계적으로 보면 노인 10명 중에 한 명 이상은 치매를 경험하는 것으로 보아야 합니다.

2. 그 정도면 정말 치매에 걸릴까봐 걱정할 만도 하군요. 치매를 어떻게 정의하고 있나요?

과거에는 나이가 들면 누구나 치매가 생긴다고 잘못 알고 있었으나 현재는 정상적인 노화과정과는 달리 특별한 질병의 개념으로 받아들여지고 있습니다. DSM-4(정신장애 진단편람 4판, 1993년)에서는 치매를 노년기 정신장애로 구분하고 있고, 후천적인 뇌의 질환으로 인해 생기는 하나의 증후군으로 보고 있습니다. 일반적으로 만성적이고 진행성 질환이며, 기억력, 사고력, 지남력, 이해력, 계산능력, 학습능력, 언어 및 판단력 등을 포함하는 인지기능의 장애입니다. 또한 치매는 최근 일반인도 많이 관심을 가지고 있는 알츠하이머병만을 이야기하는 것이 아니라 혈관성 혹은 다발성경색 치매, 가성치매, 뇌 손상에 의한 치매 등을 모두 포함하는 일반적인 용어입니다. 그래서 원인에 관계없이 기억장애, 언어장애, 시공간 장애, 실행증, 실인증, 계산능력 저하, 전두엽/집행기능 저하 등 여러 인지장애 중에서 최소 2가지 이상이 상실되어 일상적인 활동에 심각한 장애를 초래하는 경우로 정의되고 있습니다. 이중에서 기억기능이 가장 일찍, 또 가장 심각하게 장애를 보이기 때문에 흔히 기억장애를 치매라고 이야기하는 수가 많지만 엄밀한 의미에서는 기억장애만 단독으로 있는 경우에는 치매라고 진단하지 않습니다.

3. 후천적이고, 만성화된 진행과정을 거치면서 주로 인지기능을 저하시키는 장애군요. 치매가 유전되는 질환은 아닌가요?

치매는 크게 알츠하이머형 치매와 혈관성 치매로 나눌 수 있는데, 혈관성 치매는 유전적 성향이 없는데 비해서 알츠하이머형 치매는 유전될 가능성이 상대적으로 높습니다. 자기 직계 가족 중에(부모형제) 알츠하이머병이 있는 경우는 없는 경우에 비해서 본인이 알츠하이머병에 걸릴 확률이 4배 정도로 높습니다. 그러나 직계 가족 중에 알츠하이머병이 있다고 해서 자신이 반드시 알츠하이머병에 걸리는 것은 아닙니다. 다만 가능성이 높음을 의미할 뿐이고 그 밖의 원인이 여러 가지이므로 단정해서는 안 됩니다. 또한 알츠하이머병은 고령자에게 생기기 때문에 장수하는 집안일수록 알츠하이머병이 많을 수밖에 없습니다. 다만 의학이 발전함에 따라 유전자 치료가 실현될 가능성이 있으므로 자기 부모나 형제가 어떤 치매로 돌아가셨는지 정확한 정보를 알고 있는 것은 갈수록 중요해지리라 생각합니다.

4. 치매도 종류가 있군요. 어떻게 구분되나요?

치매는 알츠하이머형 치매가 가장 흔하며 (약 50~60%), 그 밖에 혈관성 치매(20~30%)와 기타 원인에 의한 치매(10~30%)로 구분할 수 있습니다. 알츠하이머형 치매란 아직까지 뚜렷한 원인을 알 수 없이 신경계의 신경세포들이 손상되고 소실되는 것으로, 오스트리아의 의사였던 알츠하이머가 처음으로 증례를 보고하면서 이런 이름이 붙었습니다. 병리학적 변화로는 신경세포나 신경섬유가 서서히 쇠퇴하여 나아가서는 뇌 조직이 소실되고, 뇌 척수액이 차지하고 있는 뇌 부위의 부피가 커지는 특징이 있기 때문에 결국은 신경퇴행성 질환의 일종으로 이해되고 있습니다.

뇌의 신경세포는 혈류를 통하여 산소와 영양을 공급받아 활동합니다. 뇌혈관 질환에 의하여 뇌혈류에 장애가 생겨 신경세포가 손상되고 궁극적으로 신경세포의 소실이 일어나 치매 증상을 보이는 경우를 혈관성 치매 (vascular dementia)라고 합니다. 혈류의 장애는 혈관 폐색(혈관이 막히는 경우)이나 출혈(혈관의 손상으로 조직 내에서 출혈이 일어나는 경우) 때문에 발생한다. 혈관성 치매의 종류 중 대표적인 것은 다발성경색 치매 (multi-infarct dementia)로서 이것은 큰 동맥의 폐색보다는 미세한 세동맥에 의한 폐색으로 인한 것이 많기 때문에 만성적으로 고혈압을 앓고 있던 사람의 경우 잘 생깁니다. 요약하면 알츠하이머형 치매는 뇌신경이 퇴화하는 것이고, 혈관성 치매는 혈관이 막히거나 터지는 것입니다.

5. 왜 치매가 생기는 걸까요. 일반적인 원인이 있나요?

치매의 원인은 수없이 많습니다. 원인에 따라 분류하면 다음과 같습니다.

1) 퇴행성 질환

대표적으로 알츠하이머병을 들 수 있습니다. 퇴행성 질환이란 정상적으로 활동하던 세포가 점차 소실되어 생기는 질환을 의미합니다.

2) 뇌혈관 질환

뇌세포는 혈액으로부터 공급되는 산소와 영양분으로 기능을 유지하는데 뇌혈관이 터지거나 막히면 산소와 영양분의 공급이 차단되어 뇌세포가 손상받게 됩니다. 또한 뇌혈관이 터지면 핏덩이가 뇌세포를 압박해 손상시킵니다. 이와 같은 뇌혈관 질환이 누적되면 치매를 일으킬 수 있는데 이를 혈관성 치매라고 합니다.

3) 대사성 질환

여기에는 저산소증(예를 들어, 연탄가스 중독), 저혈당, 요독증(콩팥이 나쁜 경우), 갑상선기능저하증, 간성뇌병증(간염, 간경화증에서 동반되는 치매) 등이 있습니다.

4) 결핍성 질환

뇌세포가 활동하는데 비타민이 매우 중요한 역할을 합니다. 여기에 필요한 비타민이 부족하면 치매가 발생하는데 예를 들어 비타민 B12 결핍증, 티아민(B1) 결핍증으로 인한 치매를 들 수 있습니다.

5) 중독성 질환

중독성 질환에 의한 대표적인 치매는 알코올성 치매입니다. 술 자체가 뇌세포를 파괴하기도 하지만, 술을 많이 마시는 사람들은 비타민 결핍증이 오기 쉬운데 이로 인해 치매가 오기도 합니다. 그 밖에 중금속 중독, 일산화탄소 중독, 약물 중독 등에 의해서도 치매가 올 수 있습니다.

6) 뇌종양

악성 뇌종양이 급속하게 커지는 경우 치매가 올 수 있습니다. 때로는 양성 종양도 서서히 진행되면서 치매를 일으킬 수 있습니다.

7) 뇌 외상

대표적인 예가 교통사고로 뇌를 다친 후 기억력 등 사고력이 감소하는 경우를 들 수 있습니다.

8) 감염성 질환

신경매독, 만성수막염(결핵성 수막염, 진균성 수막염), 뇌염의 후유증, 야콥-크로이츠펠트병(소에 발생하는 광우병이 인간에게 생겼을 때 나타나는 치매), 에이즈 감염 후에도 치매가 올 수 있습니다.

9) 수두증

뇌를 절단해 보면 뇌 안에는 빈 공간이 있는데 이를 뇌실이라고 합니다. 뇌실 속에는 맑은 뇌척수액이 들어 있는데, 뇌척수액이 생산은 되지만 흡수가 덜 되면 뇌척수액의 양이 많아져서 뇌에 고이게 됩니다. 이때 보통 3가지 증상이 나타나는데, 첫번째는 치매, 두번째는 요실금, 세번째는 보행장애가 나타납니다.

6. 원인이 한두 가지가 아니군요. 치매가 걸리면 인지기능의 증상들이 나타난다고 했는데 구체적으로 어떤 것인가요?

인지기능의 영역 중 기억장애는 치매의 가장 중요한 증상이며,

일반적으로 치매 초기에 현저하게 나타납니다. 처음에는 정상적인 건망증과 유사합니다. 최근에 있었던 일에 대한 기억력부터 감퇴하기 시작하는 단기기억의 장애 증상이 주로 나타나며, 새로운 정보를 학습하고 기억하는 능력이 현저히 감소됩니다(예를 들어, 가스 불 끄는 것을 잊어버리거나, 어떤 물건을 어디에 두었는지 기억 못하는 것). 하지만 시간이 지날수록 오래 전에 습득했던 기억(장기기억)까지도 상실하게 되어 자신의 이름, 나이, 집전화번호 등을 기억하지 못하는 상황에까지 이르게 됩니다.

지남력이란, 자신이 놓인 상황을 시간적 · 공간적으로 바르게 파악하여 이것과 관계되는 주위 사람이나 대상을 똑똑히 인지하는 능력을 의미하는데 치매환자는 시간이 갈수록 시간, 장소, 사람에 대한 개념을 상실하는 특징이 있습니다. '시간의 흐름' '지금 내가 있는 곳이 어디인지' '현재 나의 주변에 있는 사람들은 누구인지' 등을 인지하지 못해, 외출 후 집을 못 찾아오거나, 가족이나 주변사람들을 알아보지 못하는 경우가 생기기 시작합니다. 시공간기능은 공간 내에서의 거리, 방향, 위치 등을 지각하는 것을 의미하는데 예를 들어, 치매환자는 평소 늘 다니는 길에서도 시공간 장애로 인해 길을 잃거나 방황하는 모습을 보입니다. 언어장애는 앞서 언급한 기억력 장애와 함께 치매 초기부터 나타날 수 있습니다. 치매환자에서 흔히 나타나는 언어장애로는 실어증(예를 들어, 명칭실어증: 물건의 이름을 제대로 말하지 못하는 증상), 착어증, 반향착어증(상대방의 말을 따라하는 것) 등이 있습니다. 치매 발병 초기에는 언어장애가 경미하게 나타나나, 병이 진행되어 갈수록 언어장애가 심해지는 경향이 있습니다. 예를 들어, 사물의 명칭과 문자를 결합하거나, 외부의 언어를 이해하고 수행하는 능력 등이 떨어지게 되고 결국에는 일상적인 대화능력마저도 없어지게 됩니다. 실인증(agnosia)은 시력이나 청력의 감각기관이 정상임에도 불구하고 시각 · 청각 · 촉각적 자극을 제대로 인식하지 못하는 경우입니다. 예를 들어, 어떤 사물을 보고 그것이 무엇인지 모르거나, 눈을 감은 뒤 어떤 물건을 손에 쥐어주었을 때 그것을 인식하지 못합니다. 실행증(apraxia)은 운동기능이나 감각기능의 장애가 없는데 어떤 일련의 행위나 정해진 운동프로그램을 잘하지 못하는 경우로서 실행증이 있는 치매환자는 일상생활에서의 기본적인 활동, 예를 들면 식사, 옷 입는 것, 화장실에 가는 것 등을 잘하지 못합니다. 이런 이유 때문에 치매환자의 곁에는 환자의 일상생활을 도와주는 사람이 항상 필요합니다.

수행능력이란, 어떤 행동양상을 파악해 복잡한 과제를 수행하기 위한 전략을 짜고, 필요에 따라 제대로 수행하였는지 평가하거나, 새로운 전략을 만드는 추상적인 사고능력을 말합니다. 이는 주로 대뇌의 전두엽이 관할하는 능력으로 치매환자들은 판단력이 손상되어 있고, 적절한 수행능력에도 큰 문제가 있습니다.

7. 치매에 걸리면 의심도 많아지잖아요. 심리적인 증상도 있지 않나요?

그렇습니다. 치매에는 인지기능의 장애 외에 망상이나 환각 등의 정신병적인 증상, 우울, 불안 등의 정서장애, 인격의 변화, 수면장애, 행동장애 등의 여러 가지 정신증상이 동반됩니다. 그 중 망상증상은 치매환자의 약 15~40%에서 나타나는 치매의 흔한 증상입니다. 주된 망상은 '피해망상'인데, 다른 사람들이 자신을 해치거나 피해를 주려고 한다고 호소하는 것이 그 대표적인 예입니다. 또한 자신의 배우자가 부정한 행동을 한다고 생각하는 '부정망상'과, 가족들이 자신을 버리려고 한다는 '유기망상증' 등이 나타나기도 합니다. 또한 치매환자는 초조, 불안, 우울증, 심한 감정의 변화, 감정실조와 무감동 등의 정서적인 문제를 잘 일으킵니다. 치매환자의 약 40~50%에서는 공통적으로 우울과 불안증상이 나타나며, 특히 치매발병 초기에 환자 스스로가 자신의 문제(병)를 인식하면서 정서적으로 지극히 예민해지는 경우가 많습니다.

행동장애는 치매환자의 약 30~50%에서 나타납니다. 치매환자는 심하게 화를 내거나 폭력을 휘두르는 등의 공격적인 행동, 판단력 부족에서 오는 부적절한 성적 행동, 안절부절 하면서 의미 없는 일을 반복하는 강박적인 행동 등을 보입니다. 대개 치매 초기에는 이러한 행동이 두드러지지 않으나, 치매가 진행되면서 이러한 행동증상이 많아지고 점차 심해집니다.

8. 치매환자가 의심할 때 가족들은 어떻게 대처하는 것이 좋을까요?

치매환자에서 흔히 보이는 증상인 의심(그 정도가 지나쳐 불합리하고 비현실적인 고착된 사고를 가지고 있을 때는 이를 '망상'이라고 한다)은 기억력 감퇴나 능력 및 자신감 상실을 보상하려는 노력의 결과로 나타나는 것입니다. 환자의 의심이 증가될 때, 잘 지낼 수 있도록 도우려면 차분하고 이해심 많은 태도로 환자를 안심시켜야 합니다. 따지거나 다투는 것은 환자를 더욱 방어적으로 만들 뿐입니다. 망상의 정도가 심각하여 환자 자신이나 간호인까지 고통스럽게 할 정도라면 여러 가지 방법의 치료를 시도할 수도 있습니다. 약물로서는 정신질환에 사용하는 도파민 길항제가 효과적일 수도 있지만 종종 심한 부작용을 나타낼 수도 있기 때문에 일단은 일반적인 환경 조절 방법을 취합니다.

먼저 엉뚱한 이유로 주변사람을 고발하는 등의 증세를 보일 때는 무시하는 것이 좋습니다. 그리고 집안 환경이 너무 어둡거나 한적할 때, 감각자극이 감소되어 망상을 유발시키는 경우도 있습니다. 이때는 적절한 조명과 소리(예를 들어 음악)를 계속해서 유지시키는 것이 도움이 됩니다. 관심대상과 장소를 변화시켜줌으로써 집착의 초점을 분산시키는 것도 하나의 방법입니다. 환자에게 친숙한 물건을 익숙한 위치에 두는 것이 필요합니다. 기억력이 떨어지면서 피해의식이 증가하면 망상이 심각해질 수 있기 때문에 환자에게 친숙한 물건을 쥐어주거나 지갑 같은 개인 물품은 본인이 간직하고 있도록 하는 것이 도움이 됩니다. 또 부드러운 접촉이나 안정된 목소리로 환자를 안심시키는 것도 좋습니다.

9. 치매환자의 의심 행동은 가족들을 특히 힘들게 하는데, 이럴 경우 보호자들은 어떻게 하는 것이 좋을까요?

치매환자들을 돌보는 일반적인 원칙이 있습니다.

1) 일상생활을 규칙적으로 만들기

환자들을 규칙적으로 생활하게 하는 것이 그들의 불안을 감소시키는 중요한 원칙입니다.

2) 자립할 수 있도록 도와주기

환자들이 할 수 있는 부분은 최대한 스스로 할 수 있도록 도와줌으로써 그들의 자존심을 유지할 수 있도록 해야 합니다.

3) 인간의 존엄성이 유지되게 하기

환자도 감정을 가진 하나의 인격체임을 항상 명심해야 합니다. 환자들은 자신의 병에 대해 가족들이 공개적으로 언급하면 자극을 받는 경우가 많습니다. 되도록 환자가 있는 곳에서 병의 상태에 대해 이야기하지 않도록 주의해야 합니다.

4) 대립하지 않도록 노력하기

환자와 부질없는 말다툼이 생기지 않도록 조심해야 합니다. 환자의 실수에 대해 그들과 싸우면 그 스트레스로 인해 환자의 상태가 더욱 악화되므로 예민하게 반응할 필요가 없습니다. 환자의 실수는 병으로 인해 생긴 것이라는 점을 기억해 두십시오.

5) 단순한 일 맡기기

감당하기 힘든 복잡한 일이나 선택권이 너무 많은 일을 맡기지 않는 것이 좋습니다.

6) 항상 유머감각을 가지기

환자가 저지르는 실수에 대해 가볍게 웃음으로 넘겨야만 스트레스를 줄일 수 있습니다. 그러나 환자를 놀리는 듯한 느낌이 들도록 웃어서는 안 됩니다.

7) 주변 환경을 안전하게 만들기

신체적인 장애나 기억상실로 인해 사고가 일어날 위험성이 있으므로 주위를 정리정돈하고 위험한 물건을 가까이 두지 않도록 주의해야 합니다.

8) 의사소통을 유지하기

환자의 병이 점점 진행됨에 따라 의사소통이 어려워지므로 환자의 시력이나 청력상태를 (안경이나 보청기의 상태)항시 점검합니다. 얼굴을 마주보고 천천히 이야기하며 몸짓(비언어적 표현)에도 신경을 쓰고, 그들이 자주 사용하는 용어들의 의미를 미리 정리해서 이해해야 하며, 가족들이 말하기 전에 먼저 주의를 끌도록 해야 합니다.

10. 치매환자의 가족에게는 어떤 문제가 생길까요?

치매는 환자 본인에게는 천국이요, 가족에게는 지옥이라고 말할 만큼 가족의 위기를 초래하는 문제이므로 다음과 같은 일이 생길 수 있습니다.

1) 사회적 활동의 제한

치매환자의 인기기능 저하와 문제행동으로 인하여 부양가족들은 노인(치매환자)의 행동에 하루 종일 주의를 집중해야 하므로, 많은 시간을 빼앗기게 됩니다. 따라서 부양자들은 사회적 관계망과의 접촉, 사회적 역할수행에 필요한 개인적 시간과 자율을 가질 수 없게 됨으로써 사회적 활동에 많은 제한을 받게 됩니다.

부양자가 개인적인 시간이 생긴다 하더라도 노인 부양에 대한 중압감으로 인하여 개인적인 용무나 사회적 활동에 참여하지 못하는 경우도 있습니다. 이와 같은 현상이 일어나는 이유는 부양책임성과 개인적 자유 사이에서 심한 심리적 갈등을 겪게 되면서, 사회적 활동을 할 수 있는 심리적 여유가 없어지기 때문입니다. 이러한 현상을 '역할 피로현상' 이라고 하는데, 이것이 가중되면 환자 부양자들의 대인 접촉이 단절되고, 사회적 역할이 상실되면서 자아상실까지도 경험하게 됩니다. 치매는 치매환자 가족들의 사회적 활동에 일차적인 변화를 초래합니다.

2) 가족관계의 부정적 변화

'가족' 은 하나의 체계이고, 가족 성원들 간의 상호작용으로 이루어집니다. 따라서 가족체계 한 부분의 변화는 가족 전체의 항상성을 위협할 수 있습니다. 치매노인과 부양자 간의 관계는 발병 초기에는 발병 이전에 비하여 친밀감이 높아지고 결속력이 강화되는 등의 긍정적인 모습을 보입니다. 하지만 시간이 지날수록 그동안 상호성에 바탕을 두었던 '노인-부양자'의 관계가 일방적 관계로 변하고, 이러한 역할 전환에 따른 관계의 재조정에 어려움을 겪게 되면 역기능적 관계가 초래됩니다.

전체 가족 구성원들 간의 갈등이나 스트레스가 쌓여 부정적으로 관계가 변하는 경우도 많습니다. 예를 들어 치매환자의 나머지 가족 성원들이 부양자가 노인에게 적절한 원조를 제공하지 못한다고 여길 때가 그렇습니다. 이에 따라 부양자의 행동에 대해 불필요한 조언을 하거나, 부양을 잘못한다고 비난 또는 질책하기 쉽습니다. 그렇기 때문에 치매노인 부양자들은 가족 성원들이 자신의 어려움을 이해해주지 않는 것에 대해 섭섭한 감정을 갖고, 다른 가족들이 노인을 돌볼 수 있는데도 아무것도 하지 않는다고 느끼면서 갈등이 고조됩니다.

3) 재정 및 경제활동의 부담

치매환자의 보호와 부양에 따르는 지출이 증가함으로써 가계경제는 압박을 받게 되는데요. 환자의 치료와 간호에 소요되는 비용의 절대 액수가 부족하거나, 치매환자에 들어가는 의료비로 인하여 가족 내에서 발생하는 다양한 재정적 요구를 충족시킬 수 없는 문제가 발생합니다. 또한 경제활동에 참여하고 있던 부양자들은 환자 부양과 경제활동이라는 두 가지 과업 사이에서 갈등을 겪고, 실제로 경제활동에 차질이 생기거나(예를 들면, 승진의 기회가 줄어들거나 이직하는 경우) 적극적 경제활동을 포기하는 경우도 많습니다.

4) 건강상의 부담

치매환자의 부양은 부양자의 신체 및 정신적 건강에도 특히 부정적 영향을 미치는 것으로 알려져 있습니다. 우리나라의 경우, 치매노인의 주 부양자는 치매노인을 부양한 이후로 심장질환, 고혈압, 관절염 등의 신체적 질환을 1가지 이상 앓고 있는 경우가 66%나 되는 것으로 보고된 바 있습니다. 치매노인 부양자들은 부양 역할 뿐만 아니라 가사와 경제활동 그리고 자녀양육 등의 다양한 역할을 동시에 수행하고 있기 때문에, 이러한 과정에서 신체적, 정신적인 탈진에 이르는 경우가 많습니다.

11. 질병에는 무엇보다도 예방이 중요한데 치매를 예방하기 위한 일반적인 방법들이 있나요?

현재로서는 가장 흔한 알츠하이머형 치매의 발병요인이 밝혀져 있지 않으므로 이를 예방할 수 있는 정답은 없습니다. 그러나 치매를 일으킬 수 있는 여러 위험요소들을 예방하고 피함으로써 치매에 걸릴 가능성을 최대한 적게 할 수 있는 방법들이 모색되고 있습니다. 몇 가지를 제시하면 다음과 같습니다.

1) 지속적인 교육과 활동

적어도 8년 이상의 교육을 받았던 사람은 알츠하이머형 치매에 걸리는 위험이 적었다는 역학적 조사 결과가 있습니다. 따라서 독서, 글쓰기, 산수 계산 등과 같은 지적 기술의 적극적이고 규칙적인 사용을 권장해야 합니다. 또한 중증 치매 상태라 하더라도 특정한 재능은 잘 보존하고 있는 알츠하이머형 치매환자들이 많습니다. 예를 들어 노래 부르기, 바느질, 독서, 계산, 카드놀이, 피아노 연주, 그림 그리기, 일부 운동능력 등이 크게 손상되지 않는 경우도 많습니다. 진행 중인 알츠하이머병에도 불구하고, 어떤 특정 기술이 상대적으로 잘 보존되어 있다는 것은 해당 재능 그 자체를 규칙적, 적극적으로 수행함으로써 그 영역의 기능이 최대한 발휘되고 남아있다는 뜻입니다. 일주일에 7킬로미터를 빠르게 걷는 것과 같이, 매일 약 30분씩 규칙적으로 심혈관 운동을 하는 75세 이상의 사람이 다양한 인지기능 척도에 대한 수행이 우수했다는 연구결과가 다수 발표된 바 있습니다. 그러므로 적절한 운동은 치매의 진행을 완화시키거나 예방하는데 도움이 될 수 있을 것으로 추정됩니다.

2) 에스트로겐 보충 요법

폐경 이후 에스트로겐을 복용하지 않은 여자들은 복용한 여자에 비해 뇌졸중, 심장질환, 골다공증뿐만 아니라 알츠하이머병 및 기타 치매의 위험성이 높게 나타납니다. 폐경 이후의 여자들의 경우에는 에스트로겐의 복용이 도움이 될 가능성이 있습니다. 하지만 에스트로겐 복용의 장기적인 효과와 부작용의 가능성에 대해 아직 규명되어야 할 부분들이 많으므로 신중하게 선택해야 합니다.

3) 항산화제 투여

항산화 효과가 있는 비타민제제의 예방효과는 여러 의학 부분에서 관심의 대상이며 치매의 경우에도 예외는 아닙니다. 뇌세포 내에서는 다양한 손상 자극에 의해 프리 래디컬(Free radical)이라는 물질이 생기는데, 이러한 프리 래디컬이 알츠하이머병 환자의 뇌를 손상시키는 물질중 하나일 가능성이 있습니다. 그래서 이러한 프리 래디컬을 감소시킬 수 있는 비타민 C나 E, 베타카로틴, 은행잎 추출물 등을 복용하는 것에 대한 연구들이 수행되어 왔습니다. 아직까지 충분히 체계적인 연구는 부족한 편이나 긍정적인 결과가 다수 보고되고 있습니다.

4) 항염증제제 복용

류마티스성 관절염으로 인해 항염증제제를 복용하고 있는 환자에게서는 알츠하이머병의 발생률이 낮았으며, 쌍생아 연구 결과에서도 항염제를 사용한 사람이 알츠하이머병의 발생 위험이 적었습니다. 그러나 아직까지 충분한 연구는 이루어지지 않은 상태지만 인도메타신(indomethacin)이라는 항염증제제를 복용할 경우 알츠하이머병 환자의 병의 진행경과가 완화된다는 보고가 있습니다.

이상에서 기술된 부분 외에 알츠하이머병의 위험인자일 가능성이 있는 두부손상이나 지나친 음주와 담배, 우울증 등을 피하는 것도 권장할 수 있는 방법입니다.

체념과 회한의 마지막 드라마

죽어가는 과정

1. 최근 '죽음학'이라는 학문이 등장하고, 웰 다잉(well dying)이라는 개념도 생겼는데요. 사람들이 죽어가는 과정에도 단계가 있나요?

그렇습니다. 죽음에도 단계가 있습니다. 큐블러 로스(Kubler-Ross)는 죽어가는 300여 명의 사람들을 면담한 결과 죽어가는 과정(Stages of dying)과 단계가 있음을 발견하였습니다. 그녀는 어떤 단계나 몇 가지 '죽음의 단계'를 동시에 경험할 수 있고, 이 '단계'는 항상 순차적이지는 않지만 일반적인 패턴이 있다는 것을 확인하였습니다. 큐블러 로스의 단계 모델은 죽어가는 사람이 경험해야만 하는 슬픔과 사별의 과정에 대해 가장 잘 알려진 틀이 되었습니다.

첫째 단계는 부정과 충격(denial and shock)입니다. 죽어가는 환자들 중에 대부분의 사람들은 "아니야, 내가 아니야, 그럴 리가 없어"라는 말로 불치병에 반응합니다. 부정과 충격의 반응은 절박한 사망의 실체에 대응하는 일종의 혼란기입니다.

둘째 단계는 분노(anger)입니다. 삶이 지속될 다른 사람에 대한 억울함과 원망이 나타납니다. 이런 분노의 근원은 좋지 않은 의사, 잘못한 간호사, 동정심 없는 가족, 뒤죽박죽인 세상 때문이라고 생각합니다. 분노는 무기력감, 실망감, 좌절의 느낌에 대한 정서를 유발합니다. 내가 죽어도 세상은 돌아갈 것이란 생각 때문에 환자들은 존재의 자괴감을 느끼며 분노를 터뜨립니다. 이때 가족 간의 갈등이 일어날 수 있는데, 가족들은 환자의 불만이나 분노를 이해하고 이에 대처하는 방법을 배워야 합니다.

2. 내가 죽어도 세상은 돌아가며 내일이면 나 같은 사람은 곧 잊혀질 것이라는 생각 때문에 화가 난 것이군요. 다음 단계에서는 어떻게 되나요?

셋째 단계는 협상(bargaining)입니다. 협상은 어쩔 수 없는 운명을 지연시키려는 시도입니다. 만약 꼭 하고 싶은 한 가지를 수행하거나 후회되는 일을 수정할 때까지, 또는 그들이 어떤 누군가를 다시 볼 수 있을 때까지 삶이 연장된다면, 죽음을 받아들일 것을 자기 스스로에게 혹은 누군가에게 약속합니다. 협상은 죽음이 거부될 수 없거나 탈출할 수 없는 현실임을 인정하는 단계입니다. 다가오는 죽음의 실체에 대해 개인이 서서히 대처하는 단계입니다.

넷째 단계는 우울(depression)입니다. 죽음이 다가왔다는 징후 때문에 질환을 더 이상 부정하지 않는 단계입니다. 깊은 상실감을 경험하는 단계라고 할 수 있습니다. 이 상실감은 수술로 제거된 신체의 일부에 대해 느낌이고, 치료에 사용된 돈에 대해서도 느낄 수 있습니다. 그리고 더 이상은 수행될 수 없는 가족과 친구들과의 관계에 대해서도 이런 느낌을 가질 수 있습니다.

깊은 슬픔과 함께 죽음을 부정할 수 없다는 진지한 인식이 이어집니다. 우울은 상실에 대한 당연한 반응입니다. 이는 절박한 상실에 대한 준비와 수용의 상태를 용이하게 하는 마음가짐이기도 하지만, 다가오는 죽음에 대해 할 수 있는 것은 아무것도 없다는 깊은 비탄과 무력감이기도 합니다.

다섯째 단계는 수용(acceptance)입니다. 대부분의 사람들은 운명 앞에서 약할 수밖에 없는 자신의 실체를 받아들입니다. 그리고 조용하게 복종합니다. 이때는 정서가 결여된 사람처럼 초연한 듯 보이기도 합니다. 종종 졸려하기 때문에 실제로 잠이 많아집니다. 더 이상 우울하거나 화내지 않는 단계입니다. 가족들과의 상호작용도 눈에 띄게 줄어듭니다. 이 시기에는 특별하고 중요한 한 사람과 함께 있기를 원합니다.

3. 마지막에는 자기 인생에서 가장 의미 있었던 가족이나 용서와 화해가 절실한 한 사람을 찾을 수 있겠군요. 누구나 그런 사람이 될 수 있을 테니 이에 대처하는 방법 등을 교육받으면 좋겠네요.

네. 준비하고 교육하는 것이 좋지만 대부분의 사람들은 죽음 자체에 대해서도 잘 떠올리기 싫어합니다. 소위 말하는 '죽음부정사회(death-denying society)'에서 살고 있기 때문이지요. 우리 사회에 통용되는 말, 태도, 행동에는 죽음이 부정적으로 암시되어 있습니다. '떠나다'는 말은 호의적이지만 '사망하다'라는 말은 호의적이지 않은 개념입니다. '개똥밭에 굴러도 이승

이 낫다' 와 같은 속담은 죽음에 대한 부정적 인식이 직설적으로 드러나 있습니다. 전설의 고향에 나오는 귀신들은 모두 한이 맺혀 있고, 그들의 죽음은 원한이나 억울함과 연결되어 있습니다. 매스컴에서는 검버섯을 없애고, 흰머리를 검게 물들이는 것이 멋있게 사는 것이라고 부추깁니다. 젊게 보인다는 말은 가장 듣기 좋은 칭찬이 되어버렸습니다. 현대사회는 죽음을 회피하고 연장시키려는 노력을 흡사 인간이 더 바람직하고 유능하며 발전한 증거로 규정했습니다. 이런 사회에서 죽음은 나쁘고 불쾌한 개념이며, 부정하고 억압하며 직면하기 싫어합니다. 그래서 이에 대해 대처하는 방법도 서툰 것이 사실입니다

4. 환자가 죽을 때 병원이나 요양원에 있는 경우가 많아 가족들이 실제로 죽음을 직면할 기회가 부족하기 때문은 아닌가요?

아주 좋은 지적입니다. 실제로 미국인들의 경우 약 85%는 병실과 요양원에서 죽습니다(Marrone, 1997). 삶의 마지막 순간을 가족들도 볼 수 없는 경우가 많습니다. 임종 장면에 가족들이 항상 있는 것도 아닙니다. 건강 전문가와 전문 보조원들은 죽어가는 사람들의 생명을 연장하는 훈련을 주로 받았기 때문에 죽음을 직면하는 것에 불편하고 어색함을 느끼곤 합니다. 죽어가는 환자의 심리상태뿐만 아니라 죽어가는 환자를 하루하루 직접 보는 가족이나 치료자들(의사와 간호사들)도 냉담해지거나 지나친 긴장감으로 탈진하는 경우가 있습니다. 죽어가는 사람

을 대하면서 가족과 의료인으로서 한계를 절감하고 무력감을 느끼기 때문입니다. 어떤 의료진들은 환자가 정작 의료적 지지를 가장 필요로 하는 결정적 순간에 정서적으로 움츠러드는 반응을 보이기도 합니다. 이런 상황들은 환자의 심리상태에도 영향을 줄 수 있습니다. 그래서 최근에는 호스피스 운동 등을 포함하여 이러한 민감한 상호작용에 대해 관심이 증가하고 있습니다. 죽음과 죽어가는 과정에 대한 대학의 교과목도 개설되고 있고, 건강 전문가들과 성직자들도 이에 대해 큰 관심을 가지고 있습니다. 우리나라도 급속한 고령화 사회가 되어가고 있기 때문에 죽음의 문제는 보다 대중적인 주제가 될 것으로 보입니다.

5. 노인들은 죽음에 대해 불안을 느끼며 거부하고, 억울해하나요? 사람들이 노인들의 일반적인 심리상태에 대해 잘못 아는 측면도 있을 것 같은데요.

기본적으로 죽음에 대한 공포는 정상적인 인간의 심리상태입니다. 우리는 살기 위해 노력하며 가까운 사람들의 삶을 위해 노력합니다. 죽음학자인 리차드 칼리쉬(Richard Kalish, 1987)는 실제로는 노인들이 이루지 못한 인생의 과업들을 생각하면서 죽음 앞에서 억울해하지는 않는다는 것을 발견하였습니다. 많은 노인들은 자신이 이미 인생에 중요한 성취를 했다고 느끼고 있었습니다. 그들도 자신의 인생에서 아쉬운 점이 많다고는 생각하지만 그렇게 원통해하고 억울해하지는 않았습니다. 사람들은 노화와 사망에 대한 자각이 높아지는 시기인 중년기 후반부터 죽음을 실체가 있는 분명한 현실이라고 느낍니다. 그러나 일시적인 이 단계가 지나면, 죽을 것이라는 것을 인정하고 이해합니다. 그러면서 삶에 대해 풍부하고 심오한 태도를 갖는 경우가 많습니다.

사실 사람들은 죽는 것 자체도 무서워하지만, 죽음을 지켜보는 것도 이에 못지않게 두려워하는 경향이 있습니다. 가족이나 의미 있는 사람들이 죽는 것을 보면서 남겨진 자신의 실체를 느낍니다. 그와의 관계에서 자신의 진정한 모습을 발견하거든요. 그들은 우리의 거울이었고 나의 또 다른 일부입니다. 의존했던 대상이 사라지는 두려움, 증오했던 사람이 죽는 것을 보면서 느끼는 양심의 가책과 허무함은 삶의 동력이 상실되는 경험입니다. 그래서 평생에 라이벌이라고 생각했던 대상이 죽으면 자신도 무기력해집니다. 그러나 결국 혼자라는 느낌은 나머지 인생에 의미를 부여하는 중요한 전제조건이 됩니다. 어찌 보면 죽음을 바라보면서 사람은 다시 태어나는 것입니다.

제3부

보이지 않는 끈

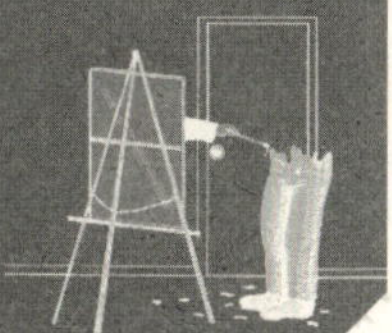

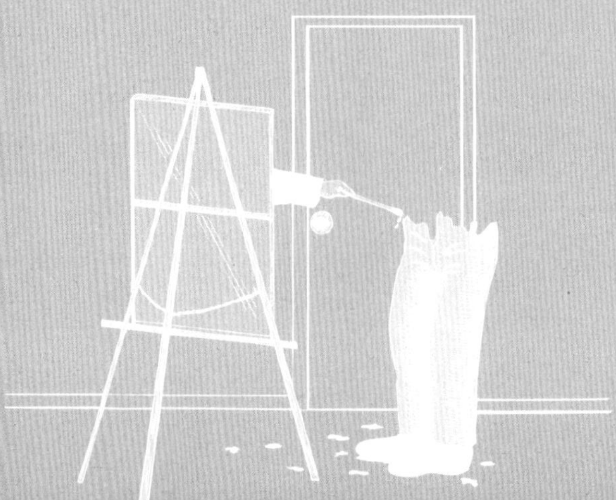

인정하고 싶지 않은 불편한 진실
루키즘

Part III

1. 루키즘(Lookism)은 외모를 중시하는 사회현상을 지칭하는 용어지요?

그렇습니다. 뉴욕타임스의 칼럼리스트 윌리엄 새파이어(William Safire)가 처음 사용한 용어입니다. 그는 인종, 성, 종교, 이념 등에 이은 새로운 차별기제가 바로 외모라고 지목했습니다. 1991년에 런던 데일리그래프 지는 "현대인들에게 가장 큰 압력으로 작용하는 것은 마약과 술, 섹스 그리고 외모"라고 보도한 바 있습니다. 외모에 의한 차별이 인종차별, 성차별, 연령차별, 계급차별에 못지않다고 본 것이지요. 현대사회에서는 이미 용모가 개인 간 우열과 인생의 성패를 가르는 잣대로 심각하게 작용하고 있습니다. 한 조사결과에 따르면 우리나라 13~43세 여성의 68%는 외모가 인생의 성패에 영향을 끼치는 강력한 요인 중 하나라고 대답했습니다. 미혼 여성들의 경우, 외모 가꾸기에 하루 평균 53분을 투자하며 거울은 하루 8.3회 보는 것으로 집계되었습니다. 특히 25~34세 여성들은 개성과 인격보다 외모가 경쟁력이라는 인식이 누구보다도 강했습니다. 그들은 다이어트에 가장 적극적이었고, 성형 수술에 대해 서도 가장 우호적인 태도를 보였습니다. 나이가 어릴수록 신체적 외양을 중요한 기준으로 생각하지만 조금 더 나이가 들면 외모뿐만 아니라 옷차림을 종합해 부와 사회적 지위를 추정하는 경향이 있습니다. 자신의 의사와 관계없이 다른 사람들이 나의 몸과 외모를 관찰한 후 이미 나를 분류하고 계층화한 것입니다. 지금 이 순간에도 그들이 내린 이런 평가가 나에게 적용되고 있을지 모릅니다.

2. 외모에 따라서 여성의 고장난 차를 고쳐주는지를 비교한 TV 프로그램을 본적이 있는데요. 심리학에서도 그런 실험들이 있었겠네요?

네, 언젠가 방영되었던 TV 프로그램에서 그런 내용이 있었습니다. 예쁜 여자가 도움을 청했을 경우 고속도로임에도 불구하고 50여m나 지나쳐 갔던 차들이 다시 돌아와서 몸을 사리지 않고 도와주었습니다. 반면 못생긴 여자가 도움을 청했을 때는 흙먼지만 풀풀 날리며 자동차들은 지나쳤고, 일단 섰다가도 소극적으로 기웃거리기만 하다가 '손 쓸 수가 없다' 며 그냥 떠나 버리더군요.

외모의 효과를 입증한 심리학 실험은 많습니다. 모의 법정 실험에서 판사의 역할을 맡았던 남자는 피의자 역할을 하는 여성의 외모에 따라 형량이 달라집니다. 예상한 대로 외모가 예쁜 여성 피의자들에게 낮은 형량을 부여했습니다. 미인에게 관대한 것이지요. 미국의 경우입니다만 실제로 판사들의 형량도 피의자의 외모에 영향을 받는다는 연구 결과가 있습니다. 이런 외모의 효과는 여성과 나이 어린 사람에게 더 뚜렷하게 나타나는 것으로 확인되었습니다. 그러나 아주 죄질이 나쁜 피의자에 대해서는 오히려 외모가 뛰어난 피의자에게 가혹한 형량을 내린다는 증거도 있기 때문에 인상형성에 관한 외모의 효과는 논란의 여지가 있습니다. 사람들에게 대학 졸업가운을 입고 있는 사진들을 평가하게 하면 외모가 뛰어난 학생의 대학성적이 더 우수했을 것이라고 추정합니다. 외모를 유능성과 연관시키는 경향이 뚜렷하게 나타났습니다. 다른 인구통계학적 변인들을 통제했을 때 키가 클수록 연봉을 더 많이 받는다는 연구결과도 있습니다. 외모의 효과를 입증한 많은 심리학 실험들에서 외모가 사회적인 차별행동에 영향을 주는 현상이 일관되게 확인됩니다.

3. 씁쓸하지만 인정할 수밖에 없는 현실이군요. 심리학적으로 외모가 유능성이라는 인식이 왜 생기게 된 것인가요?

대답은 심리학보다는 우선 생물학에서 찾아야 할 것 같습니다. 기본적으로 진화적인 관점에서 설명할 수 있습니다. 진화의 기본 원칙은 생존(survival)과 번식(reproduction)입니다. 즉, 살아남아서 자신의 유전자를 최대한 많이 퍼뜨리려는 대전제에 의해 행동한다는 것이지요. 배우자를 선택하는 신체적인 기준에서도 몸의 정중앙 축에서 신체 각 부분까지의 거리와 크기를 측정하는 대칭성 정도가 선호도나 매력에 영향을 주는 것으로 확인되고 있습니다. 뇌는 임신 1기부터 분화하기 시작하여 대략 30개월 전후에 좌우뇌가 분리됩니다. 따라서 이 시기에 감염이나 뇌 발달을 좌우하는 위험한 환경에 노출되면 좌우의 신체 발달이 정상적으로 이루어지지 않아 비대칭적인 신체 상태가 됩니다. 사춘기 이후 호르몬의 왕성한 분비도 대칭성을 뚜렷하게 유발합니다. 따라서 대칭성이 약한 사람은 성적인 특징이 뚜렷하게 나타나지 않습니다. 결국 건강하지 못하다는 증거가 될 수 있고 이성에게 어필하지 못할 수 있습니다. 생존과 번식이라는 기준에서 경쟁력이 부족하다는 인식을 줄 수 있겠지요. 컴퓨터로 시뮬레이션한 실험에서도 대칭성에 보다 근접한 사람을 더 잘생기고 유능한 사람으로 평가합니다.

에스(S)라인을 선호하는 것도 근거가 있습니다. 남성이 여성의 외모를 고려할 때 많이 알려진 기준은 허리 대 엉덩이의 비율(waist hip ratio; WHR)입니다. 미스아메리카의 경우에도 수십 년 전에 비해 더 날씬해졌지만 이 비율은 예나 지금이나 허리 대 엉덩이 비율이 여전히 0.7이었습니다. 남자들이 마른 여자를 좋아하는 것 같지만 잘록한 허리에 풍만한 엉덩이 그리고 통통한 허벅지는 실제로 남자들에게 더 어필하는 몸매입니다. 여성의 엉덩이와 허벅지에 쌓인 살은 임신 중 태아의 영양 공급원이 됩니다. 따라서 건강한 아이의 출산과 관계가 깊습니다. 다양한 문화권에서 이 비율을 가지는 여성들이 연령과 기타 조건들을 통제했을 경우 자신도 건강하며, 보다 건강한 아이를 낳는 것으로 확인되었습니다.

크고 예쁜 가슴을 좋아하는 것도 이유가 있습니다. 가슴의 크기는 수유량과는 관계가 없기 때문에 젖을 주는 행위는 양육이라는 관점에서는 별로 이점이 없습니다. 그런데도 크고 예쁜 가슴을 여성들이 부러워하고 또 그런 가슴을 가진 여자들을 대부분의 남자들이 좋아합니다. 인간이 직립보행을 하게 되면서 여성의 생식기는 밑을 향하게 되었고 보이지 않고 감추어진 자세가 되었습니다. 이에 비해 가슴은 아래로 처지지 않고 앞을 향하는 형태가 되었지요. 도드라진 가슴은 감추어진 생식기를 대체하는 여성의 성적인 어필수단으로 진화한 것일 수 있습니다. 결국 여성의 몸을 주목하게 하고 신체의 매력도를 증가시킨다는 점에서 번식에 유리한 외모가 된 것입니다. 남자들이 이러한 외모를 선호하니까 여성들도 이 기준에 부합하려고 노력하는 것일 수 있습니다. 외모는 생존과 번식 능력을 판가름하는 중요한 기준으로 작용했기 때문에 이를 통해 인간의 경쟁력을 평가하려는 심리상태가 자리 잡게 된 것입니다.

4. 나이가 들수록 신체적인 외양에 옷차림 등의 정보를 추가하여 상대를 판단하고 계층화한다고 말씀하셨는데요.

그렇습니다. 외모는 신체적인 특징(appearance)만 의미하는 것이 아니라 넓게 보면 의상과 옷차림 등도 모두 포함한 개념입니다. 의복을 구입하고 착용하는 행위에는 심리적이고, 사회적인 의미도 담겨 있습니다. 아주 기본적으로 방한이나 피부의 보호 등의 목적으로 시작된 의복행동은 오늘날에는 자신의 만족과 남에게 보이는 이미지를 위해 계획적이고 능동적으로 실현되고 있습니다. 각 개인의 의복행동은 경제적인 능력과 사회적 역할에 따라 다르게 나타나며 자연스럽게 개인의 지위를 상징하게 되었습니다.

사회적인 계층을 형성하는 요인에는 재산의 정도, 교육 수준, 직업, 사회적인 역할과 지위, 생활모습 등이 있습니다. 이러한 요인은 의복행동에도 당연히 영향을 줍니다. 결국 의상 등을 통해 상대의 사회적인 지위와 존재감을 확인하는 것입니다. 그를 어떤 수준에서 대우해야하고 그에게 어떻게 행동하는 것이 잠재적으로 나에게 도움이 될지를 냉정하게 계산할 필요가 있습니다. 그런 점에서 외모와 의상은 정보적인 가치가 있습니다. 외모로 상대를 빨리 판단하는 것은 그래서 적응적인 의미가 있습니다. 대부분의 사람들은 외모로 사람을 판단하면 안 된다고 배우고 또 그렇게 알고 있지만 자신도 모르게 이 기준을 즉각적으로 적용하곤 합니다. 적응과 진화라는 생물학적 본성이 인간성이나 윤리적 당위성보다 한발 앞서 작동하는 셈입니다.

5. 의상 등의 과시를 통해 사회적인 지위를 드러내는 것이군요.

그렇습니다. 토스타인 베블런(Tostine Veblen)은 상류층은 과시적 소비를 통해 사회적 지위를 확립한다고 주장한 바 있습니다. 과시적 소비는 자신이 특정한 사회계층이나 특수한 유한계층에 속해 있는 것을 상징하기 위해 의복을 구입하는데 있어서 아낌없이 그리고 헛되이 소비하는 행동을 말합니다. 이것을 베블런효과(Veblen effect)라고 합니다. 이는 신체적인 외양이라는 1차적인 외모에, 의상이라는 2차적인 외모가 추가 보완되면서 자신이 얼마나 경쟁력이 있는 인간인지 드러내는 과정과 관련이 있습니다.

인간은 자신의 경쟁력을 과시하려는 본능이 있습니다. 인간의 본능이 결정된 원시시대로 돌아가서 설명하겠습니다. 원시시대에 부를 쉽게 얻는 유일한 방법은 지위를 얻는 것이었습니다. 높은 지위를 차지한 남자에게는 식량과 여자가 저절로 따라왔을 것입니다. 높은 지위를 얻지 못하면 자신의 유전자를 퍼뜨릴 기회조차 주어지지 않았겠지요. 지위가 낮은 원시인들은 학대받았고 더 많은 스트레스를 받았을 것입니다. 그래서 원시인은 힘과 용맹을 과시해 지위를 차지할 필요가 있었습니다. 과시는 거절할 수 없는 유혹이고 생존을 위한 본능으로 자리 잡을 수밖에 없었습니다. 원시 부족에서는 적의 머리를 베어서 자기 집 앞에 걸어놓을 수 있는 사람이 추장의 자격이 있었습니다. 이러한 야만적 과시는 즉시 부족 구성원에게 존경을 받을 수 있었습니다. 요즘 최고경영자들이 집무실 평수를 중요시하고 골동품이나 진귀한 박제로 과시하는 것도 수컷 공작이 화려한 꼬리를 과시하는 것과 본질적으로 같다는 것이 베블런의 설명입니다.

오늘날의 현대인도 여전히 과거 원시인의 과시 본능이 분명이 유지되고 있고 이것은 의복행동 등 다양한 소비행태로 드러나고 있습니다. 베블런효과에 의하면 고가의 제품은 가격이 오르는 데도 수요가 줄어들지 않고, 오히려 증가할 수 있습니다. 경제상황이 악화될수록 고가의 물품을 구입하는 사람들은 상대적으로 유능한 사람들이고 또 선택받은 사람이라는 인식이 더 강해집니다. 인간의 과시본능이 소비행동으로 나타난 것입니다. 이들에게 불황은 오히려 자신을 과시하는 절호의 기회인 셈입니다.

과시적 여가라는 용어도 자신이 육체적인 1차적 노동을 하지 않음을 나타내기 위한 의복행동과 관련이 있습니다. 손질이 필요하고 조심스럽게 입어야 하는 옷이나 즐기기 위해 필요한 의복을 사고, 용품이 많은 여가나 운동을 선택하는 행동이 여기에 해당할 수 있습니다. 부대비용이 많이 드는 여가나 운동은 아무나 즐길 수 없습니다. 이에 참여한다는 것 자체가 그만큼 여유가 있다는 것을 과시하는 암묵적인 효과가 있습니다.

많은 사람들이 분수에 맞지 않게 치장하고 명품을 숭배하는 사람들을 속물이라고 비웃습니다. 그러나 저는 그들이 자신의 경쟁력을 힘에 부치게 과시하면서 눈물겹게 노력하는 사람들이라고 생각합니다. 소비하고 과시하는 것은 자신의 존재감을 확인하는 행위입니다. 살아남고 어필하겠다고 발버둥치는 사람을 비웃을 것까지는 없습니다. 그런 행동을 하는 사람이 속물이라면 넓은 의미에서 우리 모두는 속물입니다.

옷으로 드러나는 진짜 나

성격과 패션

Part III

1. 옷 입는 것을 보면 그 사람의 일반적인 취향이나 태도 같은 것을 알 수 있을 것 같은데요. 성격과는 어떤 관계가 있을까요?

지금 말씀하신대로 취향이나 태도도 큰 범주로 보면 성격에 포함시킬 수 있기 때문에 옷 입는 것과 성격은 분명 관계가 있습니다. 의복을 선택하고 구매하는 과정뿐만 아니라 의상을 적절하게 착용하는 것은 자신을 드러내는 것입니다. 이러한 전반적인 패션자체가 사회적인 관계를 맺는 나름대로의 정해진 방식이기 때문에 개인의 안정된 특성인 성격이 상당 부분 반영될 수밖에 없습니다.

2. 의상으로 자신을 드러내기 때문에 기본적으로 스스로를 어떻게 바라보고 또 인식하고 있는가가 패션에 분명히 영향을 주겠군요?

그렇습니다. 바로 성격과 행위의 중심개념이 바로 자아(self)입니다. 자아개념은 사실(reality)을 반영하는 것이 아니라 경험하는 사람에 의해서 인식되는 자아입니다. 그래서 어떤 사람은 다른 사람이 볼 때는 아주 성공했을지라도 그 자신을 실패자로서 바라볼 수도 있습니다. 이와 같이 개인은 자신의 자아개념과 관련시켜 모든 경험을 평가하며, 그 자신의 자아상과 일치되는 방법으로 행동하기를 원합니다. 자아개념은 일관성을 유지하려는 경향이 있기 때문에 그 범주 안에서 새로운 경험이나 정보를 '선택적'으로 받아들이게 됩니다. 다시 말해서 자아개념과 일치 또는 조화되는 정보는 즉시 받아들이고 불일치하는 정보는 걸러내는 분명한 기준이 생기는 것이지요.

의복과 자아의 다면적인 관계를 연구한 손탁과 슐레터(Sontag & Schlater, 1982)는 '자아와 의복의 근접성(proximity)'이라는 개념을 제안한 바 있습니다. 그들은 의복이 자아의 한 구성요소이고, 자아가 형성되고 확인되는 외모의 한 측면이라고 전제하였습니다. 사람들은 의복을 자기에 대한 정체감 · 기분 · 태도를 전달하는 의미 있는 상징이며, 자기가치와 자존심을 표현하는 수단으로 생각합니다. 우리가 선호하는 의복은 그 의복이 갖는 이미지와 자아상이 부합할 때 육체적 안락감 못지않게 심리적 안락감을 줍니다. 그 반대로 우리의 자아상에 부합되지 않는 의복들은 입기 꺼려집니다. 우리 자신의 내면적 특징과는 다른 것을 나타내기 때문에 아무리 몸에 잘 맞는다 하더라도 심리적으로 불안감을 일으키기 때문에 자주 입지 않게 된다는 것이지요. 이와 같이 우리가 착용하는 의복은 스스로가 생각하는 자기의 표현인 셈입니다.

3. 기본적으로 의복을 선택하고 만족하는 것이 자아개념과 관련되는군요. 기본적으로 패션에 관심이 많은 사람이 있지 않나요? 특히 여자들이 그럴 것 같은데요.

1950년대에 이에 관한 라이언(Ryan)의 고전적인 연구가 있었습니다. 그는 의복에 대한 관심이 극단적으로 낮은 여대생과 의복에 대한 관심이 극단적으로 높은 여대생을 대상으로 로르샤하(Rorschach) 성격검사를 실시하였습니다. 연구 결과 의복에 관심이 낮은 여대생들은 감정의 동요가 적고, 환경에 덜 의존적이며, 상상력이 풍부한 생활을 하는 것으로 나타났습니다. 또한 그들은 환경에 대한 정서반응이 좀 더 성숙하며 감정의 통제도 더 능숙한 것으로 확인되었습니다. 이에 비해 의복에 관심이 높은 여대생들은 환경변화에 더 의존적이고 민감하게 영향을 받았습니다. 또 감정이 다소 불안정하고 기복이 심한 특성이 있었습니다. 그는 자기가 생각하는 자기의 측면인 'I' 보다 남들이 생각하는 자기의 모습인 'Me' 에 영향을 크게 받는 사람이 의복에 지나치게 집착한다고 결론을 내렸습니다. 물론 'I' 와 'Me' 는 'Self' 를 구성하는 두 가지 측면입니다. 결국 남들에게 보이는 자기에게 큰 비중을 두는 사람이 자신의 의상에 더 민감하다는 것이지요.

4. 자기 스스로에게 자신이 없기 때문에 남에게 비춰지는 자기를 의식하느라고 의복에 더 신경을 쓴다는 말씀이신가요?

자기 확신이 높을수록 옷에 의존하는 경향이 적은 것은 일관되게 나타납니다. 그들은 옷보다는 능력이나 경력 같은 본질적인 이미지의 일관성을 통해 자기개념을 드러내려고 합니다. 상황에 따라 옷을 달리 입어야 한다고 과도하게 집착하는 사람은 자신에 대해서 확신이 없고 자신감이 부족한 사람일 가능성이 있습니다. 슈나이더(Snyder, 1979)는 상황에 맞추려고 애쓰는 사람들과 자신의 본래 모습을 유지하려는 두 가지 유형으로 사람들을 분류한 후 오랫동안 관찰하였습니다. 그 결과 자신의 본래 모습을 지키려고 하는 사람일수록 개성적인 옷을 일관되게 입는 것을 발견하였습니다. 그는 패션 감각이 좋은 사람이란 다양한 사회적인 환경에 애써 맞추어 옷을 입기 보다는 옷을 통해 일관되게 자신을 드러내는 사람이라고 결론지었습니다. 이러한 결과는 남녀 모두 마찬가지였습니다.

5. 자아개념뿐만 아니라 구체적인 성격특질에 따라서도 옷을 통해 자신을 드러내는 패턴이 다를 것 같은데요.

그렇습니다. 성격은 개인의 안정된 특징이기 때문에 옷을 선택하고 또 이에 만족하는 정도에 일정한 관련성이 있습니다. 에릭슨과 서지(Erickson & Sirgy, 1985)는 미국 대학에 근무하는 교수와 직원 390명을 대상으로 성격과 패션과의 관계를 연구한 바 있는데 특히, 성취동기가 높은 사람들이 사업가 유형의 옷(businesslike clothes)을 주로 입는다는 것을 발견했습니다.

로센필드와 플락스(Rosenfeld & Plax)는 의복과 성격 사이의 관계를 성별에 따라 규명하려는 연구를 수행한 바 있습니다. 그들의 연구에 의하면 남녀 모두 의복을 많이 의식하는 사람들은 다른 사람들에게 동조하는 경향이 높았고, 더 불안한 경향이 있었습니다. 이에 비해 의복을 덜 의식하는 사람들은 독립적이고 공격적이었습니다. 의복으로 자신을 드러내려는 경향성인 과시성(ostentation)요인에서도 차이가 있었습니다. 남자의 경우 과시성 점수가 높은 사람일수록 공격적이고 자신감이 있었지만 동정심은 상대적으로 낮았습니다. 여자의 경우, 의복의 과시성이 높은 사람은 급진적이고, 대인관계에서 크게 상처받지 않는 특징이 있었습니다. 의복 과시성이 낮은 여자는 소심하며 열등감이 많았습니다.

상황에 적절하고 멋진 옷이 반드시 편한 것은 아닙니다. 자신의 안락함과 편안함을 추구하는 의복의 실용성(practicality) 차원에서도 남녀간에 차이가 있었습니다. 남자의 경우 의복의 실용성에서 높은 점수를 받은 사람은 반항적이며 지도자의 성향이 낮았습니다. 이에 비해 실용성이 낮은 남자는 성공 지향적이고 자신과 다른 사람에 대하여 분석적인 특징이 있었습니다. 이들은 옷이란 다소 불편하더라도 사회적인 맥락에서 예의를 지키는 도구라고 생각합니다. 그러나 여자의 경우는 조금 달랐습니다. 의복의 실용성이 높은 여자들은 자신감이 있었으며 외향적이었고, 스스로 우월하다고 생각하고 있었습니다. 오히려 실용성이 낮은 여자는 독립적이었지만 지나치게 자기중심적이었으며, 친구 관계에 큰 의미를 부여하지 않는 성격이었습니다. 의복과 실용성 점수에 있어서는 높은 점수의 남자와 낮은 점수의 여자의 성격이 비슷하였고, 실용성의 점수가 낮은 남자와 점수가 높은 여자의 특성이 비슷하였습니다.

6. 그 외에 다른 성격과 패션과의 관계를 연구한 결과들이 있나요?

폐쇄적이고 비밀이 많은 사람은 옷을 타이트하게 입고, 대인관계에서 상대적으로 더 까다로운 경향이 있습니다. 정서적으로 불안정한 사람이 평범하고 예측 가능한 스타일을 거부하고 디자인이 독특한 옷을 입습니다. 이들은 특히 옷감보다는 색깔과 무늬를 중요시하며 유행을 좇는 경향이 있습니다.

외향적인 남자들은 체크무늬와 박스형 정장을 좋아하고, 청색과 녹색을 선호한다는 연구 결과도 있습니다. 지나치게 정장만을 고집하는 남자는 타인 의존적이며 옷도 잘 못 입는 사람입니다. 남자에게 있어서 양복은 사회적인 매너이기도 하지만 사실 아무 생각 없이 고민하지 않으려고 입는 옷이기도 합니다. 양복을 입지 않았는데도 멋진 매칭을 하는 남자가 진짜 패션에 신경을 쓰는 사람들이지요. 남녀 모두 대담한 옷은 매력적이지만 이기적인 사람이라는 인상을 주는데 실제 성격 특성도 그런 경향이 있습니다. 재미있는 것은 옷이 매우 많은데도 불구하고 또 옷을 사고 유행이 바뀌면 새 옷을 사는 사람들은 스스로도 자신의 성격이 좋지 않다고 생각한다는 것입니다. 스스로에 대한 불만이 많을수록 다른 사람들의 호의적인 평가로 이를 만회하려고 하기 때문에 패션에 더욱 집착하는 것이겠지요.

7. 옷에 대한 관심의 정도가 높을수록 자기에 대해 만족하지 않는 것은 공통적인 연구결과이군요.

네, 그렇습니다. 그러나 옷에 대해 관심이 높은 것과 패션 감각은 별개의 문제입니다. 옷에 대한 높은 관심은 타인의 시선을 끊임없이 인식한다는 것입니다. 입고 있는 옷을 통해 관심을 끌고 인정을 받으려는 욕구를 나쁘다거나 바람직하지 않다고 말할 수 없습니다. 즉, 자신의 내면세계가 아닌 외부환경의 평가에서 자존감을 되찾고자 하는 심리를 반영하는 것입니다. 이것 역시 자아의 또 다른 측면이기 때문에 결국 이 모든 것이 통합되어서 자기(self)를 이루는 것입니다. 결론적으로 패션 감각이 좋다는 것은 타인에게 자신이 지닌 가장 긍정적인 요소들을 입은 옷으로 보여주는 능력입니다. 이러한 특성은 개인의 자질이지만 개발할 수 있습니다.

유치하고 뻔한 사랑놀이

구애행동

1. 대부분의 사람들이 느끼는 연애 감정이나 배우자를 찾는 구애행동은 전형적인 단계와 보편적인 규칙이 있다면서요?

네, 사실 이런 행동은 우리가 이미 해왔고 어쩌면 아주 오랜 세월 동안 확립되어온 행동일지도 모릅니다. 더 정확하게 말하면 진화과정을 거쳐 남자와 여자의 마음속에 누적된 행동일 수 있습니다. 인간의 구애, 사랑, 결혼의 근본적인 표현법은 다른 영장류 동물들의 방식과 대단히 유사하므로 이러한 공통점을 중심으로 설명하겠습니다.

독일의 동물행동학자인 아이블(Eible)은 프랑스, 일본, 아프리카, 파푸아뉴기니, 아마존 유역에 거주하는 여성들의 교태행위에 공통적인 패턴이 있는 것을 보고한 바 있습니다. 문명의 정도와는 관계없이 여성들은 이성을 유혹하는 분명한 몸짓언어가 있었습니다.

먼저 여성들은 자신들에게 관심을 보이는 대상에게 미소를 보이고는 눈썹을 얼른 찡긋거리며 눈을 크게 뜨고 대상자를 바라봅니다. 그다음 다시 눈을 내리깔고 고개를 아래나 옆으로 기울이며 시선을 다른 곳으로 돌립니다. 또 자주 손을 얼굴에 올려 키득거리거나 부자연스럽게 웃습니다. 남자와 여자들에게 나타나는 공통적인 몸짓언어는 '가슴 내밀기' 동작입니다. 이것은 동물의 왕국 전반에 나타나는데 기본적으로 자신감을 표현하는 행위입니다. 동물들은 몸을 부풀려서 자신의 우세를 표현합니다. 당연히 자신보다 강한 상대를 만나면 발끝을 오므리고 어깨를 움츠리며 머리를 숙이는데 특히 침팬지는 권력자 앞에서 머리를 반복적으로 아주 빠르게 끄덕이면서 가슴을 땅으로 향하게 합니다. 대부분의 영장류 동물에게 가슴 내밀기 동작은 수컷 혹은 암컷으로서 자신감을 드러내는 중요한 동작입니다. 예를 들어, 여성이 하이힐을 신으면 발끝이 앞으로 쏠리기 때문에 균형을 잡기 위해 엉덩이를 뒤로 빼야하고 자연스럽게 가슴을 내미는 신체형태가 됩니다. 이 상태에서 몸을 숙이면서 걷기는 대단히 어렵기 때문에 허리는 세우고 다리는 곧게 펴서 걸어야 합니다. 엉덩이가 기우뚱거리는 다소 부자연스러운 동작이지만 또각대는 하이힐의 굽 소리는 시선을 집중시키는 부가적인 효과도 있습니다. 일직선의 다리, 돌출된 엉덩이, 내민 가슴, 그리고 꼿꼿한 허리 그리고 다소 요란스러운 걸음걸이는 여성의 성적인 매력과 구애의 자신감을 드러내는 멋있는 몸동작입니다.

2. 미국 드라마 「섹스 앤 더 시티」의 여주인공인 캐리가 하이힐에 집착하는 것은 어찌 보면 구애행위의 일종으로 볼 수도 있겠군요. 그럼 그다음 단계는 어떤 행동을 보이나요?

응시는 아마도 가장 특징적인 구애행위일 것입니다. 응시란 한마디로 '눈으로 주고받는 대화'라고 할 수 있습니다. 눈길이 마주치면 접근하거나 회피할지 분명한 의사표현을 해야 하는데, 사람들은 이때의 긴장감을 완화하고 판단할 시간을 벌기 위해 옷매무새를 바로잡고 하품을 하거나 안경을 만지작거리는 등의 대체행동을 합니다. 결국 접근하겠다고 판단하면 3초 정도 뚫어지게 쳐다보면서 동공이 확대됩니다. 주의가 집중되고 관심이 증가하면 시각적인 정보처리를 빠르고 많이 해야 하기 때문에 동공이 확대되는 것입니다. 일반적으로 남녀가 사귀거나 관심을 보일 때는 눈 접촉(eye contact)이 가장 의미 있는 단서입니다. 두 남녀가 대화하는 과정을 비디오를 찍어 관찰해보면 친한 사람끼리는 대화할 때 쳐다보는 시간이 서로 비슷합니다. 그리고 친할수록 쳐다보는 시간이 증가하는 경향이 있습니다. 즉, 10분간 대화하면서 A는 B를 5분 쳐다보는데 B는 A를 3분만 쳐다본다면 그 둘은 그렇게 친밀한 관계가 아닙니다.

3. 경계하거나 위협할 때도 동공이 확대되고 서로 쳐다보지 않나요? 이때에도 정보처리가 필요하고 또 주의가 집중되어야 할 텐데요.

맞습니다. 그러나 구애와 관심이 나타날 때의 눈 접촉은 눈가와 입가에 미소가 수반된다는 점에서 분명히 다릅니다. 안면표정과 정서상태에 관한 연구는 다윈의 관찰 이후 많은 학자들의 관심을 받아온 연구주제였습니다. 인간의 안면표정에 보편적인 특성이 있다는 것을 확인한 폴 애크만(Paul Ekman)은 이 분야의 세계적인 권위자입니다. 그에 따르면 특히 '윗니 미소(upper smile)'는 강력한 관심의 표시입니다. 윗니를 드러내는 이 행동에는 6분의 1초 정도의 눈썹 동작이 수반됩니다. 그 찰나의 시간 동안 눈썹을 들어 올렸다가 금세 내리는 동작이 어김없이 나타납니다. 침팬지와 고릴라의 경우 상대를 위협하거나 경계할 때는 윗니가 아니라 아랫니를 드러내며 응시합니다. 인간도 바라보면서 아래턱을 앞으로 내미는 동작을 하는데 이것은 호감을 나타내는 것이 아니라 경고의 표시입니다.

더 친밀해지고자 할 때는 위아래 입술이 완전히 젖혀지고 윗니와 아랫니가 모두 드러나는 '개방적 미소(open smile)'가 나타납니다. 미국 여배우 줄리아 로버츠의 미소와 표정을 연상하면 이해하기가 쉬울 것입니다. 남녀 간에 이러한 미소가 발견된다면 일반적으로 상대를 유혹하는 전형적인 표정입니다.

인간의 또 다른 미소의 유형인 '초조한 사교적 미소(nervous social smile)'는 구애에서 확실히 부정적인 역할을 합니다. 이 미소는 입 꼬리를 양쪽으로 당기고 꽉 다문 이를 아래위 모두 드러내는 미소입니다. 이는 궁지에 몰렸을 때 이빨을 드러내는 먼 옛날 포유동물의 습성에서 유래한 것입니다. 침팬지들도 강한 상대를 만났을 때 이러한 미소를 보입니다. 그들은 공포심과 친근감 그리고 타협의 뜻을 한꺼번에 전달할 때 이 미소를 보입니다. 인간도 도망가거나 관계를 끊기도 어려운데 결코 가까이 하고 싶지 않은 대상을 대할 경우 이러한 미소를 보입니다. 진짜 좋아하는 사람 앞에서는 결코 이런 미소를 드러내지 않겠지요.

4. 가슴을 내밀고, 눈을 접촉하고, 개방적인 미소를 지은 다음에는 어떻게 하나요?

『러브시그널(love signal)』의 저자인 데이비드 기븐스(David Gibbens)는 미국의 사교장에서 젊은 남녀가 만나는 장면을 오랫동안 관찰한 후 남녀의 접근과 구애행동이 동물과 대단히 유사하다는 결론에 도달했습니다. 그들의 연구 결과 호감을 표시한 남녀는 네 단계 구애행동을 하는 것으로 나타났습니다.

첫 단계는 '관심 끌기 단계' 입니다. 남성이나 여성은 일단 자기 공간을 확보하려는 전형적인 행동을 합니다. 좌석, 기댈 자리, 그리고 이동이 용이한 장소를 신중하게 물색합니다. 그 공간에서 몸을 움직이고, 다리를 바꿔 꼬며, 과장된 손짓과 커다란 웃음으로 좌중의 시선이 자기에게 쏠리게 합니다. 동부 아프리카의 비비 원숭이도 성적인 만남을 예견할 때 뽐내듯이 요란스러운 행동을 하며 곁눈질을 하면서 앞뒤로 왔다 갔다 하는 동작을 반복합니다. 머리를 매만지고 옷매무새를 가다듬거나 화장을 고치는 등의 몸단장을 하는 것도 유사합니다. 고릴라도 이때 털을 매만지고 몸에 붙은 풀 등을 강박적으로 떼어내는 동작을 보입니다. 특히, 여성들은 머리카락을 비비꼬거나 수줍은 듯 쳐다보며 윗입술을 핥는 동작을 합니다. '나 여기 있어요' 라는 신호를 보내는 것이지요. 남성들도 의복이나 장신구 등을 이용하여 자신의 가치를 홍보합니다. 자신이 얼마나 대단한 사람인지를 보여주는 것이지요. 그들은 자신의 중요성과 접근 가능성을 드러내기 위해 눈물겨운 행동을 반복합니다. 예전에 모 신용카드 광고에서 미남배우 정우성이 다소 과장되고 낯간지러운 구애행동을 하면서 여자를 위해 카드에 멋지게 서명하고 화면을 응시합니다. 그러고는 "당신의 능력을 보여 주세요"라는 멘트가 이어집니다. 이 잘생긴 배우의 초연한 표정이 어찌나 폼나는지 남자 여자 할 것 없이 모두 감동할 정도였습니다. 이성의 시선을 잡아두기 위한 행동에는 인간과 동물의 차이가 없습니다.

5. 시선을 끈 다음에는 대화를 해야겠네요?

맞습니다. 눈을 마주치고 미소를 짓는 것은 비언어적인 단서일 뿐이고 본격적인 구애행동은 당연히 대화입니다. 『털없는 원숭이(The Naked Ape)』의 저자인 데스먼드 모리스(Desmond Morris)는 이 단계에서 남녀의 '준비대화'가 한가롭고 별 내용도 없지만 평소보다 목소리 톤이 더 높고 부드러우며 풍부한 억양으로 이루어진다는 것을 발견했습니다. 높은 음조의 나긋하고 감미로운 말투는 얼굴을 가린 상태에서 음성만으로도 구별이 가능할 정도입니다. 낮은 음조에 딱딱하고 빠르며, 억양이 강하지 않지만 분명한 어투는 사무적이고 무관심한 대상에게 나타납니다. 이런 방식은 감정을 자제하고 객관적인 태도를 가져야하는 아나운서의 말투와 대단히 유사합니다. 차갑고 냉정하며 지극히 계산적으로 보이는 말투이기 때문에 호감을 가진 이성 간에는 거의 발견되지 않습니다.

대화는 일종의 탐색작업입니다. 음성을 통해 화자의 의향뿐만 아니라 출신배경과 교육수준, 더 나아가 잠재적인 짝을 한순간에 매료시키거나 멀어지게 만드는 성격적인 특성까지도 알아낼 수 있습니다. 특히, 이성은 대화를 통해 일차적으로 상대의 직업을 알아내려고 합니다. 직업은 그 또는 그녀에 대한 가장 포괄적이고 정확한 정보원입니다. 직업은 미래의 행동 특성을 예측하는 단서이기도 합니다. "당신은 도대체 무슨 일을 하는 사람인가요?"를 알아낸다면 상대의 능력, 취향, 태도도 짐작할 수 있습니다. 암컷 고릴라는 수컷 고릴라의 지배 서열에 대단히 민감하게 반응합니다. 특히, 사회적 지위를 보여주는 남성의 직업은 여성의 구애행동을 진전시키는 중요한 단서입니다.

6. 구애행동이 진전되면 실제로 접촉하는 단계가 이어질 것 같은데요?

정답입니다. 사실 우리 모두는 이미 이러한 구애행동을 너무 잘 알고 있으며 또 지금까지 잘 해오고 있습니다. 그만큼 뿌리 깊은 진화적 토대가 있다는 뜻이지요. 접촉은 '의도적인 신호들'을 함으로써 시작합니다. 몸 앞으로 기울이기, 한걸음 더 다가서기, 우연인 듯 신체 부위를 접촉하기 등이 대표적인데 대개 접촉을 먼저 시도하는 쪽은 여성들입니다. 사실 접촉을 받는 사람들도 이 행동이 주는 메시지를 단번에 알아차립니다. 특히 접촉을 받은 남자가 기겁하듯이 움찔한다면 두 사람의 만남은 그

것으로 끝납니다. 이 신호에 둔감하다면 미련하거나 센스가 없는 사람이고 애써 무시한다면 자신에게 관심이 없는 것이니 더 관계를 진전시키는 것 자체가 부담입니다. 대부분의 포유동물도 구애행동을 할 때 애무를 합니다. 수염고래는 지느러미를 비비고, 수컷 나비는 배를 쓰다듬는 행위를 합니다. 돌고래는 살짝 깨물며, 두더쥐는 코를 문지르고, 개는 서로를 핥습니다. 접촉은 관능의 어머니입니다. 스킨십을 허용하고 진전시키는 것은 구애행동의 결정적인 고비입니다.

7. 네번째 단계는 무엇인가요?

이것은 '동시적 행동단계' 라는 것입니다. 동작이나 행동의 일치성은 남녀 간의 만남에서 보이는 가장 흥미로운 현상 중의 하나입니다. 잠재적인 연인들이 서로에게 편안함을 느끼면 그들은 몸의 위치를 바꾸거나 회전시켜 서로를 똑바로 마주보는 자세를 취합니다. 이후에 동시에 같은 동작을 취하는 경향이 있습니다. 남자가 잔을 들면 강요하지 않았는데 여자도 잔을 드는 식입니다. 시간이 지남에 따라 두 사람이 동시에 같은 행동을 하는 빈도가 늘어갑니다. 남자가 다리를 꼬았을 때 여자도 다리를 꼬고, 남자가 왼쪽으로 기대면 여자도 왼쪽으로 기댑니다. 기븐스와 퍼퍼(Givens & Perper)는 자손의 번식과 생존을 위해 서로 협동해야 하는 인간이 공동 보조를 맞출 필요가 있었고, 이 과정에서 좋아하는 남녀에게 동작의 일치성이 진화적 가치가 있었다고 설명하였습니다. 그런 의미에서 보면 남녀가 몸을 맞대고 춤을 추는 동작은 진화과정에서 대단히 의미가 있는 놀이입니다. 춤은 동시적 행동을 전제하는 율동입니다. 남녀가 같이 춤을 추는 행동은 구애적 의미가 있다고도 볼 수 있습니다.

신체적 동작뿐만 아니라 자아개방(self disclosure)에서도 유사하게 보조를 맞춥니다. 자신에 대해 노출하는 정도가 비슷하다는 것입니다. 친한 사람은 대화의 주제나 깊이가 서로 비슷합니다. 만약 어떤 사람이 상대에게 자신의 부모가 최근에 이혼했다는 말을 했다면, 그 말을 들은 친구도 자기 아버지가 얼마 전에 부도가 났다는 수준의 노출을 해주어야 합니다. 이 노출의 균형이 다르면 관계에서 불편함을 느끼고 결국 깨질 가능성이 있습니다. 남녀 간에도 마찬가지입니다. 애정을 느끼는 친한 남녀 간에는 신체적인 동작뿐만 아니라 스스로에 대해 드러내는 정도가 유사해집니다. 동반자적 관계가 되기를 바라는 것입니다.

이제 이 네 단계를 거치면 남자와 여자는 친밀한 관계가 되고, 성적인 행동을 하게 됩니다. 인간의 성적인 행동은 생물학, 인류학, 심리학 분야에서 아주 고전적인 주제이며, 구애행동의 당연한 결과입니다. 진화심리학자들은 성행동을 하지 않는 구애행동이 가능하다고 생각하지 않습니다. 그 다음 단계는 우리가 이미 답을 알고 있습니다.

우정의 숨은 속셈
호혜적 이타성

1. 우정이나 친구라는 단어를 떠올리면 든든하고 기분이 좋아지잖아요. 심리학적으로는 우정을 어떻게 설명하나요?

'우정'을 어떻게 정의하느냐에 따라 대답이 조금 달라집니다. 기본적으로 우정은 협동이나 이타성이라는 진화적 관점에서 설명할 수 있습니다. 즉, 지금 내가 다소 손해를 보더라도 미래에 언젠가는 보답이 따른다는 확신이 클 때 우정을 지속시킨다는 설명입니다. 호혜적 교환에 대한 확신 혹은 기대가 우정이라는 감정을 진화시킨 것입니다. 이 관점에서는 진화를 위한 장기적인 투자인 셈이지요. 만약 그것이 사실이라면 친구를 위해 투자한 시간과 노력 그리고 에너지를 되돌려 받기 어렵다고 확신이 드는 사람이 먼저 우정을 깰 것이고, 상대적으로 유무형의 이익을 더 많이 보고 있다고 느끼는 사람이 그 우정을 계속 지속시키려 할 것입니다. 조금 거북하게 들릴지 모르겠지만 우정은 냉정하게 계산된 감정일 수 있습니다.

2. 진화 심리학적으로 볼 때 우정도 이기적이고 계산적인 감정이군요. 하지만 친구가 미래에 이익을 줄지, 계속 손해만 입힐지는 모르잖아요. 살다보면 별 도움이 안 될 것 같은 친구가 큰 도움을 주는 경우도 있고요.

물론입니다. 인간관계를 단정하거나 확신하는 것은 정말 섣부른 행동입니다. 말씀하신대로 싫어하고 도움이 될 것 같지 않았던 친구가 결정적인 순간에 의외로 도움을 주는 경우도 있고 완전히 관계를 끊어버리기에는 혹시나 하는 생각이 들지만, 그렇다고 계속 친구로 두기에는 손해를 본다는 느낌이 들 수도 있겠지요. 이것을 '은행가의 역설(banker's paradox)' 이라는 개념으로 설명할 수 있습니다. 은행가는 딜레마가 있습니다. 돈이 많고 신용도 높은 사람들은 은행에서 돈을 빌리려하지 않고, 절박하게 돈을 빌리려는 사람은 신용이 낮은 사람일 가능성이 높지요. 은행가의 입장에서는 돈을 빌리려하지 않는 부자들에게 돈을 빌려주는 것이 되돌려 받을 수 있는 가장 안전한 선택이지만, 정작 돈을 빌리려는 사람은 갚지 못할 가능성이 높은 대상입니다. 이 개념을 적용한다면 내가 가진 자원과 에너지를 투자하고 싶은 친구는 그만큼 경쟁력이 있고 똑똑하거나 매력 있는 대상이지만 아쉬울 것이 없는 친구여서 내가 주는 관심과 투자가 별로 필요 없는 친구일 수 있습니다. 반면에 내 도움을 절실히 필요로 하는 친구는 위기에 처해있는 상태입니다. 게다가 이런 일이 자주 있는 사람이라면 그 친구를 둘러싼 여러 가지 상황이 여의치 않은 것입니다. 나아질 기미가 없는 그 친구를 위해 계속 신경쓰고 유무형의 투자를 해보아야 다시 돌려받는다는 확신이 없습니다. 물론 그 친구가 나중에 크게 도움이 될 수도 있습니다. 사람의 일이란 것은 모르니까요. 결국 은행가처럼 우리도 친구관계를 계속 유지할지 여부를 추론과 확률로 결정하는 것인지도 모릅니다.

3. 역설적으로 보면 진정한 친구란 다급할 때 믿을 수 있는 사람이군요.

그렇습니다. 시절이 좋을 때는 친구가 많습니다. 우리는 잘나가는 사람 주변에 친구로 자처하는 사람들이 넘쳐나는 것을 쉽게 볼 수 있습니다. 그러나 어려움에 처했을 때 진정한 친구를 찾는 것은 쉽지 않습니다. 평소에 친구인 척하다가 결정적인 순간에 도움을 거부하는 사람은 친구를 투자 대 이익의 관점으로 대하는 사람입니다. 이 때문에 그런 친구들을 투자 대 이익의 관점으로 대하지 않으면 결과적으로 우리 자신도 크게 손해를 볼 수 있습니다. 이러한 손해가 누적되는 사람은 적응적인 관점에서 볼 때 대단히 불리합니다. 그러나 문제는 시절이 좋을 때만 옆에 있고 다급할 때는 믿을 수 없는 친구도 평상시에는 진실한 친구와 비슷하게 행동한다는 것입니다. 이것을 가려내는 것은 진화적인 가치가 크기 때문에 세상을 살아가면서 반드시 해결해야할 숙제입니다.

말씀드린 대로 우정의 진실성을 검증하는 최고의 방법은 절박할 때 도움을 받는 것입니다. 그러나 진짜 친구인지 확인하기 위해 일부러 도움이 절박하다고 연기할 수도 없는 노릇이고, 또 실제로 너무 자주 절박하게 도움을 요청한다면 자신이 경쟁력이 없는 사람이라는 뜻이니 그나마 도와주던 좋은 친구도 자신을 멀리할 가능성이 있습니다. 어쩌면 사람들이 자신이 위기에 처해 있다는 것을 가까운 사람에게도 감추는 것은 바로 이러한 이유 때문일지도 모릅니다. 그래서 사람들은 약해 보일까봐 위기에 처한 자신의 모습을 숨기고는 정작 어려울 때 도움을 주는 친구가 없다고 불평하곤 합니다. 아니면 친구인줄 알았던 사람이 진실한 친구가 아니라는 것을 확인하는 것이 두려워서 그 평가의 기회를 애써 외면하는 것일 수도 있습니다. 아마 현대인들이 느끼는 외로움과 소외감은 내가 아는 친구가 진짜 친구가 아닐지도 모른다는 막연한 불안감 때문인지도 모릅니다.

4. 이성 간의 우정은 어떤가요? 이성의 친구관계는 동성의 친구관계와 조금 다르지 않을까요?

우선 '남자와 여자가 과연 친구가 될 수 있을까' 하는 고전적인 의문부터 생각해볼 필요가 있습니다. 영화 「해리가 샐리를 만났을 때(When Harry met Sally)」에서 보면 남자는 남녀 간에 친구가 될 수 없다고 확신하고, 여자는 가능하다고 맞섭니다. 친구인지 애인인지도 잘 깨닫지 못하는 이 철없는 주인공들은 20여 년 동안 이 애매한 관계를 유지하다가 결국 자신들의 관계가 우정이 아닌 사랑이라고 느낍니다. 남녀 간의 우정은 '사랑의 잠재적인 형태' 라는 결론과 함께 둘은 결혼합니다.

지금도 남녀 간에 과연 친구가 될 수 있을까라는 질문을 하면 사람들은 기다렸다는 듯이 한마디씩 합니다. 나름대로 전문가적인 식견이 있는 것으로 보아 대부분의 사람들이 한번쯤 관심을 갖고 고민한 주제인 듯 합니다. 남녀 간의 우정이 가능하다고 흥분하는 분도 있고, 코웃음을 치면서 알듯 말듯 한 미소를 짓는 분도 있을 것이고요. 친구는 생존과 적응에 도움이 되는 잠재적 가치가 있어야 합니다. 이것은 이성 간의 친구관계에서도 그대로 적용되는 원칙입니다.

5. 진화적 관점을 적용하더라도 남자와 여자의 적응방식이 다르기 때문에 이성 간의 우정 형태도 차이가 있을 것 같은데요.

그렇습니다. 기본적으로 이성 간의 우정은 동성 간의 우정에는 없는 잠재적인 이점이 있습니다. 이에 관한 블세크와 버스(Blseke & Buss, 2001)의 첫번째 가설은 남성이 여성 친구에게 느끼는 감정과 여성이 남성 친구에게 느끼는 감정이 다르다는 것입니다. 남성은 여성 친구에게 성적 매력을 느끼는 경우가 훨씬 더 많았습니다. 진화적 입장에서 보면 남성은 번식 능력이 무한하기 때문에 되도록이면 많은 여성과 성적 관계를 맺는 것이 유리한 전략이었습니다. 남자들은 여자 친구들도 그 범위와 대상에 분명히 포함시키는 것 같습니다. 다양한 문화권을 대상으로 한 많은 연구들에서 남성들은 가까운 여성 친구를 성적인 접근 가능성이 있는 잠재적 대상으로 생각하는 경향이 일관되게 확인되었습니다.

일반적으로 남자보다는 여자가 이성 간의 우정이 실제로 가능하다고 생각하는 경향이 훨씬 더 많습니다. 정확하게 말하면 그렇게 믿고 싶어하는 것 같습니다. 사랑에는 성적인 관계가 따르기 쉽습니다. 성적인 행동에는 위험 부담이 따르지만 성적인 행동 없이 남자친구로부터 관심과 보호를 받는다면 여자로서는 불리할 것이 없습니다. 실제 연구에서 보면 여자들은 자신의 남자친구가 성적인 행동을 하기를 바라지 않으면서 자신을 보호하고 도와주며 관심을 가져주기를 기대합니다. 남성과는 달리 여성은 이성 친구가 대단히 낭만적인 사람이기를 바라는 것이지요.

이성 친구는 이성에 대한 정보를 제공하는 중요한 근원이기 때문에 정보적인 가치도 있습니다. 짝을 고르는데 있어서 단기적 혹은 장기적으로 중요하게 생각하는 가치를 이성 친구를 관찰하면서 학습할 수 있습니다. 실제로 남성이나 여성 모두 이성에 관한 정보를 동성 친구보다 이성 친구에게서 더 많이 얻었고 또 유용했다고 말합니다.

남성과 여성 모두 동성 친구 사이에는 이득도 있지만 경쟁이라는 피해가 존재할 수 있습니다. 특히 동성의 친구는 관심사나 성격, 이성에 대한 선호도가 비슷할 가능성이 있습니다. 친구는 여러모로 유사한 사람끼리 만나거든요. 그래서 배우자를 선택하는데도 유사한 이성상대를 고를 수 있고 이로 인해 경쟁관계가 될 가능성도 있습니다. 실제로 동성 친구들 사이에서 한 이성 상대를 두고 경쟁관계가 된 적이 있었다고 보고하는 사람들이 많습니다. 특히 여성보다도 남성이 동성의 친구를 이성에 대한 경쟁상대로 생각하는 경향이 더 많았습니다. '경쟁'은 우정의 그림자인 셈입니다.

결국 동성의 친구나 이성의 친구가 되기 위해서는 진화적인 관점에서 볼 때 최소한 서로 잠재적인 유용성이 있어야 합니다. 그래서 친구가 없는 사람이라는 평가는 여러모로 시사하는 바가 큽니다. 아무도 친구하고 싶어 하지 않을 만큼 경쟁력이 없다는 의미일 수 있거든요. 아니면 어떤 친구의 도움도 필요하지 않을 만큼 독자적인 생존능력이 있는 사람일 수도 있습니다. 그것도 아니라면 친구를 투자 대 이익으로 생각하는데 염증을 느낀 스스로가 가까운 사람들을 경계하고 일부로 멀리하는 것인지도 모르지요.

극단으로 치닫는 마음
집단극화

1. 개인으로서는 하지 않지만, 집단의 틀 속에 갇히면 하는 행동들이 있잖아요. 이는 특정한 상황 때문인가요? 아니면 그런 상황에서 특이한 행동을 하는 사람들이 따로 있는 건가요?

둘 다 맞습니다. 인간 개개인에게 적용되는 원칙들은 막상 사회적 장면에서는 변형되는 경우가 많습니다. 1 더하기 1은 2가 될 수도 있지만, 3이 될 수도 있고, 2에 못 미칠 경우도 있습니다. 특히 한국문화는 개인주의(individualism) 보다는 집단주의(collectivism)에 가깝습니다. 그리고 서양 학자들의 시각이기 때문에 전적으로 받아들일 필요는 없지만 그들은 우리나라 사람들을 '정서적으로 압도적인'(emotional overwhelmingly) 민족으로 설명합니다. 단점이 될 수도 있고, 장점이 될 수도 있지만 분명한 사실은 우리 나라 사람들이 집단의 분위기에 동조할 가능성이 다분히 있다는 것입니다. 흥이나 신바람이 나면 못할 것이 없는 능력으로 나타나지만, 특이한 집단적인 사고에 몰입할 경우 이해하기 힘든 비이성적 행동으로 이어질 수 있습니다. 최근에 발생한 우리나라의 여러 사회적인 이슈들에는 이러한 경향이 분명하게 있었습니다. 이는 민족적인 특성이나 개인적인 성향에도 영향을 줄 수 있는 것입니다. 따라서 사회적인 상황이나 조건이 어떻게 비이성적인 의사결정에 영향을 끼치는가에 초점을 맞추어 살펴보겠습니다.

2. 구조주의적 관점에서는 나라마다 문화와 역사가 다르기 때문에 고유한 민족성과 국민성이 있다고 보는데요. 이를 몇 가지 특성으로 정의하기엔 무리일 거 같아요. 하지만 상황적인 힘이나 조건은 분명하게 작용하지 않나요?

그렇습니다. 우선 집단극화(group polarization)라는 개념을 이해할 필요가 있습니다. 이 현상은 사람들이 집단에서 토의하면 토의 후 집단반응의 평균은 집단이 되기 이전 개인들의 반응의 평균과 같은 방향이지만, 그보다는 더 극단적으로 이동하는 경향이 있다는 것입니다(Myers & Lamm, 1976). 즉, 개인이 스스로 어떠한 의사 내용을 구성한 상태에서 집단에 소속되고 그 집단 내에서 의사결정과정이 진행되면 결정의 방향성은 이미 구성된 그대로 유지되지만 개별적으로 판단할 때보다 더 극단적인 행동책략을 택하는 현상입니다.

집단극화과정을 그림으로 표현하면 다음과 같습니다.

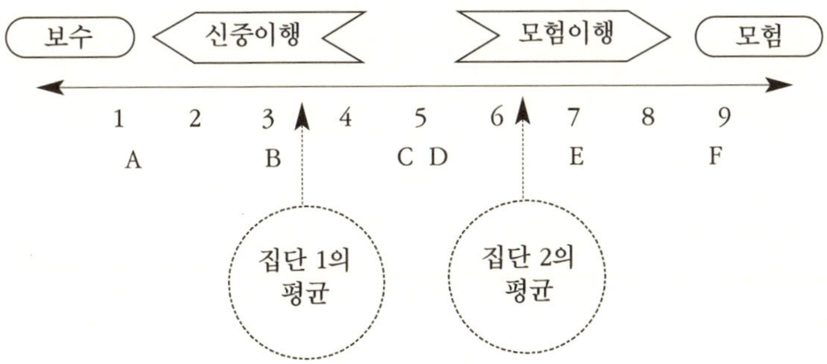

앞의 그림을 보면 중도적인 경향을 C나 D라고 할 때 보수적인 집단 1은 더욱 보수적으로, 진보적인 집단 2는 더욱 모험적인 의사결정을 내린다는 것을 알 수 있습니다. 집단토의 이전의 집단평균이 중간지점을 기준으로 모험과 보수 중 어느 쪽에 치우쳐 있느냐에 따라 집단토의 과정에서 양극화됩니다. 즉, 개인은 집단토의나 집단행동을 겪은 후에 더 극단적인 책략을 택하게 되는데, 그 변화의 방향은 집단에서 최초의 지배적인 의견이 어느 쪽에 있었느냐에 따른다는 것이지요. 집단적 토의 과정을 거칠 때 보수는 더 보수적으로 그리고 진보는 더 진보적으로 변합니다.

3. 집단적으로 토론을 하면 오히려 기존의 태도가 중립적으로 변하고 객관적인 입장을 견지할 것 같은데 왜 더 극단적으로 변할까요?

대표적으로 설득주장(persuasive-argument) 이론과 사회비교(social comparison) 이론으로 설명할 수 있습니다. 설득주장 이론은 집단 내 의사결정 중에 어느 한 주장을 선호하는 입장이 많이 나오면 구성원들은 그쪽으로 태도가 변한다는 것입니다. 기본적으로 구성원들은 집단구성원들이 '가치를 두는' 극단 쪽으로 이동합니다. 대다수의 구성원들이 선택하는 의사결정은 의미가 있는 결정이기 때문에 그에 상응하는 가치가 있다는 것입니다. 그 의미와 가치가 개인의 태도를 자동적으로 변화시키는 것이지요. 다수의 선택은 가치가 있고 개인을 설득하는 암묵적인 영향이 있다는 설명입니다. 당연히 집단 내에서의 극화 방향은 개별구성원들이 갖고 있는 모험적인 주장과 보수적인 주장 중 어느 쪽이 더 많은지에 좌우됩니다.

이에 비해 사회비교 이론에서는 토의 중에 집단성원들은 내적으로 관련된 두 가지 목표들을 추구한다고 가정합니다. 첫째는 어떤 문제에 대한 자신의 입장을 집단내의 다른 사람과 비교하여 정확한지를 평가해보려고 한다는 것입니다. 둘째는 집단내에서 좋은 인상을 유지하려고 한다는 것입니다. 이 두 동기가 합쳐질 때 자신의 입장을 보다 극단적인 위치로 이행시키는 결과가 생긴다는 것이지요. 즉 다른 구성원들이 말하는 '사회적으로 바람직한 것'과 자신이 말하는 것이 일치하는지 비교하고 자신의 판단이 옳았는지를 결정합니다. 표준적인 의사결정자라는 인상을 강하게 심어줌으로써 좋은 평가를 받고 싶은 구성원들은 인상관리의 차원에서 자신의 의견을 그 범위 내에서 주도적으로 드러내고 싶어 합니다. 당연히 자신의 의견이 강해지고 보다 극단적인 입장이 표명된다는 설명입니다.

정리하면, 설득주장 이론에서는 상대적 수에 따른 정보적 영향이 강조되고, 사회비교 이론에서는 집단에 부합하는 표준적이고 이상적인 인상을 관리한다는 규범적인 영향에 더 주목합니다.

4. 물론 다수의 힘도 크지만, 소수인 경우에도 진보적인 집단과 그에 소속된 구성원들이 더 극단적으로 영향력을 미치고, 태도를 변화시킬 수도 있지 않을까요?

아주 좋은 지적입니다. 보수적인 사람과 진보적인 사람이 논쟁을 하면 보수적인 사람이 아무리 아는 것이 많아도 진보적인 사람을 좀처럼 이기기 어렵습니다. 대부분의 문화권에서 모험을 추구하고 변화를 도모하는 것이 긍정적인 가치로 받아들여지기 때문에 진보적인 사람은 이미 50점을 따고 들어가는 셈입니다. 이에 비해 기득권을 유지하길 원하고 현실에 안주하는 사람은 문제의식이 부족한 사람으로 간주되곤 합니다. 보수적인 입장을 가진 토론자가 진보적인 입장을 가진 토론자에게 수세에 몰리는 장면을 TV의 토론 프로그램 등에서 자주 보셨을 것입니다. 이러한 사회분위기 때문에 결국 보수는 자신의 입장을 잘 드러내지 않습니다. 다수는 드러나지 않으면서 소수가 사회의 가치를 대변하게 됩니다. 가치이론(value theory)을 주장하는 연구자들은 사회적 가치가 사회 구성원들에게 어떻게 수용되는지에 관심이 많습니다. 그들은 사회의 긍정적인 가치를 선점한 진보가 보수를 압도하는 것처럼 보이며, 뚜렷한 태도가 없는 중간층을 흡수해 암묵적으로 동조시키는 현상에 주목합니다. 진보가 여론주도층이 되는 것 같지만 구성원들이 정말 진보로 변했다기보다는 그런 척 하다가 결국 다시 원래의 보수적인 성향으로 회귀하는 현상이 발생하기도 합니다. 이것을 '허위진보주의(pseudo progressivism)' 라고 하는데요. 진보인 척 하지만 속마음은 결국 보수라는 것입니다. 사실 진보를 표방하는 사람들도 목표를 이룬 이후에는 결국 자신이 성취한 것을 지키고 유지하기 위해 보수적인 입장으로 회귀하는 경우가 많습니다. 진보와 보수는 이분법적으로 구분되는 것이 아니라 정도의 차이일 뿐입니다. 한 개인이 성취한 정도와 연령에 따라 변화되곤 합니다. 또 사안에 따라서 한 개인에게서 모순된 입장이 나타날 수도 있습니다. 예를 들어 파격적이고 진보적인 사회이론을 강의하는 남자 교수가 개인적으로는 조선시대 남자 같은 여성관을 가지고 있는 경우가 그렇습니다. 그 교수가 위선자라서가 아니라 사람이란 원래 그런 것입니다.

진보적인 입장으로 의사결정과정이 극화되는 또 다른 이유는 모험적인 사람이 집단토의에서 더 큰 설득력과 자신감을 가지고 몰입하기 때문입니다. 리더십 이론(leadership theory)에서는 집단성원들에게 더 많은 영향력을 미치게 되는 조건으로 높은 위험 부담을 감수하고 모험을 감행하는 행동에 주목합니다. 리더는 자신의 가치에 더 몰입된 강한 설득력을 소유한 존재입니다. 당연히 구성원들은 진보적 태도로 무장한 리더에게 영향을 받아 진보적인 방향으로 태도가 극화될 수 있습니다.

마지막으로 책임분산이론(diffusion of responsibility theory)이 있습니다. 집단 속에 들어가면 책임감을 덜 지각하게 된다는 설명입니다. 의사결정 후 발생할지도 모르는 부정적인 결과의 책임을 다른 집단 구성원들에게 어느 정도 전가시킬 수 있고, 또 분산시킬 수 있다는 안도감 때문에 성공 가능성이 낮은 모험적인 대안을 받아들이게 된다는 것입니다.

5. 네티즌들의 활동이 우리사회의 집단극화 현상을 일으키는 조건이 될 수 있을까요?

기본적으로 한 사회가 일부 네티즌들의 주도적인 활동으로 좌지우지된다고 보지는 않습니다. 사회를 움직이는 소위 파워 엘리트(power elite)들은 겉으로 잘 드러나지 않습니다. 그들의 가장 큰 특징은 은밀함이거든요. 그들은 그들만의 고유한 네트워크를 통해 끊임없이 사회에 영향력을 행사합니다. 그 영향은 끈질기고 공고하며 또 실체를 알면 무서워질 정도입니다. 그러나 현재 우리사회에서 네티즌들이 하나의 집단으로서 독자적인 힘을 발휘하고 있는 것도 분명한 현실입니다. 그들은 뚜렷한 실체가 있고, 강력한 유대가 있는 집단은 아니지만 특정 사안을 중심으로 여론을 주도하고 사회적 가치를 선점하기 때문에 영향을 무시하기가 어렵습니다. 그러나 네티즌들이 항상 합리적이고 정확한 집단의사결정을 하는 것은 아닙니다.

개개인의 네티즌들은 이미 자신의 정치적 견해를 보수와 진보 중에 한 가지로 설정해놓은 경우가 많습니다. 아마 대부분의 네티즌들은 중도에 가까운 견해를 가지고 있겠지요. 적극적이고 주도적인 네티즌 집단은 대부분이 30대 미만인 상대적으로 젊은 사람들입니다. 그들은 기득권을 뚫고 들어가 새로운 영역을 확보해야만 하는 필요성이 절박한 연령층입니다. 그들에게 보수 세력은 고리타분하며 따분할 뿐만 아니라 체제 유지에만 급급한 다소 불온한 세력이라는 의식이 깔려 있을 수 있습니다. 나이 든 사람이 접근하기 어려운 인터넷은 변화와 진보를 기치로 하는 젊은이들의 고유한 공간이 되었습니다. 그들 중에서 블로그 등을 통해 일관되고 강력한 비판논리를 행사하는 네티즌은 모험적인 의사결정을 주도하는 리더가 됩니다. 네티즌으로서 웹상에서 토의에 참여할 때에는 대부분 익명인 경우가 많기 때문에 개인은 집단속에서 완전히 묻힐 수 있습니다. 익명성과 책임감의 분산이라는 조건이 충족된 것이지요. 비슷한 처지에 놓인 젊은 네티즌들은 급속한 단결력을 통해 중립적인 네티즌에게 다수인 것처럼 보이는 사회적 가치를 부여하고 또 이에 동조하게 합니다. 여기에 유사한 논리들이 확대 재생산되면서 첨부됩니다. 집단극화 현상이 발생할 가능성이 있습니다.

똑똑한 사람들의 바보짓
집단사고

1. 집단극화가 자신들의 기존 가치와 원래 성향을 점점 극단적으로 확립하는 현상이라면, 집단사고는 무엇인가요?

사회심리학자인 제니스(Janis)는 사람들이 응집성 있는 내집단에 깊이 몰두하게 되면 구성원들 사이에 만장일치를 이루고자 하는 강렬한 동기가 생기는 현상을 발견했습니다. 이 상태가 되면 더 좋은 다른 대안적 행동방안을 현실적으로 외면하고 억누르는 경향이 있는데, 이런 사고방식을 '집단사고(group think)'라고 정의하였습니다. 원래 이 집단사고는 조지 오웰의 소설 『1984』에 처음 나오는 이중사고 및 범죄사고와 같은 맥락으로 쓴 것입니다. 그는 오웰의 용어를 차용하여 내집단 압력 때문에 현실 검증이 부족해지고 도덕적 판단력이 감퇴하는 현상을 집단사고라고 명명하였습니다.

2. 이 용어가 연구된 계기나 사건이 있었나요?

집단사고에 대한 연구의 시발점이자 그 예로써 가장 많이 언급되는 사건은 케네디 정부의 피그만 침공 결정이었습니다. 피그만 군사사건은 미국의 군사 개입 중 가장 실패한 작전으로 지금도 연구될 정도입니다. 1961년 4월 17일에 미국의 8척의 상륙용 함정이 쿠바의 피그만을 향해 떠났습니다. 1,400명의 반 카스트로 추방자들과 미군들이 공동의 군사작전을 감행한 것입니다. 피그만에 해안 교두보가 세워지고 미 공군의 폭격으로 쿠바 공군을 무력화한 후 망명한 반군의 군사작전으로 카스트로 정부를 붕괴시킨다는 시나리오였습니다. 그러나 함정은 해류에 휩쓸리면서 암초에 좌초되었고, B-26기들은 쿠바 공군에 의해 격추당하였으며 무려 1,200명이 생포당하는 치욕적인 결과가 초래되었습니다. 미군은 제대로 싸워보지도 못했습니다. 믿기도 어려울만한 결과가 나타난 것이지요. 그 당시 케네디 정부는 미군의 힘을 과신하였고, 쿠바 내 반 카스트로 동향을 정확하게 분석하지 않았으며, 쿠바군의 사전 동태에 대해서도 세부 정보를 무시했습니다. 심지어는 상륙작전에 필수적인 해류나 기후에 대해서도 크게 문제 삼지 않았습니다. 카스트로는 1962년에 5,000만 달러 상당의 식품과 의약품을 받고 포로를 풀어주었습니다.

사실 더 놀라운 것은 그 당시 의사결정에 참여한 사람들이었습니다. 미국 역사상 가장 인기가 있었던 케네디 대통령, 미국 외교정책의 입안자라고 알려진 러스크, 합리적 의사결정이론의 권위자인 하버드 대학의 맥나마라 교수, 그리고 객관적 시점의 연구로 명성이 자자했던 역사학자 슐레진저 등이었거든요. 어떻게 미국 최고의 엘리트 두뇌 집단에서 이런 일이 발생했을까라는 갑론을박이 있을 정도였습니다. 그 당시 쿠바에게 압력을 행사할 수 있는 현실적인 방법은 아주 많이 있었습니다. 유엔을 통해 쿠바에 압력을 가하거나 카스트로와 비밀 협상을 맺는 등 10가지도 넘는 대안이 있었지만 그들은 이를 모두 무시했습니다.

3. 똑똑한 사람들이 모인 집단에서 정말 어처구니없고 바보스러운 결정을 내렸군요. 구체적으로 집단사고를 보일 때는 어떤 증상이 나타나나요?

네, 집단사고 현상은 일반적으로 다음과 같은 8가지 상황들에서 발생합니다.

1) 개인적 압력

모든 집단들에는 어느 정도의 동조압력이 존재합니다. 그러나 이런 압력이 매우 클 때 집단사고가 일어납니다. 어떤 식으로든 이의는 용납되지 않고, 심지어 어떤 경우에는 다른 의견을 갖고 있는 사람에 대해서 가혹한 조치들이 취해집니다. 비판을 금기시하는 암묵적인 규칙이 생기면서 이를 어기는 사람은 불이익을 받는 모종의 압력이 있습니다.

2) 자체검열

대부분의 집단성원들은 직접적인 압력이 없더라도 부정적인 전망에 대해서는 극도로 언급을 자제합니다. 많은 사람들이 내심 그 계획에 대하여 확신을 갖고 있지 못하면서도 공개적으로 표방함으로써 받게 될 불편함 때문에 입을 다무는 것이지요. 피그만 침공 결정에서도 참여자들은 회의 전후에 개인적인 메모를 통해서 의문점들을 기록하기는 했으나, 정작 회의에서는 침묵하였습니다.

3) 정신경비원

문제가 될 것 같은 정보들로부터 집단을 보호하기 위하여 스스로 나서는 사람이 있습니다. 이를 '정신경비원'이라고 부릅니다. 문지기처럼 정신경비원은 논쟁적인 정보를 적절치 못하고 신경 쓸 가치가 없으니, 잊어버리도록 강요하는 역할을 하는 사람입니다. 정신경비원은 토론 과정을 주도하면서 이단적 구성원을 배제하고 침묵하도록 만듭니다. 이를 위해 정신경비원은 여러 가지 책략을 사용하는데요. 이의를 제기할 것 같은 구성원들을 개인적으로 미리 접촉해서 태도변화를 요청하거나, 반대함으로 집단에 가해질 피해를 지적합니다. 또는 반대하면 결국 그의 지위에 손해가 갈 것이라고 암시하기도 합니다. 어떤 방법을 사용하건 그의 기본적인 역할은 집단 수준에서 잠재적인 이단자를 묶어두는 것입니다.

4) 만장일치

회의 등에서 만장일치로 몰아가는 이상한 분위기가 있을 경우 이에 휩쓸려 찬성하게 되는 경우가 많습니다. 집단성원들이 집단의 만장일치를 억제할 만큼 충분한 준비나 정보가 없을 때는 다수 의견에 따르려고만 합니다.

5) 지나친 자신감

자신감은 운동선수나 전쟁터에 있는 긴급한 군인들에게는 도움이 되지만 의사결정과정과 같이 세심하고 분석적인 사고가 필요한 경우에는 오히려 방해가 될 수 있습니다. 최악의 경우를 가정하는 차선책이 준비되지 않는 경우에 집단사고가 나타나는 경우가 많습니다.

6) 도덕성의 착각

각 개인들은 인권과 정의를 인간의 기본 원리로 인정하고 있지만, 집단이 되면 이 원리들을 망각하는 경우가 있습니다. 그들은 결과가 수단을 정당화시켜줄 것으로 굳게 믿곤 합니다. 집단사고 때의 의사결정자들은 자국에 대한 애정이나 충성심을 과잉되게 드러내거나 자신이 속한 집단에 대해 찬양하는 발언을 쏟아내곤 합니다.

7) 외집단에 대한 편향적 지각

집단사고가 발생할 때는 흔히 외집단 성원에 대한 편향적 지각을 유발하는 경우가 많습니다. 예를 들어 월남전 확대를 결정한 집단사고 연구에서는 미국의 개입을 정당화시킨 흔적을 볼 수 있습니다. 존슨 대통령은 연설에서 월맹군을 비이성적인 망상에 빠진 야만인으로 묘사하면서 베트남과 세계평화를 위해 미국이 일치단결해야 한다고 역설하였습니다.

8) 잘못된 의사결정책략

집단사고에 빠져들면 사소한 사항에 집착하면서 정작 중요한 전체적인 목표를 상실하게 됩니다. 그들은 자신들의 결정을 지지하는 사실이나 의견들만을 찾고 제한점이나 약점이 되는 정보들은 의도적으로 회피합니다.

4. 정당에 소속된 정치가들이나 회사 등의 고위 결정자들이 특히 집단사고의 위험이 있을 것 같은데요.

그렇습니다. 그러나 집단사고는 어떤 집단에서도 발생할 수 있습니다. 우선 집단사고가 발생하는 기본적인 원인을 살펴볼 필요가 있는데요.

첫째, 응집성입니다. 제니스(Janis)는 집단사고의 여러 원인들 중에서 응집성을 가장 강조하였습니다. 그는 집단에서는 응집성이 중요하고 그것은 대개 긍정적인 역할을 하지만, 지나칠 경우 집단에 부정적인 기능을 할 수도 있음을 입증한 바 있습니다. 응집성이란 말은 집단에 대한 소속감과 집단 내 구성원들에 대한 호감 때문에 구성원들을 묶어두는 힘입니다. 따라서 집단 수준의 응집성은 사람들이 모여 하나의 단위를 구성하는 집단 정신을 의미합니다. 피그만 침공 결정 당시 문헌상의 증거들은 그 집단의 응집성이 매우 높았을 가능성을 시사하고 있습니다. 우선 집단구성원들 사이에 서로에 대한 호감도가 컸고, 사건 후의 논평과 비방록 등을 고찰하면 집단을 칭찬하는 말로 가득 차 있었습니다. 집단에 대한 헌신과 집단의 목적에 대한 정체감이 매우 높았습니다. 집단 구성원들은 그러한 의사결정 과정에 선택된 사실을 너무 자랑스럽게 생각하고 있었고 자신감이 넘쳐났습니다.

둘째, 리더십의 영향입니다. 위의 예에서 본 피그만 침공 사건의 경우 케네디의 특이한 리더십 양식도 한몫을 한 것으로 밝혀졌습니다. 그는 이의 제기를 차단하기라도 하려는 듯 회의가 시작되면 가장 먼저 자신의 의견을 분명히 밝히곤 했습니다. 그리고 여론조사를 하듯이 한 사람씩 돌아가며 찬반을 물었습니다. 구성원이 다른 견해를 제시하면 대통령은 그 이유를 다그치듯 계속 캐물었습니다. 국민이 신임하는 인기 있는 대통령의 심기를 거스르는 행동을 감히 하기 어려웠을 것입니다. 회의는 일사불란하게 진행되었고 결과는 당연히 만장일치였습니다.

셋째, 고립도 중요한 원인입니다. 집단사고는 외부 전문가들로부터 고립되었을 때 심화되는 것으로 밝혀졌습니다. 집단 속의 집단 즉, 소위 말하는 이너서클(inner circle)이 작동하는 경우가 이에 해당할 수 있습니다. 그들은 자신들 이외의 구성원들은 믿지 않는 특징이 있습니다. 측근이나 한두 명의 실력자에 의해 좌우되는 폐쇄적인 집단은 위계에 의해 의사결정이 진행되고 집단이 모여도 사실 소수의 몇 명에 의해 좌우되는 것입니다. 카리스마로 무장한 권위 있는 리더와 그 밑에 악역을 담당하는 소수의 핵심 측근, 그리고 그에 영향을 받는 폐쇄된 집단구성원들이 모이면 결국은 집단이 아니라 한두 사람에 의해 의사결정이 이루어지게 됩니다. 집단이지만 집단이 아닌 것이지요.

넷째, 결정스트레스도 중요한 원인입니다. 직관적으로 볼 때 중요한 문제일수록 집단구성원들이 더욱 신중한 해결책을 찾으려 할 것이라고 생각하기 쉽습니다. 그러나 제니스(Janis)는 그 반대일 가능성이 더 크다고 보았습니다. 일반적으로 해결할 문제가 중요할수록 집단구성원들은 자신들의 결정이 초래할 결과에 더 신경을 씁니다. 잘못될 경우에 책임을 져야 할 수 있으니 불안할 수 있습니다. 논쟁이나 이견을 최소화하고, 결정을 신속히 내리면서 불안감을 느낄 여지를 미리 차단한다는 것이지요. 부정적 결과의 가능성을 최소화하고, 긍정적인 성과를 과장하는 집단 토의과정에 편승하면서 문제가 없을 것이라고 스스로를 위안합니다. 큰 문제를 직면하지 않고 사소한 몇 가지 문제에 집착하면서 그 문제가 그리 큰 문제가 없다는 사실만을 확인하면 자신들의 선택이 아주 훌륭한 것이라고 스스로를 정당화시키게 됩니다. 만장일치를 통해 책임감이 분산되는 부가적인 효과도 있으니 스트레스와 불안감은 마치 원래 없었던 것처럼 느껴집니다.

5. 특히 우리나라의 기업들은 인화와 단결이 강조되고 이견의 표출이 부정적으로 간주되는 집단주의적 문화를 가지고 있기 때문에 집단사고의 위험이 높을 수 있을 것 같은데요.

그렇습니다. 아주 좋은 지적입니다. 회사에서는 소유주에 의한 권위적인 리더십이 발휘되는 체제일 경우가 많기 때문에 충분히 그럴 수 있습니다. 집단사고에 어떻게 대처하는가 하는 것은 때로는 기업의 운명을 좌우할 수도 있습니다. 우선 집단사고에 대처하기 위해서는 몇 가지 대비책을 생각해야 합니다.

첫째, 집단 내에는 자유로운 비판이 가능한 분위기가 있어야 합니다. 리더는 구성원들에게 자유로운 이견을 말할 수 있도록 특정 의견에 대한 선호나 기대를 표시해서는 안 됩니다. 이미 결정된 사안에 대해 구성원들을 떠 보는 듯한 리더의 행동은 구성원들을 침묵하게 만듭니다.

둘째, 다양한 측면에서 의사결정의 질을 평가하는 제도적인 장치가 마련되어야 합니다. 제도적인 장치의 예로는 한 명이상의 구성원에게 건설적인 비판자(devil's advocate)역할을 부여하거나 집단 전체를 여러 개의 하위 집단으로 나누어 토론하게 하는 것입니다. 의사결정에 외부 전문가를 초빙하여 일정한 결정권을 주는 것도 하나의 방안입니다.

셋째, 의사결정과정에서 모든 구성원에게 집단사고를 경계하도록 훈련시켜야 합니다. 이를 위해서는 집단사고의 원인과 결과, 그리고 징후들을 숙지해야 합니다. 일단 결정이 내려지더라도 늘 다시 점검하는 신중하고 융통성 있는 자세도 필요합니다.

계산된 게으름

사회적 태만

1. 여러 사람이 같이 일하는 상황에서 게을러진다는 의미인가요?

집단 속에 참여하는 개인의 수가 늘어갈수록 성과에 대한 1인당 공헌도가 오히려 떨어지는 현상이 발생하곤 합니다. 사회적 태만(social loafing)은 집단의 규모가 증가할수록 평균 개인당 생산성이 감소하는 비효율적인 현상을 지칭하는 용어입니다. 이는 집단의 규모가 증가할수록 힘의 총합은 증가하였지만 개개인이 발휘하는 힘의 크기는 감소하는 현상입니다.

2. 다 같이 일해야 하는 상황에서 자신은 일하지 않으면서 자기 몫은 꼭 챙기는 사람들 때문이겠군요.

맞습니다. 사회적인 장면에서는 일하지 않으면서 거저먹으려고 하는 사람들이 꼭 있기 마련입니다. 이 현상은 1920년대에 신체적 과제를 사용한 링겔만(Ringelmann)의 연구에 의해 처음 발견되었습니다. 원래의 연구는 사람들이 혼자일 때보다 팀의 일부가 되었을 때 더 유능해지고 더 열심히 일할 것이라는 가정에서 출발하였습니다. 그러나 여러 가지 조건에서 그 반대의 결과가 나온 경우가 많았습니다. 근력을 사용하는 줄다리기 조건에서도 사람들은 혼자 당겼을 때 약 63kg의 평균 압력을 보였으나, 3명이 한 조가 된 집단의 압력은 1인당 53kg에 불과했고, 8명이 한 조일 때 각 개인의 기여는 31kg으로 떨어졌습니다. 링겔만은 이와 같은 노력의 감소는 신체적 노력(박수치기, 바람 넣기, 소리치기)들에서 뿐만 아니라, 인지적 노력(계획안을 평가하는 것, 머리 짜내기 및 주의과제, 미로해결, 에세이 평가)을 요구하는 과제에서도 발생한다는 것을 확인하였습니다. 이런 현상은 남녀 간에 차이가 없었으며 다양한 문화권에서도 유사한 결과가 나왔습니다. 사회적인 장면에서 나타나는 인간의 일반적인 특성인 셈이지요.

3. 사회적 장면에서는 시너지 효과보다는 소위 말하는 무임승차자(Free rider)효과가 더 크군요. 인간의 이기적인 본성 때문인가요?

네, 기본적으로 무임승차효과와 이용당함 회피효과 때문입니다. 먼저 무임승차효과(free-rider effects)는 '자신이 다른 사람의 기여로부터 이익을 얻을 수 있을 거라는 참가자들의 지각'에서 생겨납니다. 이 현상은 주로 분리적인(distributive)인 과업을 수행하지만 집합적인 평가를 받는 상황에서 발생합니다. 즉, 여러 사람이 협동해야 성공적인 결과를 얻는 과업이 아니라 독립적으로 일하지만 가장 잘하는 사람에 의해 결과가 좌우되고 또 그 결과를 평가할 때 개인의 노력은 한 집단의 생산물에 맞추어 포괄적으로 평가되는 조건입니다. 이것은 뛰어난 인물한 사람만 있으면 결국 그의 노력에 의해 우수한 결과가 나타나고 그 결과의 보상은 평등하게 분배되는 조건입니다. 제 경우에도 학생들에게 조별 리포트 과제를 내어주고 발표를 시켜보면 가장 잘하는 학생이 혼자 거의 다 하더군요. 각자 나름대로 역할을 한다고는 하나 가장 우수한 학생이 볼 때, 다른 학생들의 과제 수준이 못마땅하기 때문에 자기가 그 미흡한 부분을 다시 하게 됩니다. 결국 전체적인 과제를 혼자 떠맡더군요. 다른 학생도 큰 불만은 없습니다. 그 친구가 실제로 열과 성을 다해서 과제를 하기 때문에 자기가 한 것보다 더 낫다는 것을 알거든요. 미안한 척하기도 하고 그 친구를 대단하다고 칭찬도 하면서 슬그머니 한발을 뺍니다. 어차피 잘되면 자기도 좋은 것이니까요. 결과가 좋아도 노력을 다한 우수한 개인은 나머지 학생과 동등한 평가를 받기 때문에 자신은 합당한 보상을 받지 못하는 것으로 느낍니다. 수행의 결과가 나빴을 경우에도 각 개인은 비난을 피할 수 있습니다. 이런 상황이 반복되면 그 우수한 개인도 굳이 나서지 않습니다. 모든 집단구성원들이 집단을 성공시켜야 한다는 책임감을 잘 느끼지 않습니다. 즉, 한 사람만 노력하면 되는데 굳이 내가 노력할 필요가 없다는 생각을 하지요. 사람들은 뛰어난 타인의 공헌에 의해 자신도 부가적으로 이득을 얻을 가능성이 더 크다고 생각한다면 자신의 노력을 아끼는 것이 더 효과적이라고 계산합니다.

사람들은 이용당한다는 느낌을 극도로 꺼려합니다. 누군가가 자신을 그래도 되는 사람이라고 인식한다면 그에게 있어 자신은 하잘 것 없는 존재인 것이 분명합니다. 이점을 빼앗겼기 때문에 나중에 그와의 경쟁에서도 밀릴 가능성이 있습니다. 이것을 또 다른 누군가가 알았다면 그도 똑같은 행동을 하고 싶은 유혹을 받을 것입니다. 많은 사람들이 자신을 얕보고 또 이용하려 든다면 결국 자신은 생존할 수 없을 것입니다. 그래서 사람들은 다른 누군가에게 다시는 이용당해서는 안 된다고 다짐합니다. 이것은 나의 노력이 누군가에게 도움이 된다면 결국 나에게 손해로 돌아온다는 생각으로 이어집니다. 이용당하지 않으려면 이용해야 하고 내가 다른 사람보다 더 많이 일할 필요는 없다는 결론에 도달하게 됩니다. 모두가 이런 생각을 하니 생산성이 저하될 것이 뻔합니다. 결국 인간의 본성이 이기적이어서 그런 것이겠지만 생존을 위해 경제적인 대응방식을 발달시킨 과정에서 생긴 부산물이라고도 생각할 수 있습니다.

4. 개인의 책임범위가 명확하지 않고 평등하게 보상을 주는 공동 작업에서는 생산성이 저하될 수밖에 없겠군요. 하지만 인간의 본성 때문이라고 설명하는 것 외에 특히 이런 현상이 발생하는 구체적인 조건 같은 것이 있나요? 그런 조건들을 알고 또 조정하면 생산성이 증가할 수 있잖아요.

물론입니다. 이 현상은 생산성을 중시하는 집단이나 조직의 입장에서는 해결해야 할 고질적인 문제였습니다. 기본적으로 개인의 책임범위가 명확하지 않은 공동 작업에서 각 개인은 조직 내에서 자신의 가치를 부각시킬 필요성을 좀처럼 느끼지 않습니다. 결과에 대한 사회적 압력이 구성원 각각의 개인에게 균등하게 배분되면 책임이 분산되어 부담도 잘 느끼지 않습니다.

그래서 무기력한 집단은 말은 많고 회의는 끊임없이 열리는데 결과는 신통치 않고 또 책임을 지는 사람도 없습니다. 안 되는 일이 없고 또 되는 일도 없는 집단이라는 평가를 받으면 최악의 상황에 도달한 것입니다.

역할이나 책임소재를 모호하게 만들어서는 안 됩니다. 사회적 태만을 줄이기 위해서는 전체의 과제를 조직적으로 분할해서 개별적으로 맡기되 최종 평가는 당연히 달리해야 합니다. 따라서 개별적 기여를 반드시 확인한다는 공지가 있어야 하고 또 실제로 그 약속대로 이행해야 합니다. 이것을 평가 잠재성이라고 합니다. 이것은 결과는 반드시 개별적으로 평가받는다는 인식의 정도입니다. 윌리엄스(Williams) 등은 고함지르기 과제를 하는 경우에도 평가 잠재성이 높을수록 사회적 태만이 감소한다는 것을 확인하였습니다. 따라서 사회적 태만을 제거하기 위해서는 결과를 공지하고 책임소재나 기여도를 명료화해야 합니다. 결과를 평가할 만한 객관적이고 공정한 비교기준도 반드시 있어야 하겠지요. 그래야 무임승차자가 없어집니다.

5. 타인이 열심히 하지 않으면 자신도 동기가 저하되어 스스로 봉(sucker)이 되지 않기로 결심한 것이군요.

그렇습니다. 커(kerr, 1993)는 팀의 다른 구성원들이 능력이 충분함에도 불구하고 노력을 하지 않을 때 나머지 구성원들도 노력을 감소시켜 딱 그만큼만 하는 현상을 가리켜 남들만큼 하기 효과(sucker effect)라고 불렀습니다. 이것은 같이 일하는 동료들이 무능하지도 않은데 노력을 하지 않아 전체적인 팀의 성과가 저하된다고 생각할 때 나타나는 현상입니다. 우리가 흔히 말하는 하향평준화된 것입니다.

6. 자신의 노력이 집단의 수행결과에 중요한 역할을 하지 않는다고 느낄때도 구성원들이 더 이상 노력을 하지 않을 것 같은데요.

쉐퍼드(Shepperd)는 생산성이 감소되는 것을 동기의 측면에서 분석한 바 있습니다. 그는 자신의 기여가 가치가 없는 것이라고 지각될 때(노력의 무용성 지각정도가 높고), 자신의 기여와 원하는 결과를 얻는 것 간에 관계가 없다고 지각될 때(노력의 상응대우가 만족스럽지 않고), 기여를 위한 자신의 노력이 과도하다고 지각될 때(노력의 잉여도가 클 때), 동기가 감소되어 일할 필요성을 느끼지 않는다고 설명하였습니다. 이것을 무용성지각(felt dispensability)라고 부릅니다. 기본적으로 조직은 각 개인에게 하잘 것 없는 일을 한다는 인식을 절대로 주어서는 안 됩니다. 조직의 일원으로서 자부심이 없으면 그 조직을 벗어날 생각을 할 것이고 지금 하는 일에도 집중하지 않을 것입니다.

요즈음에는 경제가 어렵습니다. 구조조정 때문에 생기는 노사 간의 갈등도 노골적으로 드러나고 있습니다. 사실 저는 이 용어부터 수정해야 한다고 생각합니다. 구조조정이라는 용어자체가 조직위주의 비정한 느낌을 줍니다. 당하는 사람의 입장에서는 폐품 처리되거나 정리되는 물건 같은 뉘앙스가 있거든요. 사람에 초점을 두어서 '고용조정'이라는 용어가 어떨까 합니다. 생산성이 낮아지면 사람부터 자르는 기업이 있는데 이 방법은 극단적인 처방입니다. 물론 단기적인 효과는 있을 것입니다. 남아있게 된 조직원들은 정신을 바짝 차리겠지요. 그러나 정작 그들이 조직을 믿지 않게 된다는 심각한 후유증이 있습니다. 자기가 몸담았던 조직이 자기를 책임져주지 못한다는 생각을 하면 누구라도 다른 곳을 기웃거리면서 더 안정적이고 좋은 일자리를 모색할 것입니다. 각 개인들은 잘리지 않으려면 더 열심히 일해야 한다는 생각보다는, 믿을 수 없는 조직에 충성을 바치는 것은 이용당하는 것뿐이고 바보 같은 행동에 불과하다는 생각이 더 강해질 겁니다. 상황이 여의치 않아 빠져나가지 못할 경우에도 좌절하고 무기력감을 느낄 것입니다. 큰 이익을 주는 일이라도 다소 위험하다고 생각하면 몸을 사릴 가능성이 있습니다. 그들이 눈치를 보면서 마지못해 일을 한다면 생산성이 저하되기 때문에 결과적으로 조직은 더 어려워질 수 있습니다. 악순환에 빠지는 것이지요.

생산성의 비밀
사회적 촉진

1. 사회적 촉진(socal facilitation)은 사회적 태만(social loafing)과는 반대되는 심리적 현상인가요?

그렇다고 볼 수 있겠습니다. 1898년에 트리플렛(Triplet)은 사이클 선수들이 혼자 달릴 때보다는 여럿이 함께 달릴 때 속도가 더 빠르다는 사실을 발견했습니다. 다른 모든 조건은 같았음에도 불구하고 누군가가 나와 비슷한 속도로 옆에서 같이 달린다는 사실만으로도 선수들은 저절로 더 빠른 속도를 낸 것입니다. 그는 아이들에게 릴 낚시대를 주고 낚싯줄을 감아올리게 하는 실험에서 역시 혼자서 낚싯줄을 감을 때보다는 낚싯줄을 감는 다른 아이가 옆에 있는 조건에서 아이들이 더 빨리 낚싯줄을 감아올리는 것을 확인하였습니다. '어떠한 과제를 혼자 수행할 때와 다른 사람들과 같이 수행할 때 어떤 차이가 있을까' 하는 것은 생산성이라는 측면에서도 늘 흥미 있는 주제였습니다. 사회적 태만(social loafing)이 집단의 규모가 증가할수록 평균 개인당 생산성이 감소하는 현상이라면, 사회적 촉진(social facilitation)은 단지 옆에 누군가 있다는 것만으로도 사람들의 행동이 더 효율적으로 변화하는 현상입니다.

2. 그런 현상이 분명 있는 것 같습니다. 일반적으로 어떤 일을 다른 사람과 함께 수행하면 내가 더 잘하고 싶어 하잖아요? 사회적 촉진이라는 현상은 결국 경쟁심 때문인가요?

경쟁심도 영향을 줄 수 있겠지만 기본적으로는 같이 있는 다른 사람들이 지켜보고 있기 때문입니다. 관중의 존재로 인한 선수들의 스포츠 수행에 영향을 미치는 관중 효과(audience effect)도 일종의 사회적 촉진입니다. 그러나 항상 이러한 효과가 발생하는 것은 아닙니다. 평소 연습할 때는 아주 뛰어난 기능을 발휘하는 선수가 막상 실제 시합을 할 때는 관중의 영향 때문에 자신의 기량을 발휘하지 못하는 경우처럼 오히려 수행이 저하될 수도 있거든요. 상황에 따라서는 사회적 촉진과 전혀 다른 결과가 나타나기도 합니다. 사회적 태만처럼 이 현상에도 여러가지 요인들이 복잡하게 작용합니다.

3. 누가 옆에서 보거나 같이 있으면 원래 잘하던 것은 더 잘하게 되지만, 못하던 것은 더 못하게 되더라고요. 이런 현상은 왜 일어나는 건가요?

사회적 촉진은 기본적으로 동기(motivation)와 관련되어 있습니다. 동기는 사람을 미는(push) 힘입니다. 스스로를 격려하고 자극하는 내적인 동력이지요. 기본적으로 동기가 증가하면 수행이 증가한다는 관점입니다. 구체적으로는 동기를 일으키는 선행요인이 무엇인가에 따라 세 가지 입장으로 설명할 수 있습니다.

제이욘크(Zajonc, 1065)는 타인들의 단순한 존재는 행위자의 경계심을 증가시키고 반응을 준비시킴으로써 동기를 증가시킨다고 가정하였습니다. 이것을 단순존재가설이라고 합니다. 그는 정반응이 많이 나오는 단순 과제를 수행할 때는 사회적인 촉진이 나타나지만 오반응이 많이 나오는 복잡한 과제일 경우에는 그 반대인 사회적 제지 현상이 나타난다고 주장하면서 과제의 특성도 영향을 미친다는 점을 주목한 바 있습니다.

코트렐(Cottrell)의 평가우려가설(1072)에서는 단순한 타인의 존재만으로는 수행을 촉진하는 충분조건이 되지 못한다고 설명합니다. 그것보다는 타인이 자신의 수행을 관찰하고 평가한다는 것에 대해서 개인이 갖는 우려나 염려가 직접적인 선행요인이라고 주장하였습니다. 지켜보는 관중이 자신의 수행 결과를 평가할 가능성이 낮다고 지각할 경우에는 수행자의 동기가 증가되지 않습니다. 즉, 관중이 자신을 평가할 가능성이 있다는 수행자의 판단이 동기를 유발하면서 사회적 촉진을 좌우한다는 것입니다. 자신을 지켜보는 사람이 자신의 수행결과를 평가할 것이라고 생각하는 조건에서만 더 열심히 하려는 동기가 생긴다는 것이지요.

샌더스(Sanders)의 주의분산(또는 주의갈등)가설도 있습니다. 그 입장에서는 과제수행 중 타인의 존재는 기본적으로 수행자의 주의를 분산시킵니다. 이러한 주의분산은 한편으로는 주어진 과제에 대한 주의집중을 방해하지만, 다른 한편으로는 유기체로 하여금 더 많은 노력을 기울이게 하는 효과가 있습니다. 결국 주의분산을 극복하려는 과정에서 수행자의 동기수준이 증가된다는 것입니다. 단순과제를 수행할 때는 타인의 존재 때문에 생기는 간섭효과가 동기증가로 인한 향상에 비해 크지 않기 때문에 결과적으로 수행이 촉진됩니다. 그러나 복잡한 과제를 수행할 때에는 동기의 증가가 주의분산의 효과를 상쇄시키기에 충분하지 못할 경우가 많기 때문에 수행이 저하될 수도 있습니다.

4. 기본적으로 타인의 존재가 동기를 좌우하기 때문에 수행에도 영향을 준다는 입장이군요. 그런데 다른 사람의 영향보다는 스스로를 어떤 사람이라고 생각하느냐가 더 영향을 끼치지 않을까요?

아주 좋은 지적입니다. 본드(Bond)는 관중이 존재하는 상황에서는 수행자가 자기를 과시하려는 기본적인 욕구가 있다고 주장하였습니다. 즉, 자기를 과시하려는 동기가 사회적인 촉진을 유발한다는 것이지요. 이것을 자기-과시동기 가설이라고 합니다. 이 가설에 따르면, 타인이 존재할 때 수행자의 행동은 공개적인 자기상을 조절하려는 시도 또는 반응입니다. 즉, 타인이 존재하는 상황에서 수행자는 타인들에게 자신이 유능하다는 상을 투사하도록 동기화 된다는 설명입니다. 그러므로 유능한 자기상이 유지될 수 있으면, 타인의 존재가 개인의 수행을 촉진하지만, 자신이 부적절하게 보인다고 추론하는 수행자는 당황하게 되고 수행이 저하됩니다. 본드(Bond)의 설명에 의하면, 정반응이 우세한 단순과제에서는 유능한 자기상이 유지되어 사회촉진이 일어나지만, 동일한 수행자라 하더라도 오반응이 우세한 복잡과제에서는 실패를 예상할 가능성이 있습니다. 이 경우 지각된 실패는 자기상에 부정적으로 작용하기 때문에 결과적으로 수행의 감소로 이어질 수 있습니다.

두번째는 객관적 자기-인식 이론입니다. 위클런드와 다울(Wicklund & Daul)은 타인의 존재가 수행자의 객관적 자기-인식을 증가시킨다고 주장하였습니다. 먼저 타인의 수행을 근거로 수행자는 자신의 객관적 수행수준을 평가하고 이후 자신의 현재 과제 수행과 타인의 수행을 감안한 이상적 수행간의 차이에 주목하면서 자연스럽게 이 차이를 감소시키려고 동기화된다는 것입니다. 즉, 차이를 줄이기 위해 투입한 수행자의 노력이 사회적 촉진을 불러일으키는 원인이라고 보았습니다.

세번째 자기-감시적 분석이론입니다. 구에린(Guerin, 1986)은 인간은 타인이 옆에 있으면 감시하고 탐색하려는 기본적인 욕구가 있다고 전제하였습니다. 주의(attention)라는 에너지 총량이 정해진 상태에서 타인을 의식하기 시작하면 그들을 탐색하고 감시하느라고 미처 자기의 수행상태에 주의를 쓰기 어렵고 결과적으로 수행을 증가시키려는 동기를 갖기도 어렵다고 보았습니다. 따라서 이 이론에 의하면 사회적 촉진을 불러일으키는 동기가 증가되기 위해서는 타인 감시가 불가능한 조건이어야 하고 이로 인해 자기감시와 분석이 이루어져야만 합니다. 따라서 구에린은 시각적 감시가 어려운 관중의 존재는 동기수준을 증가시킬 것이지만 직접적으로 감시할 수 있는 공동 수행자가 존재할 때는 그들을 감시하느라 자기는 감시하기 어렵다고 보았습니다. 그 조건에서는 수행을 증가시키려는 동기도 크지 않아서 실제로 사회적 촉진이 일어나지 않을 것이라고 예측하였습니다.

5. 사회적 촉진이 발생하는 이유에 대해서도 이론이 많군요. 그렇다면 사회적 촉진에 영향을 끼치는 기본적인 요인들은 무엇인가요?

타인의 존재는 특정한 개인의 수행에 긍정적인 영향을 끼칠 수도 있고 그 반대일 수도 있습니다. 라티네(Latane, 1981)는 인간이 다른 사람들에게 어떤 영향을 주는가에 관한 사회적 영향이론(social impact theory)을 제시한 바 있습니다. 그는 개인에 대한 타인들의 영향 정도는 그들의 수, 강도 및 직접성의 세 가지 차원으로 결정된다고 설명하였습니다. 이 세 가지의 영향에 대해서는 표면에 비치는 광선에 비유할 수 있습니다. 먼저 광선의 총량은 전구들의 수(사람 수), 전구들의 와트 수(강도와 중요성) 및 그것들의 표면에 대한 근접성에 달려 있습니다. 일반적으로 타인들의 영향은 관찰자의 수가 증가함에 따라 증가합니다. 두번째로 사회적 압력의 강도 즉, 존재하는 사람들의 중요성이 큰 영향을 끼칩니다. 압력의 강도는 지위, 연령 및 개인과 그 타인과의 관계에 의해 상당부분 좌우됩니다. 세번째 요인은 관중의 직접성 즉, 시간과 공간 면에서 개인에 대한 그들의 밀접성입니다.

6. 예민한 사람은 누가 보면 더 못하는 경우도 있지 않나요?

맞습니다. 사회적 장면에서의 생산성은 과제의 특성이나 받아들이는 사람의 개인적 성향 그리고 그 당시의 상황적 변인들이 종합적으로 영향을 끼치기 때문에 간단하게 예측할 수 없습니다. 개인적 변인 중 불안수준은 수행의 질을 좌우하는 요인입니다. 콕스(Cox, 1968)에 의하면 불안수준이 낮은 어린이들은 관중 앞에서 수행이 증가한 반면, 불안수준이 높은 어린이들은 수행이 감소하였습니다. 그는 불안수준이 높은 어린이는 타인의 존재를 평가적 상황으로 해석하기 때문에 걱정하면서 수행이 방해를 받는다고 보았습니다. 이에 비해 불안수준이 낮은 어린이는 관중의 존재자체를 보다 효과적인 수행을 할 수 있는 유인으로 생각하기 때문에 수행이 향상되는 경우가 많습니다.

불안과 관련되어서 각성(arousal)과 사회적 촉진과의 관계에 대해서도 많은 연구가 있었습니다. 각성수준과 수행과의 관계는 역U자 곡선(inverted-U curve)형태입니다. 적절한 각성수준은 잘 학습된 과제의 수행을 촉진시키지만, 계속적인(지나친) 각성의 증가는 지각이나 운동과정 수행을 방해할 가능성이 있습니다. 너무 긴장하지 않아도 수행을 못하지만, 지나치게 긴장하고 예민해도 오히려 수행을 잘 못하는 경우를 생각하면 이해가 쉬울 것입니다. 게이츠(Gates, 1924)는 숙련된 수행자라도 긴장한 상태에서 평가적 타인의 존재가 있을 경우에는 각성수준이 지나치게 높아지고 이로 인해 수행이 저하되는 현상을 보고한 바 있습니다. 게다가 섬세한 기술을 필요로 하는 소근운동 기능과 대근활동을 필요로 하는 운동기능을 수행할 때 요구되는 적정 각성수준이 다릅니다(Oxendine, 1970). 이 가설에 따르면 순간집중력과 근육긴장이 요구되는 역도나 유도는 높은 각성수준이 요구되고, 이완과 평온함이 필요한 체조, 양궁, 사격 등은 낮은 각성상태에서 운동을 수행하는 것이 효과적입니다.

7. 혼자 일을 할 때뿐만 아니라 사회적 장면에서도 적당히 긴장하고 약간 불안한 상태가 성과가 좋군요. 관중이 어떤 사람들인가에 따라서도 영향을 끼치겠지요?

그렇습니다. 협조적인 관중은 비협조적인 관중보다 수행을 촉진합니다. 관중이나 같이 행하는 사람이 수행자와 잘 아는 사람인 경우에도 그런 현상이 나타납니다. 아마 자신을 잘 알기 때문에 성공과 실패의 결과에 대해서도 잘 이해할 것이라고 생각하기 때문일 것입니다. 그러나 높은 지위에 있는 사람이 옆에 있을 때는 사회적 촉진이 잘 나타나지 않습니다. 아마 평가불안이 일어나기 때문일 수 있습니다. 또는 보고 있는 관중들의 연령이 어릴수록 수행자가 더 잘하는 경향도 있습니다. 어린 사람들에게 능숙하게 모범을 보여야 한다는 의무감을 유발하기 때문일 수 있습니다. 그리고 동성의 관중보다 이성의 관중이 더 많을 경우 상대적으로 사회적 촉진이 잘 나타납니다. 이성에게 유능성을 어필하기 위해서 더 노력하기 때문이죠. 관중의 크기가 클 경우에는 사회적 촉진이 잘 나타나지만 더불어 같이 수행하는 사람도 너무 많은 경우에는 사회적 태만이 나타나기 때문에 사회적인 촉진의 효과가 사라지는 경우가 많습니다.

8. 기본적으로 사회적 태만을 줄이고 사회적 촉진현상을 잘 유도하는 방법이 있을까요?

이것이 바로 집단의 리더가 해야 할 일입니다. 기본적으로 집단 구성원들이 의사소통이 많을수록 협동이 더 많아집니다. 의사소통은 같이 수행하는 사람들에게 협동을 촉구하고, 자신들의 계획을 토의하게 하며, 서로의 수행에 대해 이해하게 합니다. 의사소통이 원활하게 이루어지는 집단에서는 사회적인 태만이 확실히 감소합니다. 과제의 난이도와 수행자의 각성수준을 적절하게 부합시키는 것이 핵심입니다. 기본적으로 관중은 각성과 불안을 증가시키는 경향이 있습니다. 쉽거나 잘 숙련된 과제에서는 각성수준이 크게 높아지지 않기 때문에 그 조건에서 관중은 각성을 적절하게 높여주는 역할을 합니다. 수행이 촉진되겠지요. 그러나 어렵고 서툰 과제에서는 높은 각성이 필요합니다. 그러나 그 조건에서의 관중은 평가 불안을 야기시키기 때문에 각성수준이 더 높아지고 결국 수행이 방해받을 것입니다. 더불어 사회적 촉진도 잘 나타나지 않을 거고요. 같이 수행하는 동료들이 우호적이고 본인도 자신감이 있을 때만 관중의 덕을 봅니다. 적대적인 환경에서 서툰 기능을 가지고 있을 때 사람들 앞에 나서지 마십시오. 그들은 절대로 나를 칭찬해주지 않습니다. 사회적 촉진은 준비된 사람들이 누리는 혜택입니다.

마음을 움직이는 법칙
설득

Part III

1. 누군가의 마음을 변화시키고 행동으로 이어지게 하는 일은 참 어렵지 않나요?

그렇습니다. 사람들은 보통 일관된 태도를 가지고 있기 때문에 행동도 그 태도에 따라서 상당부분 결정됩니다. 태도를 변화시켜서 지금까지 하지 않았던 행동을 하게 하는 사람은 대단한 능력의 소유자일 것입니다. 그러나 이 설득(persuasion)의 효과는 설득하는 사람의 능력에만 좌우되는 것이 아닙니다. 즉, 정보를 전달하는 전달자, 정보내용 그리고 수신자에 관련되는 변인 등에 의해 종합적으로 영향을 받습니다. 또한 태도변화와 설득이 얼마나 오래 지속되는 지도 중요한 관심거리입니다. 사회적인 문제나 정치현안에 대해 국민들의 마음을 움직이게 하거나 광고 등에서 소비자의 마음을 변화시켜 상품을 구매하게 하는 일련의 설득 과정에는 반드시 고려해야 하는 원칙들이 있습니다.

2. 설득이 아주 복잡한 과정이군요. 우선 메시지를 전달하고 설득시키려면 이를 전달하는 사람이 어떤 특성을 가지고 있어야 하나요?

기본적으로 전달자(communicator)가 신뢰할 만한 사람이어야 합니다. 그 정보를 줄 자격이 있는 전문가로 평판이 나 있거나, 최소한 호감을 주는 사람이어야 설득효과가 높아집니다. 흰 가운을 입은 치과의사가 자기 전에 씹는 껌을 소개한다면 사람들은 치아에 좋을까라고 반신반의하면서도 믿고 씹을 가능성이 있습니다. 그는 치과의사이고 전문가이거든요. 그래서 가운을 입은 모델이 등장하는 광고를 제한해야 한다는 논란도 많습니다. 광고란 다소의 과장이 있기 마련인데 소비자를 지나치게 현혹할 가능성이 있다는 것이지요. 물론 전문가라 하더라도 전달자가 편파적이지 않다는 인정을 받아야만 믿음(trustworthiness)을 줄 수 있습니다(Wood & Kallgren, 1988). 아무리 가운을 입은 의사가 전문가인 것처럼 정보를 전달하더라도 의료인 집단의 직업적 이익을 고려한 듯한 느낌을 주면 효과는 반감됩니다. 예전에 있었던 의약분쟁이나 한약분쟁을 생각하시면 이해가 쉬우실 듯합니다.

전문성이 부족하다면 전달자가 전반적으로 호감을 주는 사람이어야 합니다. 아마 영화배우 안성기 씨가 특정 상품을 광고한다면 소비자들이 설득되어서 구매할 가능성이 더 높겠지요. 그러나 안성기 씨가 커피광고를 한다면 효과가 크겠지만 자기 전에 씹는 껌 선전을 한다면 치과의사보다는 설득력이 적을 것입니다. 그래서 공익광고처럼 포괄적이고 전반적인 현안에 대해 많은 사람들에게 긍정적인 인상을 심어주기 위해서는 전문가보다는 호감을 주는 유명한 전달자가 효과적입니다. 이에 비해, 구체적이고 객관적인 정보를 통해 지식을 축적하게 하고 이를 통해 태도를 바꾸게 하기 위해서는 전달자가 전문가(expert)일 필요가 있습니다. 전문성과 호감이라는 두 가지 요인을 다 가지고 있다면 최고의 전달자가 될 것입니다. 제가 만약 광고주이고 냉정한 경제논리로 모델을 섭외한다면 현 시점에서 안철수 교수가 가장 그 조건에 근접해 있는 모델이라고 판단할 것 같습니다.

물론 그런 조건을 갖춘 전달자라고 해도 항상 설득에 성공하는 것은 아닙니다. 사람들은 자신에게 중요한 의미가 있지 않거나 관심은 있어도 문제를 파악할 능력이 없다면 전달자의 신뢰도에 크게 영향을 받습니다. 하지만 자신이 익히 잘 아는 내용이거나 중요한 관심거리일 경우 또는 큰 파급효과가 있는 사항이라면 전달자의 신뢰성에 영향을 덜 받습니다. 사람들은 자신에게 절박한 문제에 대해서는 누가 말하는가보다는 본질적인 측면에 주목하면서 자신의 이익을 가장 우선시하여 마음을 결정합니다.

3. 설득이 효과적이려면 전달자와 그가 전하는 내용(contents)이 부합(fit)해야 하는군요. 전달하는 내용은 어떤 조건을 갖추어야 하나요?

설득을 위한 전달내용에는 일반적으로 네 가지 조건이 충족되어야 합니다. 첫번째로 논점의 짜임새입니다. 전달하려는 내용이 조직적이고 일목요연하게 제시될 경우 수신자는 그 메시지를 더 강력하고 중요한 것으로 받아들이는 경향이 있습니다.

기승전결의 논리적 배열과 권위 있는 증거의 인용 등이 적절하게 배치된 내용을 전달하면서도 깊은 생각을 촉구하는 수사적 질문을 할 경우 설득이 잘 됩니다(Burkrant & Howard, 1984).

두번째는 반복효과입니다. 메시지를 반복해서 접하게 되면 소위 노출효과(Zajonc, 1968)로 인해 친숙성이 증가하고 이로 인해 긍정적인 반응이 유도되는 경향이 있습니다. 그러나 이 효과는 분명한 한계가 있습니다. 즉, 어느 정도 반복은 친숙성을 증가시키지만 적정수준을 넘어서면 지루해지고 오히려 그 메시지를 가볍게 취급하는 경우가 생기거든요. 메시지가 짜임새 있고 논점과 관련된 생각을 지속적으로 촉발시키는 경우에 반복은 긍정적인 효과가 있습니다. 그러나 약하고 짜임새가 없는 메시지를 계속 반복할 경우 반발감이 생기므로 주의해야 합니다. 또한 초기에 아주 부정적(negative)으로 판단한 정보를 계속 반복할 경우에도 오히려 역효과가 있습니다. 결국 호감이 가는 단순 명료한 메시지이면서도 심각하게 생각할 수 있는 내용을 반복하는 것이 좋습니다. 지난 번 미국 대선에서 오바마 대통령이 내세워 히트 쳤던 “Yes we can !" 이라는 슬로건처럼 말이죠.

세번째는 메시지의 외형입니다. 수신자가 메시지를 접했으나 논점을 이해할 만한 능력이 부족하거나 이해하려는 관심이 없을 때 이것은 중요한 요인이 될 수 있습니다. 또는 다른 복잡한 일 때문에 주의를 충분히 기울일 수 없는 상황인 경우에도 메시지의 전반적인 틀이나 감각적인 외형이 태도를 변화시킬 수 있습니다. 주제의 배열과 위치, 목소리의 빠르기나 고저, 글자의 크기 등이 설득에 영향을 미칠 수 있습니다.

네번째는 자신이 이미 지니고 있는 태도와 메시지 내용의 괴리입니다. 당연히 자신이 이미 가지고 있는 태도와 메시지가 주는 괴리가 커질수록 수신자로서는 태도를 변화시키기 어려울 것입니다. 사람들은 괴리가 작을 때 자신의 태도와 큰 차이가 없는 것으로 여겨서 동화효과가 나타납니다. 그러나 전달된 메시지가 자신이 태도와 너무 차이가 크다고 지각하면 대조효과가 나타나면서 오히려 제시된 정보 자체의 신뢰성을 의심하는 경향이 있습니다(Hovland, 1957).

4. 메시지를 받아들이고 태도를 변화시키기 위해서는 결국 수신자의 마음이 가장 중요할 것 같은데요.

네, 맞습니다. 기본적으로 자신에게 전달된 메시지에 스스로가 얼마나 관여되어 있는가가 매우 중요합니다. 이것을 자기관여(self involvement)의 정도라고 합니다. 자기관여는 우선 자신이 기존의 태도를 형성하기 위해 얼마나 시간과 노력을 기울여 왔는가에 영향을 받습니다. 이런 마음을 갖기 위해서 지금까지 힘들게 노력해 온 사람은 이와 상반되는 메시지에 대해선 당연히 방어적 반응을 일으킬 것입니다. 그런 사람은 전달된 메시지의 약점을 기를 쓰고 찾아내기 때문에 곧 자신을 방어하는 그럴듯한 논리를 구성합니다. 또한 자기관여는 제기된 논점에 얼마만큼 흥미를 느끼는가 하는 것과도 관련이 있습니다. 특히, 이것을 논점관여라고도 하는데요. 자신의 이해가 관련되어 있는 정도가 강할수록 논점관여가 심해지며, 정보의 내용에 대해 깊이 있게 처리합니다.

수신자의 자존심도 영향을 줄 수 있습니다. 맥과이어(McGuire, 1968)는 자존심이 낮은 사람들은 불안해하기 때문에 오히려 메시지를 경계한다는 것을 발견했습니다. 그리고 자존심이 낮으면 주의가 결핍되는 특징이 있기 때문에 메시지에 잘 주목하지 않는 경향이 있습니다. 그래서 설득효과가 덜 나타납니다. 자존심이 매우 높은 사람의 경우에도 외부의 설득에 반발을 보이거나 반대논리를 찾아내기 때문에 설득이 쉽지 않은 것으로 알려져 있습니다. 설득의 효과는 자존심이 중간 정도의 개인들에게 가장 크게 나타납니다. 대부분의 사람들은 융통성 있는 태도를 가지고 있고 상황에 따라서 자존심도 조절합니다. 강철 같은 의지를 가진 사람도 많지 않고 그렇다고 자존심 없이 사는 사람도 없습니다. 그래서 적당한 자존심이 있는 우리들은 충분히 설득될 수 있는 대상입니다.

면역효과도 있습니다. 현재 지닌 태도와 반대되는 설득 메시지를 접했을 때 그것에 저항하고자 한다면 현재 지닌 태도의 근거를 확고히 하거나, 아니면 반대되는 태도의 근거를 알고 점진적으로 이에 대비하는 논리를 형성하기도 합니다(McGuire, 1964). 이것은 마치 전염병에 면역효과를 얻기 위해서 약한 병균을 체내에 집어넣어 면역력을 배양시키는 것과 같습니다. 약한 정보를 미리 계속 접하면 동일한 내용으로 이루어진 강한 메시지가 들어왔을 때 여간해서는 충격을 받지 않고 이에 저항하면서 태도를 변화시키지 않습니다.

인지욕구도 고려해야 합니다. 생각하고 사고하기를 즐기는 경향에도 분명 개인차가 존재합니다(Cacioppo & Petty, 1982). 이런 특성이 높은 사람은 낮은 사람에 비해 설득 메시지를 논점 위주로 처리하려는 경향이 강하고 대단히 적극적입니다. 설득 주제와 관련된 내용의 회상율도 높습니다(Cacioppo et al., 1983). 따라서 메시지 내용만 적절하고 짜임새 있다면 오히려 설득이 잘됩니다. 나이가 들수록 설득이 잘 안 되는 것은 정보를 논점위주로 구체적으로 평가하기 보다는 정서적으로 처리하기 때문입니다. 호(좋다)/불호(나쁘다)라는 보편적인 정서 평가를 먼저 내리기 때문에 메시지 내용에 자세히 주목하지 않습니다. 그리고 지금까지 인생을 살면서 자신의 태도에 너무 많은 개입이 있었기 때문에 바꾸려 하지 않을 것입니다. 잘 잊기 때문에 새로운 것을 알기도 어렵고, 또 알았다 하더라도 이제 와서 새로운 태도를 가지는 효과에 대해서도 회의적이겠지요.

5. 기본적으로 태도 변화와 설득을 위해서는 경험하게 하고 관심을 갖게 해야 하는군요. 새로운 정보를 제공하면서 이 정보를 선택했을 경우에 나타날 수 있는 다양한 가능성에 대해 고려하는 것이 중요할 것 같고요. 수신자가 중요하게 생각하는 주제에 결부시키면서 접근하는 것도 효과적이겠군요?

네, 사실 대부분의 사람들은 자신의 명확한 태도를 잘 모르는 경우가 많습니다. 그리고 그나마 가지고 있는 태도라 하더라도 구체적인 사안에 대해서는 모순되는 경우도 종종 있습니다. 이 새롭게 형성된 태도가 자신이 가지고 있던 기존의 태도와 딱 일치하지 않을 경우 불편한 마음이 드는 것도 사실입니다. 그러나 불가피하다고 판단될 경우에는 크게 괴로워하지도 않습니다. 이 상황을 변호할 수 있는 나름대로의 독특한 논리를 또 고안해 내거든요. 사람은 합리적인 것 같아도 모순 덩어리입니다. 그래서 태도는 변화될 수 있는 것이고 설득해서 행동하게 할 수도 있는 것입니다.

실체 없는 가설
음모론

1. 사회가 혼란스러우면 항상 등장하는 것이 '무엇인가 거대한 음모가 있다'는 음모론이잖아요?

네. '음모론(conspiracy theory)'이란 사회에 큰 반향을 일으킨 사건의 원인을 명확하게 설명하지 못할 때, 배후에 거대한 권력조직이나 비밀스러운 단체가 있다고 해석하는 것을 말합니다. 일반적으로 정확한 정보를 듣기 힘든 격동기나 혼란스러운 시기에 이러한 음모론들이 많이 유포되는 경향이 있습니다. 결국 음모론적 시각은 사회가 혼란스러울 때, 세계와 삶을 명쾌하게 해석하기 어려울 때 등장합니다. 이런 혼란과 불확실성의 정체를 밝히고 그 이면에 숨겨진 악의 음모를 찾아내고야 말겠다는 열망이 내포되어 있지요.

2. 음모론은 사회적 상황이 불확실하고 불안할 때 어김없이 등장하겠군요. 역사적으로 유명한 음모론에는 어떤 것이 있었나요?

영국의 「이코노미스트」지에 가장 인기를 끌었던 세계 10대 음모론을 소개한 적이 있습니다. 대표적인 것이 9·11테러의 미국 정부 자작설입니다. 미국 정부가 2001년 알카에다의 9·

11 테러 계획을 알고 있었음에도 이를 묵인해 테러를 유도했다는 것입니다. 이를 빌미로 알카에다를 소탕하려 했다는 것이 골자였지요. 다큐멘터리 영화 '루스 체인지'는 이 음모론에 기름을 붓는 역할을 했습니다. 민간인의 출입이 철저히 통제되는 미국 네바다 주의 공군기지 '에어리어 51'에 외계인의 존재와 미확인비행물체(UFO)와 관련한 정보들이 숨겨져 있다는 설도 있었습니다. 미국 정부가 의도적으로 이를 숨기고 있다는 내용이었지요. 로큰롤의 황제인 엘비스 프레슬리(1935~1977)가 대중의 시선을 피하기 위해 죽음을 가장해 사라졌으며, 지금도 어딘가에 은거하고 있다는 주장도 있습니다. 아폴로 11호의 달 착륙 연출설은 지금도 믿는 분이 있더군요. 미 · 소 냉전의 절정기에 소련의 인공위성 '스푸트니크'호가 발사되자 뒤처질 것을 우려한 미국이 세트장에서 아폴로 11호의 달 착륙을 연출했다는 것입니다. 셰익스피어가 실존 인물이 아니라는 설도 18세기부터 제기되어 왔습니다. 영국이 그를 전설적인 작가로 신비화시키고 띄우기 위해 조작했다는 것입니다. 그 말이 사실이라면 셰익스피어는 영국이라는 연예기획사가 대영제국의 위상에 걸맞게 기획해서 포장한 가상의 슈퍼스타인 셈이지요. 예수 결혼설도 음모론의 고전입니다. 예수가 막달라 마리아와 결혼해 아이를 낳았으며 그 후손이 오늘날에도 살아있다는 설입니다. 오랫동안 야사로 내려오다 소설 '다빈치 코드'를 통해 많은 사람에게 유포됐지요. 인종차별주의자들이 특정 지역의 인종을 몰살시키기 위해 고의적으로 에이즈를 만들었다는 에이즈 개발설, CIA, KGB, 그리고 마피아가 단골로 등장하는 케네디 암살 배후설,

다이애나비 사망에 대한 영국 왕실의 개입설 등이 음모론의 대표적인 예입니다. 최근의 신종플루도 어떤 음모에 의해 퍼진 것이라고 하더군요.

3. 어디서 한번쯤은 들어보았던 이야기들이네요. 그렇다면 음모론의 일반적인 특징이 있나요?

음모론의 대상이 되는 대부분은 절대 권력을 가지고 있는 사람이나 단체, 국가입니다. 기본적으로 음모론에도 나름대로의 특징과 원칙이 있습니다. 첫번째 원칙은 전문분야를 중심으로 전문용어가 포함돼 있어야 합니다. 역사나 국제관계 분야는 물론 정치, IT, 생명공학, 종교 등 다방면의 전문용어들로 포장되어 있어야 하는 거지요. 그래야만 프로들의 심오한 해석으로 권위를 가질 수 있습니다. 예를 들어, 외계인 음모론에는 항상 군사전문가나 비행기 조종사 등 전문가의 다소 모호한 말이 소재로 사용됩니다. 진짜 전문가는 금방 눈치를 채겠지만 어설픈 아마추어는 그럴듯한 전문적 설명에 현혹되기 쉽습니다.

두번째는 당사자가 극구 부인하거나 사망 등으로 대답할 수 없어야 합니다. 당사자는 일단 일반인과 상당히 괴리돼 있어야 합니다. 그래서 그것을 반대하는 쪽은 물론 옹호하는 쪽에서도 결정적인 증거를 제시하지 못합니다. 대부분 정황 증거나 간접 추론에 기대는 경우가 대부분이지요. 새로운 증거는 없고 더 이상 검증되지 않는 인용과 증거물들이 앵무새처럼 반복되기 일쑤입니다. 히틀러나 월트 디즈니, 케네디처럼 현시대를 사는 사람이 모두 알고는 있지만, 사망한 사람이 그 주인공이면 금상첨화입니다.

세번째 최소한 몇 가지 인과관계나 설명은 사실이어야 합니다. 완전한 거짓말이면 음모론의 가치가 없습니다. 예를 들어 아인슈타인은 유태인이어야 하고, 프리메이슨이란 조직은 실재해야 말이 됩니다. 그 존재는 사실이지만 목적에 의문을 가지는 형식으로 확대되거든요. 지금도 살아있는 실존 인물이 포함되어 있어야 연결 고리가 많아집니다.

네번째 누구나 아는 인물이나 국가, 그리고 정부가 포함돼 있어야 합니다. 그러한 맥락에서 미국은 현재 세계에서 최강국이고, 경찰국가임을 자임하고 있기 때문에 음모론의 단골 대상입니다. 그만큼 영향력이 크다는 의미일 수도 있겠지요. 저 멀리 이집트 지방에 사는 아무개는 음모론에 포함될 이유도 없고 그럴 가능성도 낮습니다. 대부분 언론이나 서적 등을 통해 비교적 이름은 들어본 사람들이 음모론의 주인공인 경우가 많습니다. 물론 9 · 11 사태나 티베트 사태처럼 유명한 개인은 연결되어 있지 않지만 누구나 아는 사건, 사고도 연결고리 역할을 합니다. 아무도 모를 남미 어느 지방에서 지진이 나서 수만 명이 죽어도 대중매체가 알려주지 않은 소식은 음모론에 포함되기 힘듭니다.

마지막으로 누군가는 목적한 바를 이루거나 이익을 얻어야 합니다. 반드시 누군가는 이익을 얻는 구조여야 음모론이 완결됩니다. 프리메이슨은 세계단일정부를 만들기 위해 수천 년 동안 다양한 일을 꾸며 온 것이고, 정부가 무한동력 연구를 막는 것은 에너지 산업체들이 이익을 침해받기 때문에 로비한 것이라는 공식이 성립되어야 합니다. 누구나 피해를 받는 음모라거나 누구에게나 이익이 되는 음모라는 것은 없습니다.

4. 현대사회가 점점 복잡해지고 우리가 아는 정보도 투명하게 전달되지 않기 때문에 생긴 현상 같기도 한데요. 음모론은 정말 전혀 근거가 없는 이야기들인가요?

기본적으로 음모론은 오류가 있는 사고방식입니다. 음모론은 '대표성 발견법(representativeness heuristics)' 이라는 오류가 있습니다. 이러한 사고방식은 어떤 결정을 할 때 정보가 얼마나 정확한지를 따지기보다는 '얼마나 그럴듯한지' 를 따지게 되는 오류입니다. 마치 여러 가지 정황이나 자료들이 사실이 아니더라도 그럴듯하게 전개가 된다면 사실일 것이라고 생각하는 것이지요. 논리가 그럴듯하면 그 내용이 당위성까지도 갖게 된다는 점에서 분명한 오류입니다. 두번째 음모론은 추리보다 상상력이 우선한다는 점입니다. 우선 상상한 후 어떠한 가정을 세우고, 그 가정에 대해 오류가 생겨도 그 가설을 포기하지 않습니다. 오히려 가설에 부합하지 않는 자료를 버리고 부합하는 자료만 선별하는 과정을 반복합니다. 그럴듯하게 맞을 때까지 증거를 끼워 맞추고 상황을 계속 수정하는 방식입니다. 그래서 음모론은 시간이 지날수록 더 정교해집니다. 큰 사건에 대해서는 당연히 다양한 설명이 가능합니다. 한두 가지 사항에 대해 상상력을 동원한 후 억지로 끼워 맞추고 계속 수정해서 사실인 것처럼 보이게 하는 것이지요. 그래서 음모론은 fact(사실)와 fiction(허구)이 교묘하게 편집된 다큐멘터리라고 말하기도 합니다.

5. 음모론을 특히 더 잘 믿는 사람들이 있는 것 같은데 왜 그럴까요?

기본적으로 음모론은 대중의 불안(피해의식)과 상상력, 그리고 일정 정도의 무지를 먹고 자랍니다. 음모론은 대부분 사회경제적 위기상황 속에서 대중들이 극심한 불안을 느끼고 있을 때 유행하게 되어 있습니다. 사람들은 좌절한 후 분노에 차 있습니다. 자신들이 무엇(누구) 때문에 고통을 당하고 있는 지에 대해 알고 싶어서 혈안이 되어 있을 때 주로 나타나는 것이지요. 사건을 의인화시키고 그 개인의 힘과 권력을 우상화합니다. 복잡한 현실을 단순화시키기도 하지요. 음모론은 다차원적인 역사를 단선적 인과관계로 해석하고 사회현상을 결정론으로 윤색한 뒤에 숨겨진 현재진행형으로 마무리합니다.

사실 임상장면에서도 이와 관련된 심리상태가 자주 관찰됩니다. 예를 들어, 무슨 거대한 일이 벌어지고 있는데 나만 모른다면 누군가 나를 해치려는 음모를 꾸민 것입니다. 그런 이유 때문에 현재 내가 하는 일이 계속 방해받고 있는 것이라고 생각하면, 내가 무능하고 문제가 있기 때문은 아니라고 안심할 수도 있습니다. 그리고 왜 나를 둘러싼 음모가 있는가라는 생각은 내가 그만큼 그들에게 위협적이고 대단한 존재이기 때문이라고 결론을 내립니다. 내가 얼마나 대단한 존재이면 나를 견제하기 위해 나만 모르게 일을 꾸밀까라고 생각하면서 오히려 우월감을 느끼는 것입니다. 사실 아무도 나를 견제하지 않고 나를 주목하지도 않지만 이렇게 생각하면 실패에 대한 책임을 나에게 돌리지 않고 자존감을 유지할 수도 있습니다. 음모론에 집착하는 것은 나름대로의 효용성이 있는 셈이지요.

음모론은 분명히 흥미로운 사회적 현상입니다. 그러나 불확실성과 모호함을 감내하지 못하는 성향, 세상을 선과 악의 대립으로 보는 이분법적 시각 등 인간의 특성 때문이기도 합니다. 이런 성향이 조금 더 두드러진 사람이 음모론을 더 잘 믿는 경향이 있습니다. 인과론에 대한 과도한 집착 때문에 원인과 결과의 해석이 복잡할 경우 단순한 가설에 부합하는 증거만으로 원인을 설명하는 사람들에게 음모론이 통한다는 것입니다.

음모론은 좋아하는 사람들은 권위주의 성격의 소유자라는 연구 결과도 있습니다. 권위주의적(authoritarian)인 성격의 소유자들은 이분법적인 흑백논리를 선호하는 경향이 있습니다. 그들은 인지적으로 애매한 상황을 잘 견디지 못합니다. 빨리 판단하고 급한 성격의 소유자들이며 단정적이고 강압적인 행동 특성을 보입니다. 그래서 편견이 심하고 자기편이 아니라고 생각하는 사람들에게 적대적입니다. 이들에게 단순한 논리와 적대적인 집단이 존재한다는 상상 그리고 불리한 정보를 일괄적으로 무시하는 음모론의 과감한 사고방식은 마음에 드는 논리일 수 있습니다.

그러나 세상에 음모가 없을 수는 없습니다. 로스차일드 가(家)처럼 세계 경제를 좌지우지하는 영향력 있는 집단도 분명 있습니다. 그러나 세상은 음모적 집단의 강력한 의지에 의해서 좌우되는 것이 아닙니다. 제도와 그 속에서 행위 하는 개인들의 의지가 상호작용해서 움직이는 것입니다. 아무리 영향력 있는 집단이라도 결국 거대한 사회의 구조적 제약 속에 존재하는 행위자일 뿐입니다. 세상을 좌우하는 절대자가 있다는 것은 상상력의 산물입니다. 그렇게 힘 있는 존재는 어디에도 없습니다. 미국도 우리나라의 대통령도 그렇게 할 수 없습니다. 음모론보다는 무엇을 해야 하는지를 알려주는 방법론과 그것을 뒷받침하는 건전한 철학을 견지하는 것이 더 바람직합니다. 세상을 바꾸는 것은 내가 모르는 거대한 힘이 아니라 바로 나 자신이니까요.

저자소개

유제민

저자인 유제민은 중앙대학교 심리학과를 졸업한 후 임상심리학을 전공으로 석사학위를 받았고 발달정신병리학으로 박사학위를 취득하였다. 서울아산병원 정신과에서 수련과정을 마쳤으며 중앙대, 경희대, 이화여대 그리고 춘천교육대학 등에서 강의하였으며, 2001년부터 강남대학교 교수로 재직하고 있다.

현재 건강심리전문가 및 중독심리전문가이며, 건강위험요인과 보호요인의 데이터 마이닝이 주 전공이다.

저 · 역서로는 마음을 묻다(서현사), 발달정신병리학(시그마프레스), 건강상담(박학사), 상담과 심리치료의 통합적 접근(시그마프레스), 통합적 상담(시그마프레스), 건강심리학(시그마프레스) 등이 있으며 심리학과 의학 그리고 사회학의 국내 · 외 전문 학술지에 40여 편의 논문을 게재하였다. 최근에는 정신장애의 발생가능성을 신경망 모형을 적용하여 수학적으로 예측하는 일련의 연구들을 수행하고 있으며, 심리적인 장애와 부적응 행동을 진화심리학적으로 재해석하는 책을 저술하고 있다.

임상심리학자 유제민교수의 마음치료 이야기
가짜마음 진짜마음

2011년 5월 25일_1판 1쇄 인쇄
2011년 5월 30일_1판 1쇄 펴냄

지은이_유제민
펴낸이_조재성

펴낸곳_서현사
출판등록_2002년 8월 14일 제03-01392호
주소_410-817 경기도 고양시 일산동구 백석2동 1332-1 레이크하임 206호
전화_031-919-6643
팩스_031-912-6643

ISBN_978-89-94044-29-3 03180
책값_14,000원